Língua e transdisciplinaridade

Língua e transdisciplinaridade

rumos, conexões, sentidos

Claudio Cezar Henrique e
Maria Teresa Gonçalves Pereira (Orgs.)

EDITORA CONTEXTO

Coordenação editorial
Antonio Durán Jr.

Preparação de originais
Isabel Xavier da Silveira

Diagramação
Cia. Editorial

Revisão
Arnaldo Rebello Camargo Júnior

Capa
Antonio Kehl

Ilustração de capa
"Libélula com asas vermelhas perseguindo uma serpente que se desliza em espiral até a estrela cometa" óleo sobre tela de Juan Miró

Dados Internacionais de Catalogação na Publicação (CIP)
(Câmara Brasileira do Livro, SP, Brasil)

Língua e transdisciplinaridade : rumos, conexões, sentidos / Claudio Cezar Henriques e Maria Teresa Gonçalves Pereira (orgs.). – São Paulo : Contexto, 2002.

Bilbliografia.
ISBN 85-7244-205-7

1. Linguagem e línguas – Estudo e ensino 2. Lingüística – Estudo e ensino 3. Português – Estudo e ensino I. Henriques, Claudio Cezar. II. Pereira, Maria Teresa Gonçalves.

02-3964 CDD-410-7

Índices para catálogo sistemático:
1. Linguagem : Estudos transdisciplinares : Lingüística 410.7

Apoio:

UERJ – Universidade do Estado do Rio de Janeiro

2002

EDITORA CONTEXTO (Editora Pinsky Ltda.).
Diretor editorial *Jaime Pinsky*
Rua Acopiara, 199 – Alto da Lapa
05083-110 – São Paulo – SP
PABX: (11) 3832 5838
FAX: (11) 3832 1043
contexto@editoracontexto.com.br
www.editoracontexto.com.br

PREFÁCIO

Acredito que os sonhos existem para se transformarem em realidade. Ninguém sonha sem intenção. O sonho da implementação do Fórum de Estudos Lingüísticos transformou-se em realidade: palpável, forte, sólida e, principalmente, produtiva, na medida certa do *saber* articulado ao *prazer*, condição indispensável para que uma situação favorável se estabeleça, e seja exercida em sua plenitude.

O I Fórum de Estudos Lingüísticos, realizado em 1996, com cento e quarenta e três participantes, começou com a timidez própria dos iniciantes, mas determinado a dizer a que vinha. E disse-o muito bem: estou convicta da posição confortável desta sexta versão, congregando quase mil participantes.

Isso não foi obra do acaso. Todos os que nele se envolveram, batalharam para que nestes anos o sucesso se mantivesse e crescesse paulatinamente. Os expoentes, em se tratando das Letras e áreas afins, que passaram por suas mesas-redondas e palestras, deixaram no seu rastro o resultado de pesquisas, trabalhos e estudos, proporcionando aos que os ouviram, o néctar e a ambrosia do conhecimento.

O êxito da operação credita-se também ao fato desses expoentes não imporem o saber, mas o compartilharem com aqueles que os receberam. Atestam-no os participantes dos Fóruns, unânimes em assegurar o clima fraternal e vivificante que perpassa as seções, espraiando-se para fora dos locais das atividades e extrapolando para a vida cotidiana.

Este livro reúne na íntegra as participações dos especialistas convidados, contribuindo com seus saberes diversos para que os que assistiram (ou não) ao VI Fórum iluminem seus respectivos ofícios, acrescentando e aperfeiçoando o fazer lingüístico pessoal e profissional.

São visões multifacetadas da Língua Portuguesa, enfocadas transdisciplinarmente sob variados pontos de vista, manipuladas por estudiosos que a querem forte e soberana, verdadeiramente instrumento de cultura e unidade nacional. A análise dos fenômenos lingüísticos, de todas as ordens, não se destina à decomposição da língua materna como num laboratório, mas à constatação das suas infinitas possibilidades, como acontece com a luz do sol reverberando no cristal ou com a observação do caleidoscópio.

Língua e transdisciplinaridade: rumos, conexões, sentidos conduz os leitores a tal situação, convidando-os a partilharem concretamente da experiência única de vivenciar sua língua, resgatando a atmosfera do VI Fórum: vivenciar um maior prazer na busca do conhecimento. A intenção é que se assemelhem aos vitoriosos que saboreiam os sucessos porque acreditam e realizam.

Para Shakespeare, o homem é feito da matéria dos sonhos. Devemos sonhar sempre, mas agindo com determinação para efetivamente concretizá-los. O VI Fórum constitui-se na expressão máxima do que queremos e podemos: de uma postura diante dos estudos de Língua Portuguesa que renova os "ares" lingüísticos, sem esquecer a (boa) tradição que os embasou, mas adaptando-os às exigências (e urgências) que demandam das necessidades do dia-a-dia.

Este livro representa, assim, mais um sonho transformado em realidade, materializando o VI Fórum em palavras. Que os leitores o usufruam e multipliquem as idéias nele contidas para que cada um dê, na sua medida, a contribuição a fim de manter sempre acesa a chama dos estudos lingüísticos e, por extensão, a pujança da Língua Portuguesa.

Maria Teresa Gonçalves Pereira

APRESENTAÇÃO
Língua e Transdisciplinaridade

A função do intelectual é ser humilde frente à realidade, mas corajoso para enfrentá-la.

Milton Santos

Os estudos da linguagem, na perspectiva da teoria crítica do discurso, têm avançado bastante nos últimos tempos e nos levam, como uma conseqüência natural, às práticas da transdisciplinaridade, contribuindo para o estudo das ações sociais contemporâneas relacionadas à globalização e à regionalização, à construção semiótica das identidades e aos discursos da educação (formal e não formal), da política, da mídia, da ciência.

A transdisciplinaridade é um procedimento não usual em face do conhecimento, marcado pela receptividade à compreensão de cada uma das partes do processo da aprendizagem. Ela se orienta por sua movimentação constante e ativa, transformadora e mutante, observadora e "trans-subjetiva".

Quando pensei sobre a melhor maneira de elaborar este texto de apresentação, achei que uma solução prática, ainda que pouco original, poderia ser começá-lo transcrevendo a definição dada por algum dicionário para a palavra *transdisciplinar(idade)*. Serviria até como desculpa o fato de alguns dos artigos aqui reunidos focalizarem questões do léxico, da lexicografia, da semântica e dos signos, o que daria um álibi acadêmico perfeito para minha estratégia. Assim, fui em direção ao Houaiss, ao Aurélio, ao Luft, ao Michaëlis, ao Dicionário da Academia das Ciências de Lisboa... Nada! O Aurélio ainda registra *interdisciplinar* (comum a duas ou mais disciplinas ou ramos de conhecimento); os demais nem isso.

Parti para os dicionários estrangeiros: *Random House*, *Merriam-Webster*, *Moliner* (Gredos), *Real Academia Española*, *Robert*, que poderiam conter algo a respeito. O que encontrei (em apenas dois) foi minimamente suficiente, pelo menos para começar:

Dictionnaire Robert:
TRANSDISCIPLINAIRE (de 1970; *interdisciplinaire* é de 1959)
Qui traverse les frontières entre disciplines.

Merriam-Webster Dictionary:
TRANSDISCIPLINARY (de 1948; *interdisciplinary* é de 1926)
(see *interdisciplinary*: "involving two or more academic, scientific, or artistic disciplines")

Por desencargo de consciência, busquei os dicionários de Lingüística, já me perguntando: o que essa palavra poderia fazer ali? David Crystal, Mattoso, Dubois, Ducrot, Lewandowski, Carreter, Cardona, Fowler... Óbvio que não podia achar o verbete numa obra desse feitio. Talvez um dicionário de Didática, pensei. Talvez... se houvesse algum.

Fico então com o "atravessar as fronteiras entre disciplinas" e penso sobre a forma de desafio que representa a análise da linguagem humana e sua influência sobre outras disciplinas (e vice-versa). Tomo o conhecimento científico da língua portuguesa e os estudos lingüísticos em geral como agentes incorporadores e modificadores do pensamento e da linguagem: multicultural e transdisciplinarmente, como o universo *inter* e *trans* conectado.

Levo em conta que os elementos conceituais oferecem uma hipótese (nem tão original, pois a palavra *transdisciplinar*, como vimos, já fez cinqüenta anos) capaz de proporcionar um entendimento plural e único à interpretação do universo, da espécie humana ou da evolução. Lembro ainda que tais elementos geram oportunidades de repensar a pesquisa, o trabalho profissional, a atividade em sala de aula, o convívio com nossos semelhantes e nos levam às múltiplas linguagens que nos ajudam a conjugar o verbo saber, abrindo a perspectiva de desenvolverem-se pesquisas comparadas/ contrastadas com as peculiaridades de estudos provenientes de observações características de setores distintos.

Os artigos apresentados a seguir lidam com uma variedade de áreas exploradas por estudiosos da língua portuguesa de diferentes campos, como a Geografia, a Física, a História, a Música, o Futebol, a Gramática, o Exílio, a Filologia, a Semiótica, a Literatura, a Fonologia, a Política, a Tradutologia, a Lingüística, o Ensino... Por isso, o livro que se inicia é dinâmico nos assuntos e nas abordagens, supera a importância do trabalho confinado numa estante cheia de livros e coloca em funcionamento uma interessante experimentação que o Programa de Mestrado e Doutorado em Língua Portuguesa do Instituto de Letras da UERJ efetuou em outubro de 2001, na realização de seu VI Fórum de Estudos Lingüísticos (**Língua Portuguesa em visão transdisciplinar**): a ampliação dos limites dos estudos sobre a língua portuguesa para além da gramática, da lingüística ou da filologia.

Ensino, pesquisa e transdisciplinaridade são itens lexicais convergentes. Ensino e pesquisa são trabalhos exercidos pelo homem; transdisciplinaridade é uma idéia, um conceito sequer incorporado à maioria dos dicionários. Nesse sentido, os fatores de aproximação entre esses três vocábulos são os mesmos que integram o trabalho e a aspiração, porque enquanto o trabalho é a força geradora do ser, a aspiração obriga o homem a pensar.

Isso posto, se o desejo é, como diz Marilena Chauí, "busca de fruição daquilo que é desejado, porque o objeto do desejo dá sentido a nossa vida", determinando nossos sentimentos e ações, então, que o trabalho transdisciplinar vivifique nos leitores deste livro atitudes coerentes, condizentes com a afetividade que se instaura em suas ultrapassagens.

Registro, por fim, que esta publicação contou com o apoio da CAPES por intermédio do PROAP e que a realização do VI Fórum teve o auxílio financeiro do CNPQ, além do NUSEG e do CEPUERJ, instâncias de fomento da própria Universidade do Estado do Rio de Janeiro.

Claudio Cezar Henriques

SUMÁRIO

LÍNGUA PORTUGUESA
Impressões pessoais

Ana Maria Machado

Minha pátria é minha língua, disse o poeta.

Sei o que é isso. Já viajei muito, já vivi no exílio. Duas vezes. Da primeira vez, tinha seis anos. Fui à escola num país estrangeiro, numa língua estranha que tive que aprender à força para não ser marcada com tanta intensidade como a pessoa fora de casa. Estranha, estrangeira, forasteira. Ao mesmo tempo, louca para perder o sotaque, perder-me na nova língua aprendida que me igualaria aos colegas, e lutando para manter intocado o território do idioma que era minha terra quando eu estava em solo alheio. Idioma de falar em casa, com a família e com os amigos adultos de meus pais que iam nos visitar. Raríssimas as crianças, filhas deles. Todas sujeitas a idênticas circunstâncias, desenvolvendo uma linguagem longe da rua e do quintal brasileiros, afastadas da turma e do pátio da escola, da transmissão informal da cultura infantil feita pelos pares, lendo muito e ouvindo adultos para não perder a língua portuguesa.

Da segunda vez que fui para o exílio, meu filho é que tinha quatro anos. Foi a vez dele passar por isso. Mas eu já tinha estudado letras, fazia pós-graduação em lingüística, estava do outro lado (ou de um dos outros lados) de um processo tão multifacetado. Eu tinha consciência do que estava acontecendo. E o exílio era muito mais coletivo, em hordas de brasileiros escapando da ditadura. Havia muitas crianças que se reuniam para brincar, e nós tratávamos de alimentá-las com disquinhos, canções, jogos, revistas brasileiras enviadas pela família, e muita variedade de encontros. De qualquer modo, foi muito difícil para as crianças. E muitos de nós ainda tivemos de trocar de país mais de uma vez, novas línguas entrando na dança, novos esforços para não ser diferente e para não deixar de ser diferente. Não perder a pátria, não se perder. Lembro perfeitamente de um começo de noite e uma inesquecível frase com valor de símbolo. Eu chegava do trabalho tarde e meu menino mais velho chegava da escola com uma amiga que fora buscá-lo e que passara na creche para apanhar o meu menino menor. Ao me ver, meu filho me saudou, alegre e saltitante:

- *Mummy*, vem ver, *look and see*. Olha só a *belle galette* que eu fiz com minha *pâte à modeler* hoje na *school*...

O trilingüismo logo ficou para trás. Continuávamos falando português em casa, oásis pátrio. Lá fora, era o estrangeiro. Tínhamos saído da França, estávamos na Inglaterra, o menino optou pelo idioma local. Logo começou a aprender a ler as primeiras palavras. Em inglês. Nesse momento, entendi a extensão do exílio. A dor me levou a resistir. Imediatamente inventei com ele um jogo, recortando pedaços de papel com sílabas simples e vogais, cartas que juntávamos e distribuíamos enquanto contávamos uma história e inventávamos regras para a brincadeira.

"A vaca pulou a janela." Sua vez. Compre uma carta. "A vaca pulou a panela." Sua vez. "Pulo a vaca. Pau nela." Sua vez. Acho que vou ter que comprar outra carta.

Divertido. Aperfeiçoamos o jogo. As cartas passaram a ser feitas em cartolina mais resistente. Muita repetição todo dia. Sílabas novas toda semana. Fui registrando as histórias menos disparatadas para ter um estoque e não precisar inventar do zero a cada vez. "A vaca vai à vila. O cavalo vai à vila. A vaca leva uma mala de lona. O cavalo leva uma maleta de pano."

Outras crianças vinham jogar. Várias outras, trazidas pelos pais, que logo compreenderam a extensão do que estávamos fazendo. Em poucos meses, estávamos fundando o Brasil de novo no meio do inverno. Pela língua lida, que abria portas para toda a cultura. Brasil, Portugal, o mundo latino lá no fundo. Pátria. No meio da Torre de Babel, era esse o meu papel.

Lembrei também de uma história que uma amiga tinha me contado na faculdade. Uma experiência paralela. Ela havia morado em Washington com os pais quando era pequena. Nessa ocasião, Clarice Lispector era casada com um diplomata que servia na cidade e tinha dois filhos pequenos. Filha de exilados ucranianos aportados no Recife, sabia o quanto a língua faz uma pátria. Secretamente, contratou dois meninos brasileiros mais velhos – os irmãos de minha amiga – dando um dinheirinho a eles em troca de um compromisso: quando estivessem brincando juntos e sozinhos, deveriam falar muito palavrão e ensinar sacanagem em português aos filhos dela. Uma língua é feita de muitos registros, nem todos são familiares e mesmo a melhor escritora não passa de um indivíduo, uma gota d'água, não pode ter qualquer pretensão de dar conta de uma tarefa necessariamente coletiva. Sábia Clarice...

A língua é tudo – léxico, sintaxe, morfologia. E mais tudo o que amplia essas esferas em categorias que cito, misturadas de um ponto de vista classificatório, e que se somam, multiplicam, superpõem. A memória histórica preservada na etimologia, os usos variados, a tradição oral, a fixação literária de todo um universo cultural e afetivo. Mas os textos sagrados nos dizem que no princípio era o verbo. Não como classe gramatical que denote ação, mas como sinônimo de palavra. Pelo menos, é o que garante o Evangelho de São João. A palavra é a marca divina, transmitida aos homens, que se faz carne e habita entre nós.

No Velho Testamento, a versão é algo diferente, mas lá está a palavra desde o início da criação. Logo no primeiro dia, após criar a luz e separá-la das trevas, Deus sente necessidade de consagrá-las com a linguagem e lhes dá nomes. "Deus chamou à luz DIA e às trevas NOITE". E assim vai acontecendo nos sucessivos dias da criação, como se tudo só passasse realmente a existir ao ser *con-sagrado* pela linguagem. No segundo dia, ao concluir seu feito, "Deus chamou ao firmamento CÉUS" e depois, no terceiro, "Deus chamou ao elemento árido TERRA e ao ajuntamento das águas MAR." Em seguida, aconteceu algo que todos os herdeiros desse Criador reconhecem porque se repete em si mesmos – o entusiasmo de criar foi ficando tão grande e arrebatador, que Ele saiu criando febrilmente, sem conseguir parar. Vieram plantas, ervas, árvores, e astros, e bichos de todo tipo na água, no céu e na terra, e o quarto e o quinto dia foram tão intensos que Deus nem chegou a dar nome a nada. Então no sexto dia, Deus criou o homem. E ele foi descansar no sétimo. Enquanto Ele descansa, o Gênesis nos conta em detalhes como o homem foi feito do barro e posto no Jardim do Éden, cujos rios já tinham nomes. Mas Deus acha que o homem está só. E aí, nesse momento, o que faz? Transcrevo o trecho bíblico com toda sua força, porque raramente damos atenção ao papel fundador da linguagem que aí se expressa tão intensamente nesse instante adâmico/edênico, de Adão no Éden:

> O Senhor Deus disse: *Não é bom que o homem esteja só; vou dar-lhe uma ajuda que lhe seja adequada.* Tendo, pois, o Senhor Deus formado da terra todos os animais dos campos e todas as aves dos céus, levou-os ao homem, para ver como ele os havia de chamar; e todo o nome que o homem pôs aos animais

vivos, esse é o seu verdadeiro nome. O homem pôs nomes a todos os animais, e a todas as aves dos céus e a todos os animais dos campos.

Só depois disso é que Deus irá criar a mulher – e esse nome também é dado a ela pelo homem, bem como o de Eva/Hava, em hebraico Vida, – e determina que eles sejam uma só carne. Ou seja, na hora de fundar a humanidade, para a Bíblia, a linguagem vem antes mesmo do sexo e da perpetuação da vida. Antes que homem e mulher passem a ser parceiros da criação, gerando filhos que perpetuem a humanidade, a parceria divina com o ser humano foi estabelecida pela língua, pelo ato de nomear e, com isso, definir e dar sentido.

Os homens e mulheres logo perceberam isso com muita clareza. A linguagem é que lhes dava essa condição especial de humanidade. Algo que os outros animais não tinham. Desconfiam que com isso podiam chegar perto de Deus, levando a linguagem às últimas conseqüências, de duas maneiras. Primeiro, provando o fruto do conhecimento – o que acaba lhes acarretando a expulsão do Paraíso. E poucas gerações depois, se unindo para chegar diretamente ao Céu, com a construção de uma torre altíssima, no episódio bíblico cuja narração começa constatando que "toda a terra tinha uma só língua e servia-se das mesmas palavras". Fatal distração divina, prontamente reparada. Logo o Senhor vê e diz:

> Eis que são um só povo, disse ele, e falam uma só língua: se começam assim, nada futuramente os impedirá de executarem todos os seus empreendimentos. Vamos: desçamos para lhes confundir a linguagem, de sorte que já não compreendam um ao outro.

Assim, dispersando a humanidade, interrompe a construção da torre. *"Por isso deram-lhe o nome de Babel, porque ali o Senhor confundiu a linguagem de todos os habitantes da terra."*

Confirmando a importância do conhecimento lingüístico como marca especial de uma parceria divina, o Novo Testamento nos conta como foi a vinda do Espírito Santo:

> Chegando o dia de Pentecostes, estavam todos reunidos no mesmo lugar. De repente veio do céu um ruído como se soprasse um vento impetuoso, e encheu toda a casa onde estavam sentados. Apareceu-lhes então uma espécie de línguas de fogo, que se repartiram e pousaram sobre cada um deles. Ficaram todos cheios do Espírito Santo, e começaram a falar em outras línguas, conforme o Espírito Santo lhes concedia que falassem.

Os outros estranham: "Ouvindo aquele ruído, reuniu-se muita gente e maravilhava-se de que cada um os ouvia falar na sua própria língua."

Não vou reproduzir o trecho todo. Basta lembrar que três vezes, com palavras diferentes, se fala do assombro de todos ao ouvir aqueles homens toscos, subitamente falando a cada um em sua língua materna. Se Babel dispersara os homens, impossibilitando que se entendessem, agora o Espírito Santo permitia o entendimento – pela linguagem. Em vários outros trechos bíblicos, sobretudo nas encíclicas de São Paulo, comenta-se a importância do dom das línguas e do conhecimento de idiomas diversos. Por essa ponte lingüística, tornava-se possível levar a palavra de Cristo a outros povos. Transportar uma mensagem. Conduzir um pensamento para o outro lado. Traduzir. Voltar a fazer da língua uma bênção, capaz de aproximar a humanidade, e não uma maldição para que os homens não se entendam.

Essa extraordinária importância da língua para a espécie humana pode não ser contada nessa linguagem poética, mas se registra também de outra maneira, pela linguagem científica. O canadense Steven Pinkert, diretor do departamento de estudos do cérebro no MIT, escreveu um livro interessantíssimo, *O Instinto da Linguagem* (Penguin, 1994), no qual examina a capacidade que os humanos têm de falar. Partindo de experimentação e análise, chega a uma conclusão surpreendente: a espécie humana é biologicamente programada para a linguagem narrativa, seguindo determinados parâmetros que permitem contar quem fez o que, quando, como, em que circunstâncias etc. E isso da mesma forma que as aranhas são programadas para construir teias obedecendo a rigorosos padrões geométricos. Uma questão de genética, segundo ele. E agora, segundo notícia publicada na imprensa no início de outubro de 2001, cientistas da universidade de Oxford anunciaram ao mundo que descobriram, graças a dados do projeto genoma humano, o FOXP2, um gene associado a uma característica essencialmente humana, a linguagem oral, confirmando assim hipóteses aventadas há quarenta anos pelo lingüista Noam Chomsky e pelo neurologista Eric Lenneberg. Esse gene determina a produção de uma proteína capaz de ativar outros genes ligados à fala. Tal descoberta abre portas para que se chegue aos mecanismos químicos cerebrais envolvidos no processo, segundo a equipe chefiada por Anthony Monaco e Simon Fischer.

Seja por meio de recursos poéticos de uma linguagem religiosa, francamente conotativa, seja pelo emprego frio de termos exatos na denotação de uma linguagem técnica, o que ressalta desse exame é a marca do humano que é conferida a uma espécie animal pelo uso da língua. E quando historicamente nos toca viver num país colonizado por Portugal, é a língua portuguesa que nos marca e define. Foi ela que aprendi a amar desde pequena e que decidi explorar à medida que ia sendo atraída pelas leituras que fiz, pelos estudos que segui, pela vocação de escritora que descobri em mim. Mais que isso – aprendi a amar o português falado no Brasil.

Já escrevi em outra ocasião (no livro *Força estranha*: Atual, 1996) que, quando comecei a dar aulas de Literatura Brasileira na UFRJ em 1968, constatei o abismo que existia entre o exagero de teoria que se ministrava na universidade e a realidade concreta que os alunos – futuros professores de língua – iam encontrar no mundo lá fora. Nesse mesmo livro, contei uma experiência que então fiz, na tentativa de criar uma ponte sobre esse precipício, e como ela foi bruscamente interrompida pela ditadura. Mas quero transcrever alguns parágrafos do livro, logo após o trecho em que relato esse episódio, porque me parecem pertinentes para esta conversa.

Algumas questões de língua e literatura levantadas dentro de mim nesse período iriam me marcar de forma indelével.

A primeira insiste em afirmar que a clareza de conceitos não deve se esconder atrás da obscuridade dos termos. Nada obriga a que a exatidão de uma análise se expresse por meio de um jargão intransponível. Quando isso acontece, é preocupante. Pode ser sinal de que o intelectual vira as costas à democratização do debate e à popularização do conhecimento, preferindo se dirigir apenas ao reduzido grupo que compreende suas palavras, escolhendo falar somente com seus colegas, e deixando de fora a maior parte da população. Sobretudo na universidade ou no governo em suas diversas instâncias (ou em campanhas que a elas pretendem chegar), sustentados por dinheiro público, ao equívoco político dessa atitude se soma a ameaça de um desvio moral – usa-se o dinheiro do contribuinte para mantê-lo afastado e para humilhá-lo com uma linguagem difícil. Dessa forma, garante-se que o homem comum não entenda nada e fique sem condições de julgar os sabichões. Ao mesmo tempo, reconhecer isso não significa baratear o pensamento, nem obrigá-lo a ficar só no exterior das coisas. Ou reduzir tudo a uma conversa superficial, cheia de *slogans*, chavões e clichês. Muitas vezes, para analisar bem uma situação teórica, é preciso distinguir nitidamente categorias muito sutis, que têm uma nomenclatura própria, feita de termos que são difíceis e complicados para quem está fora da área. Essas distinções são enriquecedoras e úteis para apreciar pequenas variantes, aprofundar uma análise e fazer o raciocínio avançar. Um especialista não deve abrir mão do rigor e da exatidão dos conceitos quando está examinando o assunto que estuda. Mas, se quiser falar com o público, é bom traduzir isso tudo numa linguagem mais simples de se compreender. Quem não conseguir, que fale apenas dentro das paredes de sua igrejinha – e por conta própria. Deve haver equilíbrio entre o rigor científico de um sistema de pensamento e o ato generoso de compartilhar o saber com os semelhantes. As descobertas e invenções mentais de alguém não podem ser negadas ao resto da humanidade por uma nomenclatura hermética a serviço de vaidades que tornem intransponível a distância entre quem sabe e quem não sabe. Em minha opinião, pelo menos.

Outra questão de linguagem que me surgiu naquela época, e na qual continuo pensando muito e sempre, já tinha sido levantada pelos modernistas, principalmente por Mário de Andrade. É a da língua brasileira. Falamos português, sim, mas o português do Brasil, cada vez mais doce, mais colorido, mais rico do que o que herdamos. Por que, ao escrever, teríamos que renegá-lo em nome de uma falsa correção gramatical imposta autoritariamente? Quero a língua portuguesa com sua flexibilidade, sua variedade, seu ritmo e sua dança, sua ginga inventiva, seu jogo de cintura, sua irreverência. Mas, ao mesmo tempo, sei que essas características a mantém viva, viçosa, jovem e dinâmica apenas porque se exercitam em cima de um esqueleto forte que a sustenta e não permite que despenque e se disperse em incontáveis experiências individuais desagregadoras. Quer dizer, aquilo que se chama "norma culta", o conjunto de regras lógicas da gramática, comum a todos os que falam a língua, fixado ao longo do tempo na obra dos escritores e nos documentos, é importantíssimo para a comunicação. Sem essa obediência a uma estrutura de sustentação, o edifício do idioma não fica em pé e ninguém se entende. Se cada um resolver falar ou escrever como quiser, vai acabar falando só para si mesmo. Todo o processo de comunicação repousa no uso de um código comum, a ser usado segundo regras que todos respeitem. Mas a linguagem não existe só para a comunicação, ela também serve para a expressão – o terreno da criação lingüística. Essa área é que garante que o idioma não morra nem fique só se repetindo. É o campo das inovações, que fica por conta e risco de quem tem tanta sensibilidade para a língua que sente para onde ela quer ou pode mudar. A inovação pode vir de um artista individual, com nome conhecido, ou de camadas anônimas e coletivas, do povo mesmo. Mas, mesmo nesse caso, parte de um indivíduo, um artista, ainda que seja alguém anônimo – por exemplo, um desses tipos populares que têm uma linguagem tão pitoresca e colorida que acaba contagiando quem está em volta. E mais adiante, de repente, um autor usa aquilo num texto e fixa no papel e no tempo, com a palavra escrita. Mas essas inovações só ficam mesmo se estiverem de acordo com a índole da língua, com o jeitão de falar daquela cultura, e respeitando a tal da "norma culta", que não pode ser uma camisa-de-força, mas tem de permitir a comunicação entre as pessoas.

Ou seja, mais uma vez, escrever e usar a linguagem (para quem é consciente dela) deve ser uma busca do equilíbrio. No caso, entre a língua falada, mais solta, e a norma para a língua escrita. Isso exige uma atenção permanente e muita sensibilidade. De uma parte, é preciso distinguir aquelas inovações que seguem a lógica da língua e são uma tendência do idioma no Brasil, uma criação coletiva dos usuários do idioma em nosso país (como a colocação dos pronomes átonos, a preferência pelo mais-que-perfeito composto, o uso do gerúndio em vez do infinitivo, a invenção vocabular antropofágica que se alimenta de culturas alheias com o maior deleite). De outra parte, há aquilo que é apenas ignorância do sentido profundo da linguagem, muitas vezes amplificada por um locutor de rádio, um cômico de televisão, uma ignorância crônica devida ao nosso amplo e vergonhoso analfabetismo, escondido atrás de pretensões de cultismo e de falsa ultracorreção (que então sapecam vírgulas entre sujeito e verbo, concordâncias com verbos impessoais, preposições em regências inexistentes, e mais um interminável elenco de barbaridades).

Em suma, trata-se de buscar uma linguagem brasileira e acessível, oralizante quando for o caso, mas ao mesmo tempo correta e exata, sem barateamento nem empobrecimento, sem medo de recorrer ao inesgotável manancial léxico e sintático que nos deixaram os autores portugueses e brasileiros de tantos séculos de uma riquíssima literatura. Um grande desafio consciente.

Esse fascínio pelo português falado no Brasil – sobretudo pelo lugar em que o registro oral, familiar e quotidiano se encontra com a tradição erudita dos grandes mestres – marcou muito minha relação pessoal com a língua. Como professora, sempre me encantou aproximar os alunos da literatura. Como jornalista, não conseguir resistir ao potencial do rádio, onde trabalhei por oito anos. Como autora, fico hipnotizada pelas possibilidades lingüísticas infinitas abertas pela literatura infantil, que se equilibra nesse fio da navalha entre o oral e o escrito.

Com alguns colegas escritores – poucos, infelizmente – chego a discutir essas questões de vez em quando, seguindo as trilhas abertas por Mário de Andrade. Até onde vamos nós? Para mim, a regra é quase simples: escrevo de ouvido. Vou até onde ele deixa e manda. Mas não sei explicar por quê.

Alguns exemplos que me ocorrem. Com grande tranqüilidade, a esta altura da minha experiência, vou driblando os pronomes oblíquos de terceira pessoa sem cair na armadilha do solecismo. Mas não é fácil. Jamais ousaria, num diálogo brasileiro atual, escrever "Eu a vi ontem na rua, mas você (ou ela) não me cumprimentou", ainda que essa seja a forma correta. Meu ouvido não deixa. Mas também não permite que eu escreva *eu vi ela*. Posso misturar as pessoas gramaticais e dizer que *te vi, mas você não me cumprimentou*. Ou que *ontem passei por você, que não me deu a mínima*. Ou então, recorrer ao nome e contar que *vi Maria (ou sua irmã, ou a vizinha...), mas ela nem me ligou*. Algo assim. Mas se alguém me fizesse uma declaração na base do *eu lhe amo*, podia até ser o Sean Connery ou o Tom Jobim dos anos dourados, infelizmente não dava.

Também raramente uso o futuro num diálogo coloquial. *Iremos ao Maracanã onde torceremos pelo nosso time*? Em livro meu, jamais. *Vamos ao Maracanã torcer pelo nosso time*. Depois, se Deus quiser, *vamos comemorar*, mas jamais *comemoraremos*. É claro que, se o contexto for outro, emprego esses tempos e essas construções. Em *O Mar Nunca Transborda*, tenho partes da narrativa que transcorrem em outras épocas – em todas elas utilizei formas gramaticais condizentes, por uma questão de coerência. Da mesma forma em *A Audácia dessa Mulher*, para tudo o que se passava no século XIX. Uma coisa que me fez perder por completo o respeito por uma autora elogiadíssima pela crítica e saudada como grande revelação contemporânea foi ler seu livro e descobrir algo que me assustou. Numa cena em que uma mulher nordestina e analfabeta, num lugarejo perdido do sertão, depois de ser acusada de cair na vida, é apedrejada pelos habitantes locais e tem de correr descalça atrás de um caminhão para ver se consegue subir na carroceria e fugir, os gritos textuais de seus perseguidores eram:

– *Capemo-la! Expulsemo-la da cidade!*

Pronto, passou isso. Essa aí não me pega nunca mais. Mesmo tendo mudado a frase nas edições mais recentes. Questão de ouvido. Pode até ter criado um personagem comovente e boas situações. Mas escrever é outra coisa. É um caso de amor com a linguagem, passando inevitavelmente por uma intimidade carnal. Como a gente costuma dizer – uma questão de química. Dessa vez, não rolou.

Não *assisto filme (assisto a filme)*, não comento livro *que gosto (mas de que gosto)*, não acho que lei deva ser *obedecida ou desobedecida* (se são verbos transitivos indiretos, como é que vão para a voz passiva?). Simples questão de fidelidade à regência verbal. Da mesma forma, não fujo dos verbos *botar, pôr, enfiar* e *meter*, quando é hora deles. Mas só *coloco* quando é caso mesmo de *colocar*. Hoje em dia, quase ninguém mais põe a mesa, galinha não bota ovo, as pessoas não metem o dedo no nariz nem enfiam linha em agulha. Só se *coloca* – chique, né? Tudo de nariz empinado, por um esnobismo lingüístico cheio de falso moralismo, mas capaz de usar um palavrão desnecessário na frase seguinte. Pois personagem meu não se choca – faz tudo isso e muito mais, até bota o pião no chão.

Aliás, um episódio engraçado. Há alguns anos, dei uma entrevista gravada para uma universidade e pedi que me mandassem a transcrição antes de ser publicada. Veio um texto em que eu não me reconhecia, cheio de termos que eu sei que jamais uso. Telefonei e pedi para ouvir a fita. A interlocutora, muito gentil, explicou que não era necessário, porque tinha havido muito cuidado, estava tudo literal. "É que a gente não se dá conta do que fala, por isso às vezes estranha..." E ficou firme, não mandou a fita, disse que tinha perdido, mas que aquelas expressões eram todas minhas, ninguém mudara nada. Reli o texto e tive a prova de que eu não dissera mesmo aquilo. Havia uma frase que me atribuíam: "Eu quis colocar minha filha na escola x..." Pronto, agora eu tinha certeza. Jamais colocaria um filho numa escola. Quando era criança, minha família me corrigia se eu falasse errado. Se eu dissesse "*pra mim fazer...*", logo ouvia que *mim não faz nada, quem faz sou eu, e quem fala assim é índio de história em quadrinhos*. Aprendi desde pequena que *colocar* é *co-locar, pôr num lugar exato, ao lado de outro, quase encaixado*. Como uma peça de quebra-cabeças, um livro na estante, coisas assim. Filho em escola a gente *matricula, inscreve, leva*, pode até *pôr* ou *botar*. Mas de minha parte, eu não *coloco*! Aí eu tive a certeza de que meu texto estava deturpado. Liguei de novo para a universidade e disse que proibia a publicação se não encontrassem a fita para eu aprovar. Insistiram que estava literal. Fiz uma aposta. Acharam a fita e eu ganhei. Evidentemente eu falei em *matricular* a Luísa, não em *colocar*. *Colocar* pra mim é outra coisa.

Jamais *terei pego* alguma coisa. Posso ter *pegado, apanhado, segurado*... Quando estudei, *pego* era errado. Hoje em dia está sendo tão usado que na certa vai ficar, está até registrado em dicionários, já nem me incomoda mais. Se não uso é por cisma e por achar feio. Mas admito nos outros. Só que mal eu me acostumei e resolvi fechar os olhos e engolir, surge agora outra mania – o *chego*. É um tal de *tinha chego* pra cá, *tinha chego* pra lá... É até engraçado. Mas me arrepia, feito giz no quadro-negro. Esse aí não vai dar tempo, morro antes de me acostumar.

E por falar em tempo, o meu está acabando. Era capaz de ficar horas falando sobre isso. Acho divertidíssimo, como um brinquedo, que a gente revira de um lado para o outro, desmonta e vai descobrindo coisas novas. E nem falei no léxico, nas palavras propriamente ditas, isoladas, com toda sua força. Pegar uma palavra como *lágrima* e ver que pode virar *milagre*... mas nem vou enveredar por aí. Vou só fechar o círculo e terminar como comecei, falando de lembranças de explorar a nossa língua no exílio.

Todo mundo sempre disse que saudade é a palavra mais típica do português, intraduzível etc. Discordo. Até dá pra traduzir, embora em cada contexto com um termo diferente. Ou às vezes usando mais de um termo. Para mim, intraduzível mesmo acaba sendo outro tipo de palavra. Justamente aquelas que, no exílio, mais eu sentia falta ou saudade de ouvir. Palavras bem nossas mesmo, a cara do Brasil, pela mistura de sua origem, pela brasilidade dos seus referentes, pela concretude sensorial e musicalidade inconfundíveis, capazes de instaurar um hiato tropical numa neblina inglesa ou numa garoa parisiense. Já nem falo em distinções olfativas de fedor, como *catinga, bodum, inhaca, xulé*. Mas como dizer que *uma fruta de-vez tem cica*? Ou suspirar por um *cafuné*...

Nesses casos sim, sou obrigada a concordar com Jean Améry, que no livro *Par-delà le crime et le châtiment. Essai pour surmonter l'insurmontable* (Actes Sud, 1995) fala do exílio como um "afastamento das coisas que nos contam histórias", histórias essas evocadas por um simples substantivo comum. E só me resta concordar com Alain Finkielkraut (em *L'Humanité Perdue*: Seuil, 1996), que define a relação do exilado com a língua materna não como a certeza de que essa é a língua que ele domina, domestica e manipula melhor, mas como a confiança de que há uma única língua que lhe fala quando ele a fala e que, por isso, escapa a toda e qualquer manipulação. E se tem razão o meu mestre Roland Barthes, e o escritor é mesmo o ser que padece da estranha doença de ver a linguagem, é essa língua que me fala, que eu desejo ver para sempre. Minha doce língua portuguesa do Brasil.

A LÍNGUA PORTUGUESA NO NOVO MILÊNIO
A pesquisa como fonte de conhecimento para o ensino

Vilson José Leffa

O objetivo deste trabalho é mostrar a importância da pesquisa no ensino da língua portuguesa. Parte-se de dois princípios básicos aqui. O primeiro é que o ensino envolve o conhecimento, o que é óbvio; ensinar é no mínimo transmitir conhecimento para alguém. O segundo, não tão óbvio, é que o professor deve não apenas passar o conhecimento para o aluno, mas também gerar o conhecimento que passa. Esta é a tese principal deste trabalho: como gerar o conhecimento que se passa ao aluno.

CONHECIMENTO RECEBIDO

O conhecimento pode ser recebido ou construído. O conhecimento recebido é aquele que vem de uma autoridade e já pronto para consumo; tipicamente é aquele que se recebe na escola, nos livros, nas publicações acadêmicas e até nos meios de comunicação de massa. O uso da autoridade é bastante comum na divulgação do conhecimento sobre a língua. As principais gramáticas da língua portuguesa, por exemplo, são conhecidas pelos nomes de seus autores. Temos, assim, a gramática do Bechara, do Celso Cunha, do Napoleão, para citar apenas três. O mesmo ocorre com os dicionários. Os três maiores dicionários da língua portuguesa são conhecidos pelos nomes das pessoas que os idealizaram: o Aurélio, o Michaelis e, mais recentemente, o Houaiss. É óbvio que um dicionário do porte de qualquer um desses três não pode ser a obra de uma única pessoa. O conhecimento necessário para produzir um dicionário – hoje – é tão complexo que não pode ser mais o resultado de um trabalho individual; tem de ser um trabalho de equipe. Estamos na época da inteligência coletiva, distribuída não só entre pessoas afinadas por um mesmo objetivo, mas até entre pessoas e máquinas. O Houaiss, para ficar ainda no exemplo do dicionário, não seria viável na década de 1960, nem em termos de qualidade de impressão nem em termos de custo. Não haveria, na época, a tecnologia disponível para apresentar um produto que reunisse a qualidade gráfica e científica que se exige hoje de um dicionário, a um preço que possa ser pago, pelo menos, por um segmento razoável da população.

A diferença entre inteligência individual e coletiva pode ser demonstrada por meio dos diferentes resultados que ela produz. O que se pensa individualmente é mais limitado e produz resultados mais pobres do que aquilo que é pensado coletivamente. Vejamos como exemplo a definição da palavra *sílaba* em duas edições do dicionário Aurélio. Na segunda edição do dicionário, de 1986, há três acepções para sílaba:

> **Sílaba** [Do gr. *syllabé*, pelo lat. *syllaba*.] *s. f.* **1**. Som produzido por uma única emissão de voz assinalada por um ápice de abrimento articulatório e tensão muscular, que corresponde, em português, a uma vogal. **2**. Vogal ou reunião de fonemas que se pronunciam numa só emissão de voz. **3**. Fig. e fam. Som articulado. [cf. silaba, do v. silabar.] (...). (Ferreira, 1986)

Não sei qual foi o critério usado pelo autor para ordenar as acepções no verbete, mas imagino que deve ter tido a preocupação de colocar em primeiro lugar a acepção mais freqüente, mais comum na língua. Um outro aspecto que salta aos olhos é que não houve qualquer preocupação em definir os contextos, as diferentes áreas de conhecimento, em que pode aparecer cada uma das acepções.

Mas mesmo assim, mesmo que não tenha priorizado a freqüência de uso, mesmo que não tenha especificado a área científica em que pode ser usada, a definição oferecida é no mínimo incompleta. Imagino que para todos os professores de língua portuguesa, fonoaudiólogos e muitos alunos de letras, definir a sílaba, em primeira opção, como uma vogal, é certamente incorreto: atribui universalidade a um traço que é apenas circunstancial.

Note-se, no entanto, a mudança que ocorreu na terceira edição do dicionário, publicada em 1999:

Sílaba [Do gr. syllabé, pelo lat. syllaba.] S. f. 1. E. Ling. Na cadeia da fala, cada uma das unidades estruturadas com base em seqüências de vogais e consoantes e que se reúnem para constituir as palavras. [cf. coda, núcleo, onset, rima1.] 2. E. Ling. A representação dessas unidades na escrita. 3. Fig. Fam. Som articulado. [cf. silaba, do v. silabar.] (...). (Ferreira, 1999)

Também aqui são apresentadas três acepções, mas as semelhanças param aí. De imediato, nota-se que cada acepção é contextualizada, sendo que as duas primeiras pertencem à área de Estudos da Linguagem. Pode haver ainda alguns problemas. Pessoalmente, não vejo a necessidade de separar a sílaba na "cadeia de fala" e na escrita. É possível também que a expressão "unidades estruturadas com base em seqüências de vogais e consoantes" não ajude muito a quem vai ao dicionário para saber o que é sílaba, mas pelo menos não se dá ao consulente uma informação errada. A remissão que o dicionário faz para as palavras *coda, núcleo, onset e rima* me pareceu, por outro lado, de extrema utilidade – e se o leitor tiver curiosidade e for investigar cada um desses termos, terá a oportunidade não só de adquirir o conceito correto de sílaba mas também de se atualizar na terminologia adequada. Vejamos os exemplos retirados do dicionário, reproduzidos aqui na acepção referente à área da linguagem:

Coda: Segmento(s) consonântico(s) que ocupa(m) a parte final da sílaba.
Núcleo: Na estrutura da sílaba, a posição obrigatória, ocupada pela vogal.
Onset: Na estrutura da sílaba, a posição que precede a vogal e que pode estar vazia ou ser ocupada por uma ou duas consoantes.
Rima: Na estrutura da sílaba, unidade formada pelo núcleo e pela coda.

Considerando que o conceito de sílaba deve ter permanecido o mesmo entre 1986 (data de segunda edição do dicionário) e 1999 (data da terceira), essa mudança na definição deve ser atribuída não à evolução da lingüística mas a uma nova maneira de trabalhar. Vejo, nessa nova maneira, a passagem do individual para o coletivo.

Existe um poema de Emily Dickinson que, em tradução livre para o português, diz mais ou menos o seguinte:

Para fazer uma pradaria
é preciso uma abelha e um trevo
mas se não tiver um trevo
uma abelha é suficiente.

Há uma beleza muito grande nesse poema, mas também se pode ver nele um problema. É possível lê-lo como uma exaltação ao individualismo, a glorificação do indivíduo todo poderoso que não precisa da ajuda dos outros. Traz, no fundo, a idéia romântica do lobo solitário na estepe, totalmente auto-suficiente e dono da planície. Isso dá beleza ao poema, mas provavelmente não é verdade; ninguém é capaz de construir uma pradaria sozinho – como ninguém é capaz de produzir um dicionário sozinho.

Antigamente distribuíam-se tarefas; hoje temos de aprender a distribuir o pensamento. As idéias e a própria inteligência têm de transbordar do individual para o coletivo. Estamos entrando numa sociedade onde o bem maior é o conhecimento, mas, por mais que se defina e se recorte esse conhecimento, por mais especializado que ele seja, é ainda grande demais para caber num único cérebro. Ninguém vai ter um cérebro que possa conter uma mente que seja tão desenvolvida que possa reter todo o conhecimento necessário para produzir um dicionário. O conhecimento precisa não só ser distribuído entre cérebros diferentes, mas incluir também a memória das máquinas para a execução de tarefas que envolvam cálculos, comparações, remissões a outras palavras etc. A complexidade do conhecimento exige que a inteligência deixe de ser um atributo individual, estanque dentro das pessoas, para se tornar uma substância fluida, distribuída coletivamente, por um processo de transbordamento.

Mesmo com toda distribuição e integração de tarefas, mecânicas e cognitivas, que caracteriza a feitura de um dicionário, mesmo assim, ao ser consultado, ele se torna para o leitor, conhecimento recebido, pronto para ser usado. O perigo é encarar esse conhecimento recebido como autoridade inquestionável para resolver qualquer dúvida.

O uso da autoridade como fonte de conhecimento pode representar no máximo uma meia verdade. Se eu digo, por exemplo, que língua é um instinto que as pessoas trazem de nascença e cito Chomsky para corroborar o que digo, eu posso estar totalmente enganado ou apenas dizendo uma meia verdade. Posso afirmar também o contrário e dizer que língua não é um instinto de nascença, mas o produto de uma mente social e cito então Vygotsky para apoiar o que afirmo. Por mais autoridade que tenha Chomsky ou Vygostsky, ao usá-los como fonte de conhecimento, estou correndo o risco de ficar apenas com uma verdade provisória, momentaneamente privilegiada por alguns teóricos, mas categoricamente negada por outros.

Alguns teóricos poderão ter pensado muito, dito coisas interessantes que gostamos de ler, mas não são necessariamente os donos da verdade. Como disse Diderot numa frase extremamente espirituosa: "a verdade é uma prostituta; dorme com todos e não é fiel a ninguém". As palavras de uma autoridade, incluindo obviamente o que disse Diderot, não devem ser vistas como fonte da verdade, mas como hipóteses, verdades provisórias que poderão ou não ser confirmadas. Podem ser o caminho, podem servir de incentivo e até de inspiração na busca do conhecimento, mas não representam, em si, a verdade.

CONHECIMENTO CONSTRUÍDO

O conhecimento construído é aquele que surge da própria experiência de vida – passando pela reflexão. A combinação da experiência com a reflexão é extremamente importante e pode ser mostrada graficamente por meio da expressão mostrada na Figura 1, apresentada aqui apenas para realçar visualmente a relação entre as três variáveis.

CONHECIMENTO CONSTRUÍDO = EXPERIÊNCIA + REFLEXÃO

Figura 1 – Definição de conhecimento construído

Essas relações não são estáticas, mas dinâmicas, tendo não apenas uma dimensão espacial, mas também temporal. Para entender essas relações dinâmicas – como algo que acontece no tempo e não apenas algo que está disposto graficamente – talvez fosse interessante comparar a produção do conhecimento construído ao processo biológico da ruminação.

Sabemos que o estômago dos ruminantes tem quatro compartimentos: o primeiro – que se chama rúmen, em linguagem mais acadêmica, ou pança, em linguagem mais popular – é onde se guarda o alimento ingerido que não foi mastigado. Esse alimento passa por um processo inicial de fermentação, é depois regurgitado, mastigado várias vezes e novamente deglutido; desta vez para o segundo compartimento, o retículo, de onde vai para o terceiro e então para o quarto, onde é finalmente digerido pelo organismo. O alimento em estado bruto é assim trabalhado pela ruminação – tal como a experiência, que para ser assimilada e transformada em conhecimento, tem de ser trabalhada pela reflexão.

Como se vê, é bastante óbvia a relação entre ruminar e refletir. O que pode não ser muito claro – e precisa ser repetido – é que refletir sobre a experiência pode transformá-la em conhecimento.

A questão que se coloca nesse ponto é se o professor pode produzir o conhecimento que "passa" aos alunos, ou se ele é apenas um intermediário, um atravessador do conhecimento. Para alguns, o professor não tem condições de pesquisar. Pode ter, quando muito, "uma atitude investigativa" (Ferreiro, 2001: 36). Tentar fazer do professor um pesquisador é populismo. Ainda, segundo Ferreiro:

> Quando se faz investigação-ação com a idéia de que os professores são investigadores, eu digo que não é bem assim. Ser pesquisador é uma profissão como qualquer outra, nem mais, nem menos. (...) todos podemos cantar, mas há alguns que são cantores profissionais, especializados, e ninguém pode transformar-se em cantor por uma decisão coletiva. (Ferreiro, p. 36)

Trago Emilia Ferreiro para o debate da questão ensino/pesquisa para mostrar que não há unanimidade sobre o assunto. Há vozes discordantes, embora a grande maioria seja a favor da duplicidade de papéis do professor: não apenas transmissor mas também gerador de conhecimento.

A questão que se coloca então é como o professor de língua portuguesa pode gerar conhecimento, pois não há dúvida sobre seu papel de transmissor. Para isso, proponho aqui uma sugestão de roteiro.

ROTEIRO PARA INICIAÇÃO EM PESQUISA

Um projeto de pesquisa em Língua Portuguesa pode partir de dois grandes aspectos: descrição ou uso da língua, apresentados aqui como dois extremos, intermediados por uma faixa de continuidade. A descrição envolve o extremo teórico da língua, tanto quanto possível desprovido de contexto; é a língua dentro dos limites da própria língua: da fonologia, do léxico e, principalmente, da sintaxe. Questões de pragmática, levando em consideração, por exemplo, o objetivo para o qual se produz um determinado enunciado – ou questões de discurso, com preocupação no efeito de sentido de uma frase num determinado contexto sócio-histórico – tudo isso é ignorado. Geralmente não se vai além da frase, onde o significado fica restrito a uma forma lógica, envolvendo um falante ideal, desprovido de todas as circunstâncias sociais, ou mesmo de influências psicológicas, que possam afetar o enunciado.

No outro extremo está a língua em uso e situações autênticas de comunicação, levando em consideração tudo aquilo que acontece durante a fala, a escuta, a leitura e a escrita. A ênfase não está mais na frase, mas no evento comunicativo, que pode ser uma interação entre professor e alunos, uma consulta ao médico, uma entrevista para conseguir um emprego, um texto a ser lido, um relatório a ser escrito etc. Levam-se em consideração não apenas a materialidade lingüística, mas também os interlocutores, os papéis que eles representam, o lugar de onde eles produzem os enunciados etc.

Quando se inicia um projeto de pesquisa já se está normalmente inserido em algum lugar desse contínuo, que vai da descrição ao uso da língua. O importante aqui é dar-se conta de que minha maneira de ver a língua não é a única. Há também outros olhares, que não são nem superiores nem inferiores ao meu, são apenas diferentes. Daí que a atitude certa é não se deixar levar nem pelo desprezo das outras áreas, nem por um complexo de inferioridade.

Sabemos que a pesquisa é um procedimento sistemático de achar respostas para perguntas. Essas perguntas podem ser tanto teóricas como práticas, envolvendo a língua em todos os seus aspectos, desde a descrição mais pura até o uso mais contextualizado. Alguns exemplos de perguntas teóricas: qual é o papel da sintaxe na compreensão da língua? Até que ponto a disposição das palavras na frase pode afetar sua compreensão? Qual é a diferença entre "o cachorro mordeu o menino" e "o menino mordeu o cachorro" (onde a única mudança é a ordem das palavras na frase)? Qual é a estrutura subjacente em "pintou a parede de madeira" e em "pintou a parede de vermelho"? Qual é a diferença entre "posso estudar" e "quero estudar"?

Alguns exemplos de perguntas práticas, envolvendo não a descrição, mas o uso da língua: como escrevem os professores de língua portuguesa? Que tipo de revisão fazem quando reescrevem os próprios textos? Com que se preocupam mais? Com as questões locais da gramática? Com a coesão? Com a coerência do seu próprio texto?

Quando se procura uma resposta para uma pergunta, a primeira coisa a fazer é tentar descobrir se a pergunta já foi respondida; se já foi, talvez não haja razão para empreender o projeto. É preciso saber no entanto como a pergunta foi respondida, se baseada em pesquisa, em autoridade, ou mesmo em crenças pessoais. Mesmo que tenha sido baseada em pesquisa, é preciso saber qual foi a metodologia usada, isto é, quem foram os sujeitos que forneceram os dados, que procedimento foi usado para coletar esses dados, que tipo de análise foi feita etc. Usando esses critérios, vamos logo descobrir que pouquíssimas são as perguntas que já foram respondidas. O problema quando se inicia um projeto de pesquisa não é descobrir que outros já pesquisaram o mesmo assunto antes de nós; o problema mais comum é ver que praticamente nada foi feito e temos de começar da base, usando às vezes muito pouco conhecimento recebido.

Para saber até que ponto uma pergunta já foi respondida, fazemos o que se chama tradicionalmente de *fundamentação teórica*, mas que eu prefiro chamar de *revisão da bibliografia*. Aqui se entra numa tensão interessante: quanto menos bibliografia se encontrar para responder nossa pergunta, mais interessante e original deve ser nosso projeto, mas também mais difícil será desenvolvê-lo, porque não temos em que nos apoiar. Por outro lado, se encontrarmos muita bibliografia sobre o assunto, fica também mais difícil encontrar uma pergunta que ainda não tenha sido respondida, e assim criar um nicho próprio de pesquisa. A solução nesse caso está em refinar a própria pergunta na medida em que se avança nas leituras; em qualquer área de conhecimento há sempre lacunas que precisam ser preenchidas.

Uma revisão bibliográfica hoje não pode ignorar os recursos da tecnologia da informação. Saber o que outros disseram sobre o assunto que queremos pesquisar é muito mais fácil agora do que há alguns anos. Há inúmeros bancos de dados, incluindo textos integrais de trabalhos de pesquisa, não só na internet, mas também em forma de CD-ROMS. Muitos dos grandes periódicos acadêmicos, como o *TESOL Quarterly* e *Theory into Practice*, têm também publicações eletrônicas de seus textos, reunindo em um único CD tudo o que foi publicado desde a primeira edição.

No Brasil, o CD-ROM TELA (Textos em Lingüística Aplicada), lançado em fins de 2000 (Leffa, 2000), reúne mais de 44 mil páginas de texto na área de Lingüística e Lingüística Aplicada. São livros, periódicos da área, anais de congressos, dissertações de mestrado, teses de doutorado, além de inúmeros outros trabalhos – que equivalem a 220 livros de 200 páginas cada um.

Uma vantagem dos textos publicados em CD, além da quantidade, é a possibilidade de indexação. Qualquer autor, qualquer tópico, qualquer palavra, e mesmo qualquer segmento de palavra, entre as milhares de páginas que venham a compor o acervo do CD, podem ser localizados em alguns segundos.

Feita a revisão teórica, o passo seguinte é a coleta de dados. Também aqui temos recursos com os quais nem sonhávamos há algumas décadas. Além do recurso de gravações de áudio e vídeo, a preços economicamente viáveis (uma câmara de vídeo hoje custa uma fração do que custava há duas décadas), há também uma grande variedade de meios de comunicação de massa (TV a cabo, satélite etc.), que podem fornecer inúmeros tipos de dados. O que mais chama atenção, no entanto, são os grandes bancos de textos disponíveis a qualquer pesquisador interessado no estudo da língua portuguesa, principalmente os *corpora* de textos de jornais e revistas (*Folha de S. Paulo, Super Interessante, Exame* etc.).

A idéia aqui não é usar esses textos como fonte de informação, mas como dados para pesquisa. Vamos supor, por exemplo, que alguém esteja interessado em saber como as pessoas que usam profissionalmente a língua portuguesa lidam com a regência do verbo *assistir*, no sentido de *comparecer*. De acordo com a gramática prescritiva o verbo *assistir* nesse caso deve ser regido pela preposição *a*: *assistir ao* jogo e não *assistir o* jogo. Isso é o que diz a gramática, mas quem está interessado no estudo da língua em uso vai também estar preocupado em pesquisar como que os profissionais dizem na prática. Todos esses bancos de textos, escritos por jornalistas, geralmente podem ser rastreados em termos de qualquer palavra, possibilitando assim uma verificação *in loco*.

Os próprios dicionários eletrônicos podem também ser usados não só para pesquisar mas também para brincar, caso haja diferença entre *pesquisar* e *brincar*. Usando o recurso de "pesquisa reversa" do *Aurélio*, é possível descobrir inúmeros dados da língua portuguesa: entre tantos outros, o fato de que há no dicionário 25.273 brasileirismos e 2.420 palavras do tupi. Em termos de classes gramaticais, com alguns toques de mouse, descobrimos logo que há 82.406 substantivos, 40.555 adjetivos e 12.602 verbos – ou seja, para cada verbo registrado no dicionário, há cerca de 7 substantivos. Como a "pesquisa reversa" permite que se parta da definição para a palavra definida, pode-se, com um pouco de tentativa e erro, encontrar a expressão de qualquer conceito. Usando-se, por exemplo, as palavras *mulher*, *medo* e *aversão* pode-se chegar – a quem interessar possa – aos termos abaixo:

> **Ginecofobia**: Aversão patológica a convívio com mulheres; ginofobia.
> **Misoginia**: Desprezo ou aversão às mulheres.
> **Partenofobia**: medo mórbido de mulher virgem.

Um projeto de pesquisa começa com uma pergunta e continua com a exploração dos recursos disponíveis. A pergunta leva à hipótese e a necessidade de testar a hipótese leva à exploração dos recursos. O segredo do sucesso do pesquisador está em imitar as crianças, que, com sua curiosidade, aprendem a falar e, com alguma sorte, até a escrever. Sem curiosidade, sem o processo constante de tentativa e erro, não há pesquisa e nem avanço do conhecimento.

UM EXEMPLO DE PESQUISA COM A SEGMENTAÇÃO DA FRASE

Uma competência fundamental no processamento da língua é a capacidade de segmentar o que se ouve ou se lê. Quando estamos expostos ao fluxo da fala ou do texto escrito, temos de separar os períodos em orações, as orações em sintagmas, os sintagmas em palavras, as palavras em sílabas, as sílabas em fonemas ou letras, sendo talvez interessante observar que é só na última segmentação que temos um termo específico para a representação sonora (fonema) e outro para a representação gráfica (letra); sílabas, palavras, orações, por outro lado, existem tanto para a fala como para a escrita.

Ensinar o aluno a separar esses diferentes segmentos em outros menores tem sido sempre uma grande preocupação da escola, principalmente nos segmentos maiores como, por exemplo, na identificação das orações em um período composto.

Imaginemos a seguinte frase:

(1) José virá se amar Maria.

Temos aí um período composto de duas orações: uma oração principal, *José virá*, e uma oração subordinada adverbial condicional, *se amar Maria*. Qualquer falante da língua portuguesa será capaz de fazer essa segmentação, independentemente de conhecer ou não a terminologia adequada. A complicação, no entanto, pode surgir quando se inverterem as orações no período, como em (2), propositadamente escrito sem vírgulas.

(2) Se amar Maria José virá.

Há duas complicações aqui. A primeira é causada pela ambigüidade do verbo *amar*, que pode ter mais de uma valência: valência 1, tendo como argumento apenas o sujeito, sem complemento: *José ama*. O verbo *amar* tem essa estranha propriedade de ser também um verbo intransitivo, onde não há necessidade de se especificar a quem se ama, como se amar fosse um sentimento sem direção e sem objeto.

Mas o verbo *amar* também pode ter valência 2, apresentando dois argumentos, sujeito e objeto: *José ama Maria*; ou mesmo sujeito e pronome: *José se ama*.

A outra complicação é que na língua portuguesa não há necessidade de explicitar o sujeito gramatical; posso dizer tanto *José virá* como simplesmente *virá*.

Isso significa que a frase *Se amar Maria José virá* pode ser segmentada de três maneiras diferentes:

(3) Se amar / Maria José virá.
(4) Se amar Maria / José virá.
(5) Se amar Maria José / virá.

Note-se que cada segmentação produz um sentido diferente. Em (3) quem ama é Maria José; já em (4) é José que ama Maria; enquanto que em (5) é alguém que ama Maria José. Não só é necessário segmentar para produzir sentido, mas é também necessário saber segmentar hierarquicamente, com flexibilidade, às vezes mais para a esquerda, às vezes mais para a direita, como se tivéssemos fronteiras móveis dentro do texto.

Trago esses exemplos para mostrar a importância da segmentação e da análise no processamento da língua. Pode-se afirmar com toda tranqüilidade que não há compreensão e nem produção lingüística se não houver processamento sintático. O estudo que vou resumir aqui (Leffa, 2000) aborda essa questão da análise sintática de modo bastante simples e serve para mostrar que não é difícil implementar um projeto de pesquisa com resultados relevantes – apesar da simplicidade.

O objetivo do projeto foi tentar medir o papel da escola no desenvolvimento da capacidade de análise sintática do aluno. Para isso se preparou um teste que constou de 44 períodos compostos de duas orações, onde o aluno era solicitado, sem qualquer terminologia específica, a colocar um traço vertical onde achasse que a frase pudesse ser separada em duas partes. O teste foi aplicado em alunos da quarta série do ensino fundamental até alunos universitários do quarto semestre, passando pelo ensino médio. Os exemplos a seguir (6-9) mostram algumas das frases usadas.

(6) Acabada a festa, os músicos partiram
(7) Quero que vás mas peço que voltes
(8) Importa viver honestamente.
(9) A verdade é que todos o amam.

Os resultados mostraram três aspectos interessantes. Em primeiro lugar, notou-se que algumas orações eram mais fáceis de serem segmentadas do que outras: as orações separadas por vírgula (6) e as orações coordenadas (7) produziram mais de 90% de acertos; já as substantivas predicativas (9) foram as mais difíceis, produzindo menos de 20% de acertos.

Outro aspecto que me pareceu interessante foi a proximidade de resultados entre os extremos. O que era difícil para a quarta série do ensino fundamental era também difícil para o aluno universitário; e o que era fácil para o aluno universitário era também fácil para o aluno do ensino fundamental.

O terceiro aspecto, concluindo a pesquisa, é que não houve diferença significativa entre um extremo e outro: os alunos da quarta série do ensino fundamental obtiveram rigorosamente os mesmos escores que os alunos universitários; ambos acertaram, em média, 31 das 44 questões do teste. Isso significa que o ensino explícito da análise sintática, pressupondo, na verdade, que ele tenha ocorrido, não surtiu qualquer efeito na capacidade do aluno em segmentar as orações. Os resultados confirmam a hipótese de que a criança depois de uma certa idade não tem mais nada a aprender em termos de sintaxe – o que leva à conclusão de que o professor também não tem mais nada a ensinar. Na realidade, o que o professor não deve fazer é tentar ensinar ao aluno algo que ele já sabe e que ele, professor, não sabe explicitar.

Minha conclusão, em relação a esse estudo, não é de que o professor de português não deva estudar gramática. Pelo contrário, deve estudar muito mais, incluindo as várias teorias que andam por aí (gramática de valências, Tesnière, gramática funcional etc.), para então ser capaz de problematizar a língua para o aluno, dando-lhe a oportunidade de vislumbrar quão complexo é o conhecimento lingüístico que ele possui. Isso provavelmente é bem menos difícil do que parece, na medida em que se pode partir dos exemplos fornecidos pelos próprios alunos em seus textos e leituras, fazendo então a ponte com uma ou outra gramática.

A CONEXÃO DAS PALAVRAS NA FRASE

O contrário de segmentar é conectar. Se por um lado separamos e decompomos os elementos da frase, por outro, também unimos e conectamos. Os exemplos abaixo mostram como a conexão entre as palavras dá-se por estruturas subjacentes e podem mostrar a importância da sintaxe na compreensão:

(10) Pintou a parede de madeira.
(11) Pintou a parede de vermelho.
(12) O guarda viu a menina de binóculos.
(13) O guarda viu a menina de vestido vermelho.

No exemplo (10), podemos dizer que a palavra *madeira* está conectada à palavra *parede*, formando com ela um sintagma nominal, que, por sua vez, é o objeto direto do verbo *pintou*. Para gerar a frase, poderíamos fazer a pergunta: *o que ele pintou?* E teríamos a resposta: *pintou a parede de madeira.*

Já em (11), a palavra *vermelho* se conecta não com a palavra *parede*, mas com o verbo *pintou*. Note-se que neste caso, para gerar a frase, perguntaríamos: *como ele pintou parede?*

A estrutura sintática da frase mostra também os casos de ambigüidade, em que mais de uma conexão é possível numa mesma frase. Em (12), por exemplo, a palavra *binóculos* pode estar conectada tanto à palavra *menina* como à palavra *guarda*, produzindo dois significados diferentes: (a) o guarda, que estava de binóculos, viu a menina; (b) o guarda viu a menina, que estava de binóculos.

Já em (13), a ambigüidade é mais difícil de ser percebida, por interferência do nosso conhecimento de mundo, onde normalmente não vemos guardas de vestidos vermelhos. A sintaxe, no entanto, mostra que a ambigüidade existe.

A sintaxe, é claro, não só mostra a ambigüidade onde ela potencialmente existe e às vezes nem percebemos, mas também resolve a ambigüidade onde a percebemos, como em (14), deixando imediatamente claro quando as palavras *ama* e *amo* são substantivos ou verbos.

(14) Amo a ama, mas a ama ama o amo.

A oposição entre dados estritamente lingüísticos – sintaxe e léxico – e a representação de mundo pode ser extremamente interessante nos estudos da compreensão, onde se procura verificar o peso de um e outro na determinação do significado. O conhecimento de mundo pode às vezes interferir no processamento lingüístico, como no exemplo da brincadeira, demonstrado em (15).

(15) O avião caiu na fronteira entre Canadá e Estados Unidos; onde devem ser enterrados os sobreviventes?

Dar à sintaxe o que é da sintaxe e ao conhecimento de mundo o que é do conhecimento de mundo tem sido um dos grandes debates nos estudos da compreensão. Se interpreto a leitura como um processo de extração de significado, estou provavelmente pondo ênfase na sintaxe, e indiretamente no léxico. Por outro lado, se interpreto a leitura como atribuição de significado, onde o leitor dá sentido ao texto, estou enfatizando o que chamo de conhecimento de mundo, para não usar termos mais complicados.

Em termos de ligação, de retomada de partes do texto, um dos mecanismos mais interessantes na língua é a anáfora. A anáfora pode ser descrita como um processo que acarreta a volta no texto. O processo começa quando o anaforizante é reconhecido (por exemplo, o pronome) e concluído quando o anaforizado é encontrado (a palavra a qual o pronome se refere). Descrever o que acontece entre esses dois momentos, sem recorrer ao conhecimento de mundo, foi o que tentei no projeto que vou resumir em seguida. O objetivo foi verificar até que ponto as restrições sintáticas e lexicais do texto poderiam sozinhas contribuir para a resolução da anáfora.

O segmento abaixo, escolhido por sua simplicidade e pela ausência de ambigüidade, é usado para ilustrar os conceitos básicos subjacentes ao processo da anáfora, incluindo o rastreamento do antecendente.

(16) As **casas** são compradas porque **elas** oferecem conforto.

O pronome *elas* não se relaciona diretamente a um objeto do mundo real mas a alguma palavra mencionada antes. A tarefa mental desempenhada pelo leitor ao processar a sentença é voltar no texto e encontrar a palavra a qual ele se refere. No Segmento (16), há cinco palavras (*porque compradas, são, casas* e *as*) mas somente uma é candidata séria para ser antecedente (*casas*). Vamos estabelecer, por enquanto, que o pronome *elas* só pode ser substituído por um substantivo plural feminino e a única palavra que preenche esta condição é *casas*.

É claro que na vida real as coisas nem sempre são tão simples. Um problema que pode surgir é a possibilidade de haver mais de um candidato legítimo para o antecedente, como está demonstrado no caso seguinte:

(17) As **casas** são compradas pelas **pessoas** porque **elas** oferecem conforto.

Agora não há um, mas dois candidatos para *elas*, que são as palavras *casas* e *pessoas* (ambas substantivos plurais e femininas). Como resolver esse problema? Uma hipótese é resolvê-lo aplicando as restrições sintáticas. Pode ser argumentado que há um paralelismo sintático entre o substantivo *casas* e o pronome *elas*, isto é : *casas* e *elas* estão na posição do sujeito em suas próprias orações. A palavra *pessoas* por outro lado, embora substantivo plural não compartilha deste paralelismo com *elas*. Assim, entre os dois candidatos, escolhemos o substantivo *casas*.

Restrições sintáticas baseadas no paralelismo, no entanto, parecem funcionar bem apenas quando os exemplos são cuidadosamente escolhidos.

No segmento 17, por exemplo, uma simples mudança num item lexical pode reverter totalmente a relação entre o anaforizante e o anaforizado. Isso pode ser observado no próximo segmento em que *oferecem* foi substituído por *querem*.

(18) As **casas** são compradas pelas **pessoas** porque **elas** querem conforto.

Mais uma vez, existem dois candidatos, exatamente como nos exemplos anteriores. Mas se aplicarmos a restrição sintática, como fizemos antes, escolhendo o sintagma nominal que está na posição do sujeito, chegaríamos à palavra *casas*, que obviamente é a escolha errada (**Casas querem conforto.*). O paralelismo sintático, que tão eficazmente facilitou a escolha entre os dois candidatos no segmento anterior, parece não funcionar mais. O único candidato que pode ocupar legitimamente a posição ocupada por *elas* é *pessoas*. O outro candidato (*casas*) viola a restrição semântica: *"casas não querem coisas, somente pessoas querem coisas"*. Assim, o paralelismo sintático é superado pelas restrições semânticas. Não basta o anaforizado possuir a mesma função sintática do anaforizante. Ambos devem também compartilhar o mesmo traço semântico. As restrições sintáticas e semânticas, no entanto, não bastam para resolver os problemas associados à resolução da anáfora, como pode ser também observado nos seguintes casos:

(19) As **montadoras** venderam as ***pickups*** para as **firmas árabes** porque **elas** ofereceram cinco anos de garantia.
(20) As **montadoras** venderam as ***pickups*** para as **firmas árabes** porque **elas** eram à prova de bala.
(21) As **montadoras** venderam as ***pickups*** para as **firmas árabes** porque **elas** ofereceram pagamento à vista.

Os segmentos 19-21 aparentemente podem ser resolvidos apenas pelo uso de representações de mundo em que compradores, vendedores e mercadorias trocam de mãos: dinheiro de compradores para vendedores e carros de vendedores para compradores. Precisamos saber também que carros podem ser a prova de bala, que as companhias oferecem garantias sobre o que elas vendem e que os árabes podem ser muito ricos.

Para esse estudo sobre anáfora foram escolhidos os pronomes possessivos *seu, sua, seus, suas*. Esses pronomes apresentam algumas características que os tornam interessantes para uma investigação sobre a resolução da anáfora.

A mais importante é que em português esses pronomes não concordam com o possuidor, como acontece em inglês, mas com a coisa possuída. A principal conseqüência desta concordância pelo lado direito (com a coisa possuída) é que o rastreamento do antecedente se torna mais difícil. Não se podem usar, por exemplo, pistas sintáticas importantes, como gênero e número.

Pressupõe-se que todas essas dificuldades sobreacarregam a hipótese de que apenas as restrições sintáticas e semânticas, sem conhecimento de mundo, possam levar a uma resolução da anáfora. Resultados positivos, obtidos em condições tão desfavoráveis, serão provavelmente mais robustos e confiáveis.

A metodologia usada para testar a hipótese consistiu de um levantamento de um *corpus* de 1.300 ocorrências de pronomes possessivos em textos jornalísticos. A base para a obtenção desses dados foi o CD-ROM da *Folha de S. Paulo*.

Quadro 1 – Restrições na resolução da anáfora

Tipo de restrição	Percentual
Restrições sintáticas (sujeito)	85%
Restrições semânticas	10%
Não resolvido	5%

O quadro 1 mostra os resultados obtidos. Em 85% dos casos o anaforizado é o sujeito da oração principal. Em (22), por exemplo, teoricamente há três candidatos para o antecedente de *seu* em *seu pai*, mas apenas *Romário* preenche a condição de sujeito da oração.

(22) **Romário** disse ontem que **traficantes** ajudaram a encontrar o **cativeiro** de **seu** pai, libertado anteontem.

Incluindo as restrições semânticas e considerando as palavras que enfatizam o objeto, como os verbos *tratar de, homenagear, quanto ao, segundo* etc., é possível aumentar o índice de resolução em mais 10%. Os exemplos abaixo mostram como a anáfora funciona nesses casos. Note-se que em nenhum dos casos o antecedente é o sujeito da oração principal:

Quanto aos **vira-latas**, **Coren** diz que a **aparência** é o que mais vale na **hora** de adivinhar **seu** temperamento.

O **livro** trata do **indivíduo** e da **necessidade** de encontrar **seu** destino.

Segundo **Faria**, um **carro azul**, **quatro portas**, parou a **seu** lado, com três homens. Um deles saltou, apontando-lhe uma arma. Faria foi atirado dentro do carro.

Maluf disse que vai homenagear **Senna** colocando **seu** nome em alguma obra pública.

A conclusão é de que não existe compreensão sem processamento sintático, tanto em termos de segmentação, no qual é preciso identificar os elementos que compõem a frase e o texto, como em termos de conexão, no qual é preciso ligar, ou religar, o que foi separado para análise. Se eu afirmar que a compreensão envolve dois movimentos opostos de análise e síntese, não estou dizendo nada de novo, mas depois dos dois estudos realizados e das reflexões que eles proporcionaram, sinto-me mais próximo do problema. Tenho mais tranqüilidade em afirmar que o conhecimento de mundo é importante, mas que o processamento sintático não pode ser ignorado na compreensão do texto.

RECOMENDAÇÕES FINAIS

O objetivo desta apresentação foi argumentar que o professor não deve apenas passar conhecimento para o aluno, mas também produzir conhecimento. Apresentei aqui, a título de ilustração, dois exemplos de pesquisa que podem ser desenvolvidos com o que temos na sala de aula ou em bases de dados disponíveis aos professores curiosos ou interessados. Um estudo foi mais prático, envolvendo um questionamento do ensino da análise sintática; o outro mais teórico, envolvendo a anáfora. Nenhum dos dois vai salvar o mundo, mas pesquisa é assim mesmo. O importante é que cada um faça sua parte.

Algumas recomendações finais:

- Tente produzir pelo menos parte do conhecimento que você passa para o aluno. Pesquise como seus alunos reescrevem seus textos, que estratégias você poderia usar em sua sala de aula para dar um leitor para seu aluno, que tipos de textos eles gostariam de ler. Esses são apenas alguns exemplos de tópicos de pesquisa que precisam ser investigados.
- Tente descobrir outros colegas que tenham interesses semelhantes aos seus. Hoje é possível formar comunidades discursivas sem limites geográficos, para a troca de idéias e experiências. Um professor sozinho não faz pesquisa; é preciso formar uma comunidade.
- Tente refletir sobre a experiência de ensino. A sala de aula é um verdadeiro laboratório onde muitas coisas podem ser experimentadas e o professor é de certa maneira um privilegiado por dispor de todos esses dados. Mas não basta viver toda essa experiência; é preciso refletir sobe ela.

Vou concluir repetindo aqui o que já disse em outro lugar:

> O conhecimento é a matéria prima do professor, que deve agir não apenas como transmissor de saber, mas também como produtor. É difícil saber o que é mais importante, se gerar ou transmitir conhecimento. A preocupação em estabelecer essa diferença, no entanto, não existe para o professor, na medida em que ele pode exercer as duas atividades. Se o conhecimento, por si só, nunca foi tão valorizado como agora, o professor, no duplo papel de gerador e transmissor de conhecimento, deve ser duplamente valorizado. Em muitos momentos da história, e em muitos setores, ainda hoje, os detentores do saber, muitas vezes, têm-se caracterizado por reter e até sonegar o conhecimento. O professor vai mais longe:

distribui o conhecimento que possui. A importância maior do professor não está em construir o conhecimento para si, e nem mesmo em construir para os outros; a importância do professor está em construir o conhecimento nos outros (Leffa, 2001: 18).

REFERÊNCIAS BIBLIOGRÁFICAS

FERREIRA, Aurélio Buarque de Holanda. *Novo Aurélio século XXI*: o dicionário da língua portuguesa. 3. ed. Rio de Janeiro: Nova Fronteira, 1999. Versão em CD.ROM.

———. *Novo dicionário da língua portuguesa*. 2. ed. Rio de Janeiro: Nova Fronteira, 1986.

FERREIRO, Emilia. *Cultura escrita e educação:* conversas de Emilia Ferreiro com José Antonio Castorina, Daniel Goldin e Rosa María Torres. Porto Alegre: ARTMED, 2001.

LEFFA, Vilson J. Análise sintática; ensinando o que não se sabe para quem já sabe. *In*: FORTKAMP, Mailce B. M.; TOMITCH, Leda, Maria Braga. *Aspectos da Lingüística Aplicada:* estudos em homenagem ao professor Hilário Inácio Bohn. Florianópolis: Insular, 2000.

——— O ensino das línguas estrangeiras nas comunidades virtuais. Palestra apresentada no *IV Seminário de Línguas Estrangeiras*. Goiânia: UFG, set. de 2001.

——— (compilador). *TELA: textos em Lingüística Aplicada* [CD-ROM]. Pelotas: Educat, 2000.

MCKEON, Denise. *Future perfect:* Lessons for a 21st Century. TESOL. *TESOL Matters*, USA, v. 11, n. 3, 2001.

TECENDO AS MALHAS SINTÁTICAS DA LEITURA

Maria Cristina Lírio Gurgel

Ao tomar conhecimento do tema desta mesa – Malhas sintáticas da leitura – lembrei-me das roupas de combate dos cavaleiros da Idade Média, tecidas com fios metálicos. Tão viva me pareceu a imagem, que comecei ali mesmo a desenvolver uma reflexão.

Por certo, pensei, essa imagem deve-se ao fato de a sintaxe compor, ao lado da fonologia e da morfologia, o chamado "núcleo duro da gramática". Ou, quem sabe, esta associação malha/metal possa ser explicada pela rigidez de um ensino de sintaxe que prioriza a classificação de frases descontextualizadas, ou por um ensino de leitura que aprisiona o sentido no próprio texto, como se ele fosse um objeto fechado em si mesmo, para ser analisado, ou melhor, esquartejado, categorizado, aprisionado no papel – a palavra como "água congelada" – para usar expressão de João Cabral de Melo Neto nos versos do poema *Catar feijão*: Certo, toda palavra boiará no papel, / água congelada, por chumbo, seu verbo.

Mas *malha*, segundo verbete do dicionário Aurélio, é também a dimensão dos orifícios de uma peneira ou tecido. Neste ponto, lembrei-me de Manoel de Barros na obra *Exercícios de Ser Criança*:

> O menino aprendeu a usar as palavras.
> Viu que podia fazer peraltagens com as palavras.
> E começou a fazer peraltagens.
> Foi capaz de interromper o vôo de um pássaro

botando ponto no final da frase.
Foi capaz de modificar a tarde
botando uma chuva nela.
O menino fazia prodígios.
Até fez uma pedra dar flor!
A mãe reparava o menino com ternura.
A mãe falou:
Meu filho, você vai ser poeta.
Você vai carregar água na peneira a vida toda.
Você vai encher os vazios com as suas
peraltagens.
E algumas pessoas vão te amar por seus despropósitos.

Interessante observar no poema que Manoel de Barros nos fala da sintaxe como um conhecimento internalizado, através do qual o menino poeta, sem nome e sobrenome – menino apenas, poeta sobretudo – faz peraltagens com as palavras, interrompendo frases, modificando-as, re-inventando-as.

Na verdade, ao fazê-lo, o menino interrompe o vôo do pássaro, modifica a tarde, faz pedra dar flor. A linguagem vista como ação, reiterando a teoria de Bakhtin de que a palavra, para o falante nativo, não se apresenta como um item de dicionário, na medida em que não são palavras o que ele pronuncia ou escuta, mas verdades, mentiras, coisas boas ou não. A palavra está sempre carregada de um conteúdo vivencial, porque a língua, em seu uso prático, é inseparável de seu conteúdo de vida.

Na verdade, lembra-nos Bakhtin,

> (...) a língua não se transmite: ela dura e perdura sob a forma de um processo evolutivo contínuo. Os indivíduos não recebem a língua pronta para ser usada; eles penetram na corrente da comunicação verbal; ou melhor, somente quando mergulham nessa corrente é que sua consciência desperta e começa a operar.

Como bem expressa Francisca Nóbrega, redimensionando o ato de ler, ampliando o seu conteúdo vivencial, declara:

> Aos quatro anos de idade comecei a me apaixonar pela vida. Hoje eu sei que aquela paixão se acendia de minha leitura das coisas. E sei mais: é a minha leitura que me garante morrer de velha, em plena paixão.

Retomando o poema de Manoel de Barros e tomando emprestada sua metáfora, o texto poético seria essa peneira na qual se carrega água.

O tema da água é recorrente em todas as artes para explicar o processo criativo, dado seu fluxo intermitente, dada sua fluidez, o que nos permite aproximar sintaxe e leitura, cujos processos – guardadas as especificidades – têm em comum a possibilidade de estabelecer nexos, elos, entrelaçando malhas no texto (do latim *textum*, tecido). Nesse sentido, segundo Barthes, o leitor é uma aranha: ao mesmo tempo em que tece, segrega a substância com a qual vai tecendo sua teia. Ou seja, o leitor projeta sobre o texto seu conhecimento de mundo, seu conhecimento linguageiro (referente à língua em funcionamento, à linguagem) e seu conhecimento textual, por isso a relação entre leitura e cidadania. Leitura como construção de subjetividades, envolvendo preferências, escolhas e direitos: de pular páginas, de não ler, de ler primeiro o fim e depois o começo, de ler este e não aquele livro etc.

Articulando ao tecido (texto) o caráter de fluidez da água, lembrei-me da história de Heráclito, filósofo grego que, ao banhar-se pela segunda vez no mesmo rio, compreendeu que nem ele era mais o mesmo, nem o rio. Assim também a leitura e a re-leitura, enquanto processos de descoberta, nos modificam e se modificam a nossos olhos:

> O mesmo leitor não lê o texto da mesma maneira em diferentes momentos e em condições distintas de produção da leitura, e o mesmo texto é lido de diferentes maneiras por diferentes leitores.

O grande texto seria, então, o que ultrapassa as imagens e a escritura e se transmuta em sujeito, embora ainda objeto. Sujeito com o qual interagimos em um enlace de prazer, de fruidez, tal qual o sultão que, encantado com as histórias de Sherazade, vai adiando por mil e uma noites, eternamente e um dia mais, a decisão de decapitá-la. Conta a história que Sherazade lera livros de toda espécie, que havia memorizado grande quantidade de poemas e narrativas, que decorara os provérbios populares e as sentenças dos filósofos. A paixão do sultão não se deve à beleza física de Sherazade, pois ele tinha as mulheres mais lindas do reino. Nem às histórias contadas, ele era sábio, certamente perceberia a estratégia para distraí-lo. Foi a linguagem transformada em pele, com a qual Sherazade roçou o sultão, que o fez se apaixonar. É como se ela tivesse palavras em vez de dedos, ou dedos na ponta das palavras.

Barthes teoriza sobre esta transmutação da escrita em sujeito quando aborda – em *Fragmentos de um Discurso Amoroso* – a emoção do duplo contato da palavra:

> (...)de um lado, toda uma atividade do discurso vem, discretamente, indiretamente, colocar em evidência um significado único que é 'eu te desejo' e liberá-lo, alimentá-lo, ramificá-lo, fazê-lo explodir (a linguagem goza de se tocar a si

mesma); por outro lado, envolvo o outro nas minhas palavras; eu o acaricio, o roço, prolongo esse roçar, me esforço em fazer durar o comentário com o qual submeto a relação.

Bartolomeu Campos Queirós ao enfocar a magia da palavra lembra que:

Toda palavra é composta.
Se ainda por dizer ou plenamente dita,
toda palavra é contida.
Por singular a palavra,
mais plural o seu sentido.
E suspensa em poesia, maior a sua assimetria.
Por mais que tudo se diga, não se esgota o esquecido.
Por mais que a tudo se cala,
não preenche o vazio.
Toda palavra é composta:
por acordar no já vivido, o mais e mais despercebido.

O poema de Bartolomeu nos traz, através da metáfora do acordar no vivido da palavra o mais e mais despercebido, por um lado, a possibilidade do encantamento se prolongar ao infinito, por outro o mesmo processo a que assistimos com o advento das novas tecnologias. Refiro-me ao hipertexto, cujas palavras se articulam em textos e nos fazem repensar os processos de coesão e coerência, antes limitados à estrutura do texto enquanto unidade de análise, com começo, meio e fim. No universo virtual, a língua rompe os limites do espaço e do tempo, e o texto – tal qual uma colcha multicolorida de retalhos – vai se tecendo ao infinito em elos dos quais nos fala Bakhtin quando esclarece que toda enunciação, ainda que imobilizada pela escrita, já é uma resposta a alguma outra enunciação e que, neste sentido, constitui um elo da cadeia ininterrupta da comunicação. Compreender, lembra Bakhtin, é contrapor à palavra do locutor uma contra-palavra.

Em relação à leitura, há, portanto, o encontro de dois sujeitos, de dois autores. O texto não é um objeto, sendo por esta razão impossível eliminar nele a segunda consciência: a consciência de quem toma conhecimento dele. Neste sentido, não é só quem escreve que significa; quem lê também produz sentidos e o faz, não como algo que se dá abstratamente, mas em condições sócio-históricas determinadas. Há uma história de leitura do texto e há uma história de leitura dos sujeitos, e ambas se entrelaçam no momento em que produzimos sentidos para um texto. Assim, os significados não são propriedades nem dos textos nem dos leitores, mas de comunidades interpretativas nas quais esses textos e leitores estão inseridos.

Stanley Fish, em *Como reconhecer um poema ao vê-lo*, conta-nos um episódio verídico, ocorrido no verão de 1971, quando ele ministrava dois cursos: um sobre estilística e outro literário, que se restringia à poesia religiosa inglesa do século XVII. Os dois cursos eram dados na mesma sala, pela manhã (quando uma turma saía, a outra entrava). Certo dia, quando os alunos da turma de poesia religiosa inglesa entraram, encontraram escrito no quadro a bibliografia indicada por Fish para a turma de estilística:

Jacobs -Rosenbaum
Levin
Thorne
Hayes
Ohman (?)

Tratavam-se de autores cujas obras relacionam pressupostos teóricos da lingüística à prática literária. O fato de os nomes estarem dispostos verticalmente e os de Levin, Thorne e Hayes formarem uma coluna mais ou menos centralizada em relação aos nomes do par Jacobs – Rosenbaum, foi acidental. O ponto de interrogação ao lado do nome Ohman deve-se ao fato de Fish não se lembrar de sua grafia: um ou dois enes.

Quando a aula ia começar, Fish declarou aos alunos que aquilo que eles estavam vendo no quadro era um poema religioso do mesmo tipo dos que eles vinham estudando e pediu-lhes que o interpretassem.

O primeiro aluno observou que o poema era provavelmente um hieróglifo, embora ele não soubesse ao certo se a forma do poema representava uma cruz ou um altar. Seguindo a iniciativa do primeiro, os outros alunos começaram a leitura concentrando-se em seu conteúdo. A primeira linha do poema recebeu a maior atenção: Jacobs foi interpretado como referência à escada de Jacó – símbolo da ascensão dos cristãos ao céu. Neste poema, no entanto, segundo concluíram os alunos, o meio utilizado não é uma escada, mas uma planta, uma roseira ou *rosenbaum* – referência a Virgem Maria, freqüentemente caracterizada como uma rosa sem espinhos, que por sua vez, é símbolo da Imaculada Conceição. Neste ponto, os alunos perceberam que o poema trazia um enigma, ou seja, como pode um homem subir aos céus ajudado por uma roseira? Imediatamente concluíram que isto se dava através do fruto da roseira, fruto do ventre de Maria, Jesus. Uma vez estabelecida esta interpretação, os alunos a confirmaram pela explicação da palavra *thorne*, que em inglês significa espinho, razão pela qual concluíram que *thorne* representava a coroa de espinhos – símbolo da provação sofrida por Jesus e do preço que ele pagou para nos salvar. O nome Levin foi interpretado como símbolo da tribo de Levi, de cuja função sacerdotal,

Cristo foi a completude. A palavra final do poema recebeu três leituras complementares: poderia ser *omen*, que em inglês significa presságio – grande parte do poema diz respeito ao tema do prenúncio e da profecia; poderia ser *Oh Man* (Ah, homem) – o poema é a interseção da história do homem com o plano divino; e poderia ser, simplesmente, *amém*, a conclusão perfeita para um poema que celebra o amor de Deus por nós, pecadores.

Além de especificar os significados das palavras do poema e articulá-las, estabelecendo nexos, um dos alunos se encarregou de contar as letras e descobriu que as mais freqüentes eram S, O, N (filho, em inglês).

A partir desta experiência, testada em várias ocasiões, em diferentes universidades, Fish concluiu que existem "olhos para ler poemas", na medida em que, desde o início, os alunos sabiam tratar-se de um poema e foi a partir deste conhecimento que começaram a identificar as mais diversas características. Ou seja, para Fish as interpretações são diferentes não porque o fenômeno literário se caracterize pela polissemia, mas em função de diferentes estratégias interpretativas do leitor que constrói e inventa textos, enquanto membro de uma determinada comunidade interpretativa que dispõe de modos partilhados de produzir sentidos.

Neste ponto, cabe uma questão: que óculos de ler textos literários e não-literários a escola tem imposto aos alunos? Por que eles não gostam de ler? Por que não percebem a língua em sua plenitude? Acredito que todos nós, professores, sonhemos para nossos alunos o mesmo sonho de Quintana no poema *De gramática e de linguagem*:

> Eu sonho com um poema
> Cujas palavras sumarentas escorram
> Como a polpa de um fruto maduro em tua boca,
> Um poema que te mate de amor
> Antes mesmo que tu lhe saibas o misterioso sentido:
> Basta provares o teu gosto...

Recuperando a imagem do cavaleiro da Idade Média, com a qual iniciei essa reflexão sobre as malhas sintáticas da leitura, percebo meu próprio ato de desbravar palavras, de tecer, estabelecer nexos, entrelaçar histórias e textos, enfim de ler.

REFERÊNCIAS BIBLIOGRÁFICAS

BAKHTIN, Mikhail. *Marxismo e filosofia da linguagem:* problemas fundamentais do método sociológico na ciência da linguagem. 3.ed. São Paulo: Hucitec, 1986.

BARROS, Manoel de Barros. *Exercícios de ser criança*. Rio de Janeiro: Salamandra, 1999.

BARTHES, Roland. *Fragmentos de um discurso amoroso*. 5.ed. Trad. Hortênsia dos Santos. Rio de Janeiro: Francisco Alves, 1985.

———. *O prazer do texto*. Trad. J. Guinsburg. São Paulo: Perspectiva, 1977.

FISH, Stanley. "Como reconhecer um poema ao vê-lo". *In*: *Palavra*. Rio de Janeiro: Pontifícia Universidade Católica do Rio de Janeiro, 1993, p. 156-65.

MELO NETO, João Cabral de. *Antologia poética*. Rio de Janeiro: Sabiá, 1969.

NÓBREGA, Francisca. "Leitura e formação do leitor". *In*: *Cadernos de leitura*. PROLER, Rio de Janeiro, v.1, 1994, p. 39-52.

ORLANDI, Eni Pulcinelli. "Os efeitos da leitura na relação discurso/texto". *In*: VALENTE, André (org.). *Aulas de Português:* perspectivas inovadoras. Petrópolis: Vozes, 1999, p. 151-8.

QUEIRÓS, Bartolomeu Campos. *In*: SIMÕES, Maria Lúcia. *Contos contidos*. Belo Horizonte: RHJ, 1996, 4ª capa.

QUINTANA, Mário. *Os melhores poemas*. 2.ed. São Paulo: Global, 1985.

MALHAS SINTÁTICAS DA LEITURA
Quatro andamentos

Rodolfo Ilari

PRIMEIRO MOVIMENTO: *ALLEGRO MOSSO*

Para entrar no assunto que pretendo tratar, volto a um texto com o qual me deparei algumas vezes ao longo de meus anos de formação, proporcionando leituras sempre diferentes e enriquecedoras. Trata-se de uma carta célebre escrita por Maquiavel a seu amigo Francesco Vettori em 1513, da qual faz parte o trecho a seguir:

> Levanto-me de manhã com o sol e vou a um bosque meu, do qual estou tirando lenha, onde fico durante duas horas a examinar o trabalho do dia anterior e a matar o tempo na companhia daqueles lenhadores (...) Saindo do bosque, encaminho-me a uma fonte e daí até um lugar preparado para a caça de pássaros. Levo comigo um livro, um Dante ou um Petrarca, ou um poeta menor, como Tibulo, Ovídio ou parecidos: e leio as suas amorosas paixões e aqueles seus amores e me lembro dos meus e me entrego um pouco ao gozo de tais devaneios. Vou depois até a estrada, para a estalagem, falo com os que passam, peço-lhes novas de suas aldeias, ouço muitas coisas e conheço vários gostos e fantasias dos homens.
>
> Vinda a noite, volto para casa e entro no meu escritório; e na porta dele dispo meu traje cotidiano, coberto de barro e lama, e visto roupas de cerimônia e corte; e, vestido assim, apropriadamente, entro nas antigas cortes dos antigos senhores,

> onde, por eles acolhido gentilmente, provo aquela comida que é a única feita verdadeiramente para mim; e ali, sem constrangimento, converso com eles e lhes pergunto a razão das suas ações; e eles me respondem em linguagem humana. Durante quatro horas, não experimento tédio algum, esqueço-me de todos os desgostos, não temo a pobreza, não me apavora a morte; entrego-me inteiramente a eles. (Maquiavel, 26-7)

Há várias maneiras de ler esse trecho e, sobretudo, várias maneiras de contextualizá-lo. Meu primeiro contato com ele foi nos anos 1960, num curso de literatura italiana ministrado pelo Prof. Alfredo Bosi na Universidade de São Paulo. Mau aluno que fui, eu não saberia explicar, hoje, o que essa carta informa sobre o desenvolvimento das idéias de Maquiavel; lembroome apenas, muito confusamente, que as leituras noturnas do grande intelectual florentino remetem a sua reflexão sobre Tito Lívio e sobre a história romana, e que é nesse mesmo período que toma forma o projeto de sua obra mais célebre, *O Príncipe*. Ao contrário, continua muito nítida para mim uma outra representação suscitada por essa carta, uma representação que se liga, por assim dizer, ao estado de espírito com que Maquiavel deve tê-la escrito: a situação pessoal em que se encontrava Maquiavel em 1513 era das piores. Em Florença, antes de 1512, ele tinha participado de uma tentativa fracassada de instaurar um governo de cidadãos; com a queda desse governo e a retomada do poder pela família Medici, tinha sido encarcerado, torturado e finalmente libertado, mas com a condição de ficar à margem de todo o processo político, e de viver fora de Florença. Assim, os passeios diários que ele descreve na carta são os de um exilado político, ou mais precisamente de alguém que se encontra em prisão domiciliar. Se os passeios e as conversas preenchem as horas de ócio forçado, a leitura compensa, de algum modo, a necessidade de atuar politicamente. Uma primeira maneira de explicar o papel que Maquiavel reserva à leitura nessa carta consiste, então, em falar em compensação, ou consolação, mas basta refletir um pouco para perceber que, indo além disso, Maquiavel está definindo aí o intelectual moderno: alguém que vai à vida alimentado pela leitura de livros e que vai aos livros para explicar sua experiência de vida.

Essa maneira de relacionar a vida e os livros nos parece hoje tão óbvia que temos dificuldade em entender até que ponto ela era nova em 1500, (ou até que ponto era nova sua percepção por Maquiavel naquele momento). Mas as novidades não se limitam a isso. A carta de Maquiavel descreve uma situação que, num outro sentido, devia ser bastante nova em 1500: trata-se da distinção de dois tipos de leitura – a que é feita durante o dia, perto da fonte, em que os autores são poetas que cantaram o amor, como o jovem Dante, Petrarca ou Ovídio, e a que é feita à noite, no estúdio, em que os autores, ou mais precisamente as personagens, são "reis e pontífices" e o assunto é presumivelmente a história ou a política. Com alguma simplificação, poderíamos dizer que Maquiavel distingue uma leitura de entretenimento e lazer de uma leitura de estudo. A primeira não é de maneira nenhuma desprezada, mas é certamente encarada como uma experiência menor: ela distrai e faz lembrar dos amores passados, mas seu alcance é curto e seus efeitos serão logo apagados, assim como se esquecem as conversas com os viajantes encontrados pelo caminho, e as preocupações ditadas pela rotina da quinta de San Casciano. Bem mais importante é, para Maquiavel, o exercício intelectual de freqüentar os grandes historiadores do passado: esse exercício tem como condição e como efeito o afastamento das pequenas questões do dia-a-dia, dá acesso a uma convivência verdadeiramente "humana" e supera todas as limitações físicas, inclusive a morte.

A distinção desses dois tipos de leitura na carta de Maquiavel a Vettori é evidente, e qualquer análise atenta a apontaria. Menos evidentes são as condições materiais e culturais que a permitiram. Recuperar essas condições foi um dos objetivos do historiador Anthony Grafton que, num brilhante ensaio sobre a leitura dos humanistas, "O leitor humanista", usou essa mesma carta como pretexto e exemplo. Grafton chama a atenção para o fato de que as duas leituras de Maquiavel correspondem a dois tipos de livro e, na verdade, a duas funções que o livro pode desempenhar. Os volumes que Maquiavel carrega consigo durante o trajeto até a fonte e o lugar preparado para a caça de pássaros são quase certamente edições *in-octavo*, do tipo que começou a se difundir no século imediatamente seguinte à invenção da imprensa, graças à iniciativa de oficinas, como a de Aldo Manúcio. São livros portáteis, ao contrário dos grandes *in-folio* que ele consulta à noite e que, por suas dimensões, não poderiam sair do gabinete de leitura. Editar livros que pudessem ser levados durante uma viagem, ou mesmo durante um passeio, foi uma grande novidade da Renascença, que decorreu do rápido aperfeiçoamento da técnica dos tipos móveis. Antes, o livro era tipicamente um objeto volumoso, feito para ser instalado numa estante que o colocava aberto, à altura dos olhos. Isso favorecia a leitura em voz alta e pública, e este modo de ler, por sua vez, obrigava a utilização de fontes maiores, o que resultava em livros volumosos. Esse círculo se quebra com a criação das edições *in-octavo*, as grandes responsáveis pela introdução da leitura silenciosa e privada. Não há nada de chocante, hoje, em descobrir que um produto que decorria de uma inovação tecnológica tenha criado então novos hábitos. Provavelmente é mais difícil, por falta de perspectiva histórica, aceitar que as inovações tecnológicas de nosso tempo (por exemplo, o computador ou a televisão com controle remoto) estejam também criando novos gêneros (tais como o hipertexto e o *zapping*) e novos hábitos, que se somam aos já existentes e, eventualmente, os modificam ou competem com eles.

A terceira contextualização que tentarei fazer do texto de Maquiavel é menos óbvia, mas é aquela que mais interessa para que possamos falar de "malhas sintáticas da leitura". Na carta de Maquiavel, o interesse pelos "grandes homens da Antigüidade" é explícito, quase uma ilustração exemplar da lição que todos aprendemos no curso colegial, segundo a qual o Renascimento foi, entre outras coisas, um "retorno à Antigüidade". Em contexto escolar, a tese (correta) de que o Renascimento significou o retorno à Antigüidade confunde-se freqüentemente com a crença (errônea) de que a Idade Média foi precisamente o que as palavras parecem dizer – uma "idade do meio", isto é, uma espécie de intervalo obscurantista e intelectualmente estéril entre dois momentos de grande atividade do espírito humano. Quem leu os autores medievais sabe que eles se alimentaram copiosamente da cultura antiga: valha como exemplo Dante, que foi um dos intelectuais mais completos de seu tempo: não à toa ele elege como guia, em seu percurso pelo Inferno, o maior poeta latino, Virgílio; num dos primeiros cantos do Inferno, os dois passam por Aristóteles, que é então qualificado como "o mestre dos que sabem"; e Dante se inspira na épica homérica para criar algumas de suas personagens mais densas: em toda a Divina Comédia, quem faz a fala mais próxima da Renascença é Ulisses, quando exorta os companheiros a enfrentarem a tempestade e o desconhecido, porque o próprio do gênero humano não é viver como os animais, mas sim *indagar virtute e conoscenza.*

Se quisermos entender corretamente a afirmação de que o Renascimento trouxe um "retorno à Antigüidade", convém que não pensemos apenas na recuperação dos acervos de textos antigos (que aconteceu, pois os intelectuais humanistas do período imediatamente anterior foram, de fato, responsáveis por salvar, recuperar e reunir um número incontável de textos) mas também na criação de uma mentalidade que permitisse lê-los sem comprometer-se previamente com a interpretação dos comentadores medievais. Para o historiador David Olson, que estuda o desenvolvimento dessa nova mentalidade em seu livro *O mundo no papel*, essa nova mentalidade tem raízes medievais na exegese dos textos religiosos.

Que a exegese dos textos religiosos possa ter tido influência no modo de ler os autores da Antigüidade – que eram pagãos – é à primeira vista um paradoxo, mas um paradoxo que se desfaz com um pouco de reflexão. A exegese dos textos religiosos sempre colocou os clérigos diante de problemas angustiantes, particularmente quando se tratava de tornar aceitáveis as passagens da revelação que mais chocavam o senso comum. Como conciliar a tese de que Deus é misericórdia com o sofrimento que ele impõe a Jacó quando ordena o sacrifício de Isaac? Como conciliar a crença de que Cristo veio ensinar a caridade com o episódio em que seca com um único olhar a figueira improdutiva? Como tornar aceitável para os fiéis a transformação da mulher de Lot em pedra de sal, absolutamente contrária à experiência mais corriqueira? Simplificando muito, a Idade Média havia resolvido esses problemas entendendo em todos os casos que a revelação fala por símbolos: diante de episódios desse tipo, tratar-se-ia de entender a contribuição que eles poderiam trazer para a edificação dos fiéis, o que, concretamente, resultava em invocá-los a propósito das situações práticas mais ou menos previsíveis, a depender da imaginação do comentador e de sua capacidade de convencer os ouvintes. Mas, a partir do final da Idade Média, foi-se percebendo com clareza que é possível ler em vários níveis e que um nível pode alimentar o outro, sem necessariamente determiná-lo.

Assim, para começar com um autor mais conhecido, Tomás de Aquino estabelece uma distinção fundamental, que de certo modo altera por completo os termos do problema: o texto sagrado significa precisamente aquilo que diz, e assim deve ser entendido, num primeiro nível de compreensão que é acessível a todos; outro problema bem diferente é entender por que Deus, através do hagiógrafo, nos defronta com aquela narrativa particular, eventualmente contrária à experiência corrente. A propósito dos episódios que acabo de citar, isso levava a reconhecer que, segundo a Bíblia, a mulher de Lot se transformou mesmo em estátua de sal quando olhou para trás para ver Sodoma e Gomorra em chamas, e que Deus exigiu mesmo de Jacó que sacrificasse seu próprio filho; ou que a figueira improdutiva secou de fato quando Cristo olhou para ela com raiva. É em outro nível que podemos encontrar o significado maior desses episódios, por exemplo o fato de que o sacrifício de Isaac simboliza o sacrifício do próprio filho de Deus e, com isso, antecipa o mistério da redenção.

A solução, ou melhor dizendo, a formulação que Tomás de Aquino deu ao problema da interpretação não foi de maneira nenhuma um episódio isolado da história do conhecimento; várias mentes privilegiadas, no final da Idade Média, chegaram a formulações análogas, e os leitores de Dante se lembram certamente de uma dessas formulações: a célebre distinção dos quatro níveis de interpretação feita no *Convívio*, segundo a qual toda obra pode ser lida em quatro níveis distintos: o literal, o alegórico, o moral e o "anagógico" (relativo ao arrebatamento da alma na contemplação das verdades divinas). A um historiador da cultura como David Olson, interessa analisar as conseqüências dessa nova atitude, que teriam sido enormes: uma delas – também paradoxal à primeira vista, se pensarmos no respeito de que

Tomás de Aquino goza até hoje junto aos católicos – teria sido a dificuldade crescente da Igreja em inculcar interpretações não respaldadas na letra dos textos sagrados. Essa dificuldade teria sido a fonte de um progressivo desprestígio da "tradição" como avalizadora das crenças religiosas: em poucos anos, esse desprestígio levaria à Reforma Protestante. Além disso, a preocupação de se ler da maneira correta – e direta – a mensagem de Deus, ter-se-ia transferido da revelação para a natureza (encarada como um segundo "livro" que Deus teria deixado para o homem), valorizando a observação e originando a ciência moderna com autores como Galileu, Harvey e Bacon. A nós, mais modestamente, interessa apenas mostrar que nessas classificações dos vários modos de ler, e nas teorias da interpretação que lhes dão suporte, o sentido literal emerge como um nível autônomo e independente.

Essa é, verdadeiramente, a grande novidade que caracteriza a leitura dos renascentistas: a capacidade de valorizar o texto como a fonte mais importante (se não exclusiva) de sua própria interpretação. Esse retorno ao texto fez surgir uma série de novas atitudes também fora do terreno religioso. Com a valorização do texto, ganhou impulso o estudo das línguas antigas, a começar pelo latim, o grego e o hebraico; surgiu a necessidade de recuperar a forma original dos textos, à qual procurou responder uma nova disciplina, a filologia, que procurava dar conta dessa tarefa mobilizando conhecimentos técnicos e lingüísticos cada vez mais sofisticados; por sua vez, a fixação dos textos foi amplamente facilitada pela multiplicação das cópias impressas, que permitia, finalmente, colocar o mesmo texto, com a mesma forma, em diferentes locais – exatamente o oposto do que havia acontecido durante a Idade Média no tempo dos copistas, que nem sempre tinham noção do que estavam copiando, quer porque a tarefa de copiar um mesmo livro era normalmente repartida entre vários copistas, quer porque muitas vezes esses copistas já não conheciam a língua dos textos que eram incumbidos de copiar, a qual já era então uma língua morta.

Situando-nos nesse contexto cultural, entendemos talvez melhor em que consiste o diálogo de Maquiavel com as "grandes personagens que existiram antigamente". Dialogar com as personagens era, em primeiro lugar, interrogar o texto em que se liam seus feitos, na expectativa de que o próprio texto daria as respostas. Mas aqui é preciso lembrar que a leitura dos renascentistas foi não só uma leitura pontual, interessada em grandes vultos, mas também uma leitura disposta a buscar informações em todas as obras disponíveis, e interessada em recuperar o significado das palavras, testando-o nos mais variados contextos. Eles inventaram o hábito de cobrir de notas a margem dos livros, e nessas anotações ficaram registradas não só suas reações às leituras de uma mesma obra feitas em momentos diferentes, mas também sua enorme capacidade de evocar uma leitura a partir de outra, o que mostra que, nesse período, as obras antigas foram objeto de uma profunda vivência e de uma intensa intertextualidade.

Coube, em suma, aos renascentistas pôr em circulação um novo modo de ler em que ganhava legitimidade a preocupação de estabelecer para o texto o que chamamos hoje de sentido literal. Que essa "nova" forma de ler foi uma aquisição histórica, e que sua assimilação foi um forte fator de desestabilização cultural deveria ficar evidente pelo papel que teve na Reforma Protestante. Que se trata de uma criação cultural e não de uma necessidade da natureza humana (uma "invenção", ou uma "construção" mais do que descoberta) fica claro quando se reflete que a distinção entre literal e figurado é desconhecida para muitos povos. Mas para nós, a necessidade de manter distintas uma interpretação literal e uma interpretação figurada tornou-se tão óbvia que ficou difícil aceitar as situações em que não é feita: ao deparar com as formas de pensar que não a consideram, os ocidentais agarraram-se mais fortemente ainda à distinção, qualificando as culturas que não a fazem de "primitivas" ou "selvagens".

SEGUNDO MOVIMENTO: *ADAGIO ESPRESSIVO*

Não é minha intenção, aqui, sugerir que as sociedades que assimilaram a distinção entre literal e sentido figurado são mais felizes ou mais criativas do que as que não o fizeram. Com essa distinção, é comum que apareça nas sociedades a preocupação em separar os conhecimentos "cientificamente válidos" dos que não são provados ou não são suscetíveis de prova: as superstições, as crendices e as fábulas. Muitos povos regularam sua vida por este último tipo de conhecimentos e, enquanto foram donos de sua própria sorte, foram felizes. Um desses povos foi o dos Azande, estudado pelo antropólogo britânico Evans-Pritchard. Os Azande acreditavam que os acontecimentos que afetam a vida das pessoas, como as chuvas, as colheitas, o plantio de cereais, as doenças, as viagens, os casamentos e as mortes podiam acontecer de maneira mais ou menos traumática, dependendo de interferências parecidas com aquilo que nós chamamos de mau olhado. Para confirmar essas interferências, recorriam a oráculos, e tinham descoberto uma espécie de maquininha de produzir oráculos que consistia em duas tabuinhas entre as quais se deixava escorrer uma resina. Se as duas tábuas colassem, o veredito era positivo; se não, negativo. Parece que os Azande tinham uma prática muito grande em fazer com que o instrumento das tábuas colantes desse a resposta desejada pelo interessado: assim, conseguiam transferir a um objeto algumas de suas responsabilidades e isso funcionava no sentido de poupar tensões e sentimentos de culpa. A preocupação de regular nosso uso dos textos pelo sentido literal nos obriga, certamente, a fornecer uma série de justificativas racionais, e isso não é necessariamente algo que nos torne mais despreocupados.

Também não é minha intenção sugerir que o sentido literal esgota todo o processo de interpretação, em situações práticas. Toda vez que uma mensagem é transmitida e processada em situação real, ela tende a surtir efeitos que vão muito além do literal. Os exemplos disso são inúmeros e podem ser colhidos nos mais diferentes tipos de interação. É comum, por exemplo, que, quando se conta uma anedota a um grupo, enquanto algumas pessoas riem, outras fiquem perplexas, perguntando "qual é a graça?". Geralmente, as pessoas que têm esta última reação entenderam tudo o que havia para entender na língua da anedota, mas não entenderam a própria anedota, porque faltou "sacar" algum sentido implícito ou, quem sabe, evocar a representação *standard* de algum grupo social ou a referência a algum fato. Seria ingênuo imaginar que a interpretação foi completada quando esses últimos passos não foram dados.

Outro exemplo de como normalmente não nos detemos na interpretação literal pode ser encontrado na maneira como reagimos a certas falas de nossas autoridades constituídas que, para não baixar o tom da exposição, chamarei de "sibilinas": refiro-me àquelas declarações que, por parecerem óbvias demais ou obscuras demais deixam no ar perguntas como "o que é que ele quer dizer com isso?" ou "o que vai vir agora?", que mostram a necessidade de encontrarmos a interpretação "que conta", indo além do sentido das próprias declarações. Um bom exemplo desse tipo de declaração sibilina foi dado pelo presidente da República, Fernando Henrique Cardoso, em fevereiro de 2002, no auge de uma crise que se instaurou entre a Petrobrás e o Executivo Federal a propósito dos preços da gasolina. Lembremos o episódio: durante todo o mês de fevereiro de 2002 a imprensa tinha anunciado estrondosamente que estava por vir uma queda considerável no preço da gasolina, fruto de uma série de medidas acertadas da equipe econômica do governo. Tinha havido, de fato, uma queda de preços, mas essa queda tinha sido pouco significativa. Nesse momento, a Petrobrás tinha informado que aumentaria seus preços, o que pareceu um ato de insubordinação. Fernando Henrique foi então aos meios de comunicação anunciar que vetava o aumento: tudo muito claro. A declaração sibilina veio logo em seguida, quando ele disse aos mesmos meios de comunicação que "todo aumento de preços precisa ser muito bem justificado". Como entender essa segunda declaração? Para alguns, mais otimistas, o presidente estava dizendo algo como "mantenho meu veto: a Petrobrás não justificou o aumento, vai ter de abrir mão dele"; para outros, mais pessimistas, era o começo de um recuo: "quem entendeu minha declaração como um veto cometeu um equívoco: eu não vetei nada, apenas cobrei uma justificativa. Se a Petrobrás apresentar uma justificativa para o aumento, o executivo lavará as mãos". Os fatos mostraram, mais uma vez, que nas relações dos consumidores com as grandes corporações não convém ser otimista: o aumento passou. Mas aquela declaração do presidente vale como exemplo de que um mesmo texto, com as mesmas palavras e o mesmo significado literal pode fazer parte de estratégias argumentativas bastante diferentes. O que nos leva à mesma conclusão: quando processamos mensagens em situações concretas, seria certamente ingênuo imaginar que entendemos tudo o que havia para entender a seu respeito, se não formos capazes de prever a conclusão a que levam. Definitivamente, a interpretação de qualquer texto não se esgota em seu sentido literal.

Considerando que a interpretação não se esgota no nível do sentido literal, muitos autores, antigos e recentes, têm feito sérias reservas a esse nível de análise. As reservas vão desde a advertência de que o literal é pouco informativo, ou que não se relacionam com situações vividas, até a insinuação de que falar de sentido literal pode ser uma forma insidiosa de forçar algumas interpretações que interessem ao intérprete, que nesse caso assumiria uma atitude pseudocientífica e fundamentalmente autoritária, para impingir mais facilmente seus pontos de vista a seus interlocutores. Essa objeção aparece, às vezes, sob uma outra roupagem. Tradicionalmente os lingüistas têm atribuído os problemas de interpretação que eles consideram de seu interesse a dois campos de estudo distintos: o da semântica e o da pragmática. Segundo uma formulação clássica do semioticista Charles Morris (que consta de uma obra de 1946) pertenceriam à semântica os problemas de interpretação que podem ser resolvidos considerando apenas os signos; ao passo que pertenceriam à pragmática os problemas de interpretação que dependam de considerar os usuários, isto é, as representações que os interlocutores fazem de si mesmos e do próprio ato de comunicação, suas intenções e expectativas, sua ideologia. Dada essa distinção, o estudo do sentido literal seria a jurisdição própria da semântica. Então muitos autores para os quais o sentido literal é uma espécie de ficção mal intencionada formularam sua crítica dizendo que a semântica é impossível, ou que é, na melhor das hipóteses, um recorte arbitrário feito por alguns lunáticos sobre um conjunto de experiências e competências de caráter basicamente pragmático. Como era de se esperar, isso rendeu muita polêmica, e, às vezes, feita em torno de fenômenos considerados exemplares.

Um desses fenômenos exemplares, que começou a ser discutido a partir da década de 1970 na esteira dos trabalhos do filósofo americano Peter Grice, é o fenômeno das implicaturas. Para quem não está familiarizado com esse fenômeno, retomemos seu exemplo mais célebre – o da carta de apresentação: um ex-aluno pede a seu antigo professor de filosofia uma carta de apresentação por meio da qual pretende candidatar-se a um emprego como professor de filosofia. O antigo professor escreve uma carta dizendo apenas que o candidato tem uma excelente caligrafia e nunca foi preso. Com sua carta, evidentemente, o velho professor quis dizer que o candidato não é apto para o cargo, mas essa informação não é explícita, dizendo ser lida nas entrelinhas. Assim, essa carta apresenta um problema de interpretação muito singular: diz, a respeito do candidato, somente coisas positivas em princípio (numa sociedade em que se acredita no sistema judiciário, é positivo não ter passagens pela cadeia e, para quem leciona, ter boa letra não é necessariamente um defeito), e ainda assim o desqualifica. Além de chamar a atenção para mensagens como essa, em que o conteúdo explícito e a interpretação final apontam para direções opostas, Grice se propôs a explicar seu funcionamento, e o fez lançando mão de conceitos como a relevância e a informatividade: à primeira vista, as informações dadas sobre o candidato são irrelevantes; como não é próprio de nenhuma mensagem passar informações irrelevantes, quem recebe a carta terá de perguntar-se por que foram dadas. Admitindo que a carta é, ainda assim, informativa, o leitor resolve a contradição concluindo que se as únicas informações positivas que o autor da carta se dispõe a passar são irrelevantes, o candidato é irremediavelmente ruim.

Como se pode ver, Grice trabalhou o fenômeno das implicaturas em dois níveis, e o primeiro deles é, nada mais nada menos, que a análise da carta em seu sentido literal. O fato de que o sentido literal é irrelevante desencadeia uma interpretação segunda em que o sentido literal é completamente superado, em favor de uma outra interpretação em que o leitor processa a carta não no sentido de encontrar outro conteúdo possível para as palavras que ela contém, mas conjecturando sobre as razões que teriam levado seu autor a escrevê-la precisamente com aquele conteúdo. Muitos críticos do sentido literal têm dito que a interpretação das implicaturas não precisa considerar o sentido literal. Eu penso, ao contrário, que a distinção de dois níveis é psicologicamente correta e teoricamente oportuna: ela permite distinguir diferentes equívocos que poderíamos cometer, e ajuda a caracterizar o momento da interpretação em que surgem perguntas como "e daí?", "onde é que isso nos leva?" etc. Ou seja: embora o sentido literal nos dê, às vezes, um acesso precário à significação final das mensagens, é ainda assim a principal via de acesso de que dispomos. Como mostra o exemplo das implicaturas, as significações obtidas numa leitura "ao pé da letra" precisarão ser ulteriormente trabalhadas, mas isso não constitui nenhum drama.

Temos então interesse em perguntar do que é feito o sentido literal, e a resposta é até certo ponto banal: o sentido literal é feito do sentido das palavras e da maneira como as "montamos" em frases e períodos através da sintaxe. De acordo com essa resposta, o primeiro grande ingrediente da significação é o vocabulário. Ninguém duvida de que ele seja significativo, mas às vezes as pessoas pensam em significações estáveis, como aquelas que encontramos formuladas num dicionário. Essa é uma grande ilusão. O vocabulário não tem significações estáveis nos textos. Interagindo com outras palavras, prestando-se ao relato de experiências mais ou menos diferenciadas, as palavras acabam recebendo as marcas desse trabalho textual e intertextual – à maneira das pessoas, que continuam as mesmas, mas, após passarem por várias experiências e conviverem com outras pessoas, tornam-se também diferentes. O outro grande ingrediente da significação das sentenças é a gramática: embora uma antiga tradição nos tenha acostumado a pensar que a gramática apenas "estrutura" ou "organiza" conteúdos, é evidente que ela é responsável por introduzir na sentença uma quantidade enorme de significação. Os bons tradutores sabem muito bem disso e encaram os problemas de gramática com o mesmo respeito que dedicam aos problemas de vocabulário. Na verdade, nos mais belos problemas de tradução já descritos, a distinção entre gramática e vocabulário não é clara, como é o caso no célebre exemplo dado por Jakobson, da dificuldade de traduzir para o tcheco o título do livro do poeta Pasternak, *Minha irmã a vida*. Esse livro foi escrito originalmente em russo, língua em que a palavra correspondente a "vida" é feminina. A palavra tcheca para vida é masculina – o que levava naturalmente a soluções como *Meu irmão o viver*, mas isso modificava por completo as conotações que o título poderia tirar da palavra *irmã*, sobretudo em se considerando que o autor era um homem, e o livro falava da vida como se fosse uma irmã mais velha. Num exemplo como esse, o problema de tradução origina-se numa diferença de gênero gramatical, mas ninguém pensaria em negar que por trás da diferença de gênero se esconde uma enorme diferença de sentido. Seja como for, não é preciso recorrer aos tradutores para provar que a gramática é significativa: a pesquisa lingüística tem conseguido mostrar quanta significação encerram construções que a tradição qualificou de meros "expedientes gramaticais". Para dar apenas um exemplo, o verbo de ligação, que nossa gramática escolar teima em apresentar como um mero "instrumento da gramática", já era explicado no tempo de Aristóteles como indicando uma relação de inclusão entre conjuntos: em outras palavras, alguns séculos antes de Cristo já se sabia que dizer "os homens são mortais" é o mesmo que dizer que o conjunto dos homens é um subconjunto dos mortais, e dizer "alguns homens são gregos" é o mesmo que reconhecer que a interseção entre os conjuntos dos homens dos gregos não é vazia. O leitor pode avaliar por si só o enorme despropósito que se comete quando se diz que o verbo de ligação não significa nada: como prova, que tente convencer qualquer matemático de que inclusão de um conjunto em outro não é uma operação significativa...

MODERATO CANTABILE

Exemplos como o do verbo de ligação nos ajudam a encarar com as devidas reservas a representação simplista dos fatos da língua, segundo a qual todo o significado de nossas sentenças derivaria do vocabulário, e de que a gramática teria apenas o papel de estruturar as sentenças, ou, como também já se disse, a idéia de que apenas o vocabulário remete ao mundo, ao passo que a gramática remete à própria língua. Esta é uma idéia errônea embora muito difundida, e, infelizmente, não é a única. Uma outra crença errônea bastante difundida é que a gramática organizaria a língua apenas no âmbito da sentença.

A construção da sentenças foi, desde a Antigüidade, o assunto que recebeu a maior atenção por parte dos gramáticos, os quais também privilegiaram em todos os tempos o estudo daquelas sentenças que fazem afirmações sobre o mundo exterior, mas isso não significa que as línguas não são sistemáticas em outros níveis, ou quando desempenham funções diferentes da de descrever o mundo. Dar conta de maneira abrangente das várias funções que a língua desempenha, e ver como essas funções se refletem na estrutura das mensagens é o programa de várias escolas lingüísticas que se definiram a si próprias como funcionalistas. Um exemplo típico dessa atitude é o lingüista M. A. K. Halliday, que vem propondo, desde a década de 1960, uma concepção de gramática segundo a qual a língua é como é para nos permitir realizar três grandes funções: a de representar nossa experiência; a de marcar relações interpessoais; e a de construir textos, isto é, mensagens compreensíveis e adequadas numa determinada situação.

Quando nos colocamos nessa perspectiva funcional – ou, mais simplesmente, quando nos colocamos numa perspectiva em que toda correlação regular entre formas e funções é reconhecida como gramatical, descobrimos imediatamente que os falantes das línguas naturais processam o tempo todo, no mais das vezes inconscientemente, uma quantidade altíssima de informações gramaticais de tipos extremamente variados. Para dar um exemplo apenas da complexidade desse processo, proponho ao leitor que me acompanhe num rápido levantamento de alguns recursos "gramaticais" que foi preciso mobilizar nesta breve notícia de jornal, para que ela pudesse funcionar como um texto. Eis a notícia:

PURINA ADIANTA A ESTRÉIA DA CADELA 'DAISY'

Repercussão das faixas forçou Loducca
a lançar novas peças antes do prazo previsto

Luiza Pastor

Ao longo de toda a semana, o habitual passeio dos cachorrinhos pelas ruas de São Paulo, Rio de Janeiro, Ribeirão Preto, Sorocaba e Campinas teve tempero [**extra**]$_{1}$. Em cada poste, o assunto obrigatório era a campanha da ração para animais Purina Bonzo, que espalhou cerca de 500 faixas por [**essas cidades**]$_{2}$, alertando para a perda de uma cadela labrador chamada Daisy, [**cujo**]$_{3}$ sumiço teria deixado uma criança doente. Ao se descobrir que [**tudo**]$_{4}$ era só um teaser, ação de marketing destinada [**exatamente**]$_{5}$ a despertar a atenção do consumidor para uma mensagem posterior, a polêmica cresceu a níveis inimagináveis, assustando o criador d[**a campanha**]$_{6}$, o publicitário Celso Loducca, e os executivos da Halston-Purina. "Nunca imaginamos tanto barulho com [**algo tão simples e barato**]$_{7}$", disse Loducca ao Estado.

Para [**ele**]$_{8}$, ser acusado de explorar o lado emocional das pessoas não chega a ser problema. [**Ele**]$_{9}$ lembra que "não existe campanha publicitária sem um forte componente emocional, pois só despertando emoções [**ela**]$_{10}$ pode ser eficaz". Ser criticado por [**isso**]$_{11}$, portanto, para Loducca, "é uma grande bobagem e, no final de contas, um elogio".

De qualquer maneira, o retorno [ ]$_{12}$, cerca de 2 mil ligações para os telefones impressos [**nas faixas**]$_{13}$, mostrou alguns lados conflitantes da mentalidade humana, segundo Loducca. "Muita gente ligou para dar uma força[ ]$_{14}$, se solidarizar com [**a criança aflita**]$_{15}$, mas [**também**]$_{16}$ teve quem ligou para dizer que estava com [**a cadela**]$_{17}$ e [**a**]$_{18}$ entregaria mediante o pagamento de quantias que chegavam a R$ 5 mil", conta [**ele**]$_{19}$. "[**Essas**]$_{20}$ são provavelmente as pessoas que estão mais furiosas, afinal deixaram [**seus**]$_{21}$ telefones na caixa postal para retorno e sabem que [**se**]$_{22}$ expuseram no [**seu**]$_{23}$ pior ângulo por nada...", avalia.

[**O barulho**]$_{24}$ em torno das faixas foi tanto, que obrigou [**a agência**]$_{25}$ a adiantar o lançamento das ações subseqüentes previstas [**na campanha**]$_{26}$ desde o início, diz Loducca. Assim, já neste final de semana, serão espalhadas faixas nos cruzamentos, pedindo para Daisy voltar e prometendo, aí já explicitamente, que [ ]$_{27}$ vai ter Bonzo na tijela [ ]$_{28}$. [**O mesmo teor**]$_{29}$ será dado aos spots e o filme criado para a TV, que mostrará o suposto dono [**da cadela**]$_{30}$ com [**sua**]$_{31}$ foto estampada na camiseta [ ]$_{32}$. A volta triunfal de Daisy só virá mesmo na segunda quinzena deste mês, quando [**ela**]$_{33}$ aparecerá na TV.

[**Outra ação**]$_{34}$ adiantada para os próximos dias é o lançamento do site *daisyprocura.com.br*, patrocinado pela Purina, [**no qual**]$_{35}$ donos de animais perdidos na vida real vão poder anunciar [**seus**]$_{36}$ sumiços, [**suas**]$_{37}$ características e [ ]$_{38}$ telefones de contacto. Quem achar um animal vai também poder apelar para o site, para tentar achar o dono verdadeiro[ ]$_{39}$. A Purina [**também vai apoiar**]$_{40}$, com a Secretaria Municipal da Saúde de São Paulo, a campanha de vacinação contra a raiva, [**que**]$_{41}$ começará em 14 de agosto próximo. A possibilidade de vir a ser lançada [**uma "Daisy" de pelúcia**]$_{42}$ [**também não está descartada**]$_{43}$, embora Loducca ressalte que "não se quer fazer da Daisy [**um novo iGuinho**]$_{44}$" aludindo à cadelinha símbolo do portal iG. [**Isso**]$_{45}$, claro, por enquanto.

[O Estado de S. Paulo, agosto de 2000]

Como o leitor deve estar imaginando, os negritos não constavam na notícia original; foram acrescentados para tornar mais visível o uso seguido, nessa notícia, do recurso coesivo conhecido como anáfora, que consiste em estabelecer dependências entre passagens sucessivas de um mesmo texto, de modo que uma passagem seguinte se explica (se torna compreensível) por referência a uma passagem anterior. É bem isso que acontece nos casos assinalados: quando, no final do primeiro parágrafo, a jornalista fala em tempero **extra**, quer, evidentemente, falar de um tempero que normalmente não estaria presente no passeio dos cachorrinhos pelas cinco cidades, de que falou antes; quando, no meio do mesmo parágrafo, ela explica que um *teaser* é uma "ação de marketing destinada a despertar a atenção do consumidor para uma mensagem posterior" e acrescenta o advérbio "**exatamente**", ela pode acrescentar esse advérbio porque as iniciativas da Purina-Bonzo e as reações das pessoas descritas nas linhas anteriores constituem, nada mais nada menos que uma ação de *teasing*; quando, no final do mesmo parágrafo ela inclui na fala do publicitário Celso Loducca um comentário de surpresa pela celeuma provocada por **algo tão simples e barato**, ela está se referindo, mais uma vez, à operação publicitária de *teasing* anteriormente descrita, que é então qualificada do ponto de vista de sua complexidade e custos. Se atentarmos para a formulação lingüística usada para dar essas duas últimas informações, veremos que ela envolve uma comparação incompleta: (**algo tão simples,** isto é, **algo tão simples como...**). Para completar a comparação, precisamos retornar mais uma vez à descrição da operação de *teasing* (**algo tão simples como espalhar cartazes alertando para o desaparecimento de** etc.).

Ao longo dos últimos anos, a anáfora tem sido objeto de um estudo minucioso e respeitável por parte de alguns grandes lingüistas brasileiros (como Ingedore Koch e Luiz Antônio Marcuschi) e isso me dispensa de teorizar aqui sobre esse assunto. Ressalto apenas a grande freqüência com que os textos das mais variadas espécies lançam mão de ligações anafóricas e o caráter espantosamente variado do próprio fenômeno, de que o leitor poderá ter uma boa amostra se fizer por si só o exercício de encontrar os antecedentes das expressões negritadas no texto. Peço, porém, ao leitor que vá um pouco mais longe, e me acompanhe numa análise rápida de duas ocorrências, por meio das quais pretendo reafirmar o caráter gramatical da anáfora: o último anafórico assinalado no texto é o pronome neutro **isso**, que retoma, ao que tudo indica, este trecho do texto anterior: "não se quer fazer da Daisy **[um novo iGuinho]**$_{44}$". Não é casual que **isso** retome conteúdos que se expressam por meio de uma sentença completa: o uso que valeu ao pronome "isso" a denominação de "demonstrativo neutro" e que consiste tipicamente em apontar objetos fisicamente presentes na situação de fala (como quando alguém mostra um pacote recém entregue e pergunta "O que é isso?"), praticamente não existe nos textos; em seu papel de anafórico, **isso** não remete a objetos, mas sim a relatos de ações, ou a manifestações de crenças, opiniões e avaliações, que se expressam tipicamente por meio de sentenças completas.

Sempre no último parágrafo, no trecho:

> (...) lançamento do site *daisyprocura.com.br*, patrocinado pela Purina, **[no qual]**$_{35}$ donos de animais perdidos na vida real vão poder anunciar **[seus]**$_{36}$ sumiços, **[suas]**$_{37}$ características e [ ]$_{38}$ telefones de contacto.

Peço ao leitor que reflita por um momento sobre os motivos que levaram a jornalista, depois de usar o possessivo antes de *sumiços* e de *características*, a optar por não usá-lo antes de *telefones de contato*. Uma boa explicação parece ser que os sumiços e as características em questão são dos animais, mas os telefones de contato são dos respectivos donos: se a jornalista tivesse escrito ***seus** sumiços, **suas** características e **seus** telefones de contato*, o leitor entenderia que os animais têm (quem sabe, até atendem) telefone. Ou seja, não houve propriamente opção por parte da jornalista: ela obedeceu a uma regra, para excluir interpretações indesejáveis.

Com base em exemplos como esses, parece razoável concluir que a anáfora, embora crie estruturas até certo ponto "abertas" e "imprevisíveis", e portanto diferentes das estruturas sintáticas, obedece a restrições bastante rígidas, e nesse sentido deve ser encarada como parte legítima da gramática de uma língua. Como a anáfora, há na língua uma série de dispositivos gramaticais que regulam a nossa expressão, e determinam o sentido de nossas leituras. No mesmo domínio em que se situa a anáfora, o textual, encontramos todo um conjunto de recursos gramaticais que se destinam, por exemplo, a administrar a transmissão das informações, e que, para isso, repartem o conteúdo das sentenças em "informações dadas" e "informações novas" (pense a propósito, nas perguntas a que respondem as frases *"João procurou Maria"* e *"João procurou Maria"* ou *"A raiz quadrada de 16 é quatro*" e "*A raiz quadrada de 16 é quatro*" – entendendo que o negrito indica ênfase); e encontramos ainda um conjunto de recursos gramaticais que servem para indicar passagem do tempo, nas narrativas (um desses dispositivos estabelece que o imperfeito do indicativo, depois de um perfeito do indicativo, "suspende" a passagem do tempo, ao passo que dois perfeitos do indicativo, usados em seqüência são entendidos como falando de fatos sucessivos (compare: "João entrou no escritório. Procurava o sofá. Fumava seu cachimbo. Respirava com dificuldade. Precisava de ajuda." e "João entrou no escritório. Procurou o sofá. Fumou seu cachimbo. Respirou com dificuldade. Precisou de ajuda."). Vendo como esses e outros recursos gramaticais atuam nos textos (o que pode remeter o leitor ao livro de Koch, 1997), penso que qualquer lingüista tenderia a atribuir-lhes a função de criar "malhas sintáticas da leitura". Convém, porém, lembrar que, se a evidência de "malhas sintáticas" é quase transparente no nível da construção do texto, a gramática está presente "acima" e "abaixo" desse nível: por assim dizer, a gramática amarra nossos textos por dentro, por fora, e por todos os lados.

CODA

Quando reconhecemos essa onipresença da gramática, é inevitável que nos ocorra toda uma série de dúvidas e perguntas, de fundo mais marcadamente filosófico ou mais marcadamente pedagógico, conforme a história de vida e o temperamento de cada um.

Diante da quantidade de restrições que a gramática estabelece para a expressão, é natural, por exemplo, que queiramos nos perguntar se, afinal, sobra alguma liberdade de expressão e interpretação para os falantes da língua, ou se a expressão e a interpretação são, de algum modo condicionadas. Minha opinião sobre esses problemas é que não devemos nunca pensar na língua como uma prisão, nem mesmo como uma prisão domiciliar. Como tentei mostrar nesta exposição, a presença da gramática é sempre uma presença significativa. E as línguas forjadas pela história tem essa grande capacidade de fazer reagir os significados uns com os outros criando novos significados que exigem um esforço de compreensão, o que permite superar as possíveis limitações inerentes ao código pela criação de "rotas de fuga" e pela criação de sentidos novos que ficarão disponíveis depois.

Diante da relativa precisão com que a gramática parametriza possíveis leituras, também é natural que queiramos saber se seu ensino é indispensável, ou até que ponto é útil como preparação à leitura. Aqui, convém que estabeleçamos uma distinção clara entre um bom leitor e um bom professor. O leitor comum tem o direito de usufruir dos textos que lê, e isso significa ser capaz de processá-los, na maioria das vezes inconscientemente, e algumas poucas vezes explicando-os em termos informais: convém, assim, que ele tenha uma vivência extensa e gratificante de textos diversificados, e que tente explicar as reações que esses textos lhe provocaram. Ao fazer tudo isso, ele estará fazendo gramática *sans le savoir*, num nível informal, ou, como gostam de dizer alguns lingüistas, ele estará exercendo e exercitando sua competência "epilingüística". Esse caminho pode levar muito longe, não convém bloqueá-lo a pretexto de que outros seriam melhores.

A situação do professor é diferente. O que o distingue não é apenas a capacidade de usar praticamente a língua (que ele precisa ter, ou seja, um professor deve ser, antes de mais nada, alguém que lê e redige bem) mas também uma consciência mais clara dos recursos e dos riscos. Pensemos em outros profissionais que atuam em condições parecidas com as de um professor de língua materna: um bom treinador físico tem interesse em levar sua equipe a realizar exercícios cada vez mais difíceis (cada vez mais gratificantes), e para isso pode ser útil que tenha conhecimentos de anatomia, fisiologia etc. Mas um bom treinamento atlético se faz por etapas, e não se confunde com uma aula de anatomia. Aliás, toda a beleza de uma jogada esportiva executada com maestria fica automaticamente destruída se essa jogada for descrita como uma seqüência de movimentos musculares, ou como uma enumeração de situações previstas pelo regulamento do jogo (infelizmente, alguns repórteres esportivos parecem não ter se dado conta disso, e conseguem transformar um espetáculo sempre agradável em algo terrivelmente maçante).

Em suma, entre a memorização do manual de língua e a prática do texto, fico com a última, mas faço esta ressalva: ela deve ser guiada pela crença de que o texto é significativo pela maneira como foi construído, o que obriga, em certos momentos, a organizar com a agulha da interpretação as malhas sintáticas que lhe dão consistência. Esse tipo de leitura não impede que o contato com os textos enriqueça nossas vidas, nem nos torna incapazes de assimilar em nosso proveito as inovações técnicas que vão modificando o modo como lemos. Vimos que essa é uma das possíveis lições do Renascimento, e penso que essa lição não deva ser desperdiçada. O fato de que minha exposição começou com uma referência a Maquiavel foi até certo ponto casual –, porque relaciona-se com quem escreve aqui. O fato de que esta exposição começou com uma referência à Renascença não foi casual, como espero ter deixado claro.

REFERÊNCIAS BIBLIOGRÁFICAS

DASCAL, Marcel. Relevância conversacional. *In*: (org.) *Fundamentos metodológicos da lingüística*. Campinas: Edição financiada pelo organizador, 1982, pp.105-30.

GRAFTON, Anthony. "O Leitor humanista". *In*: CAVALLO, G & CHARTIER, R. *História da leitura no mundo ocidental*. São Paulo: Ática, 1999, pp. 5-45.

GRICE, H. P. "Lógica e conversação". *In*: DASCAL, Marcel (org.) *Fundamentos metodológicos da lingüística*. Campinas: Edição financiada pelo organizador, 1982, pp.81-103.

KOCH, Ingedore Villaça. *O Texto e a construção dos sentidos*. São Paulo: Contexto, 1997.

MAQUIAVEL, O Príncipe. Trad., Intr. e Notas de Antônio D'Elia. São Paulo: Círculo do Livro, s.d.

MORRIS, Charles. *Signs, language and behavior.* Chicago: Chicago University Press, 1946.

OLSON, David. *O Mundo no papel:* as implicações conceituais e cognitivas da leitura e da escrita. São Paulo: Ática, 1997.

FORMAS DO ATRITO
A lição do sertão segundo João Cabral

José Carlos de Azeredo

O Sertão não é unicamente um lugar; é um estilo. Captá-lo, traduzir-se nele, é estar atento a suas incontáveis configurações, sobretudo as discursivas.

(A. C. Secchin, 1996: 70)

João Cabral de Melo Neto elegeu a *pedra* como símbolo maior do atrito, traço ao mesmo tempo formal e temático que perpassa obsessivamente sua poesia. Imagem ambivalente por natureza, o atrito tanto cria quanto destrói. Não importa: o que garante para o atrito o *status* de célula do fato poético, é sua capacidade de trazer a sensibilidade do leitor em permanente vigília.

O atrito é adivinhado metonimicamente em seres, espaços e objetos de *acidentada* anatomia (esqueletos, corpos ossudos, paisagens escalavradas), evocado potencialmente em certos instrumentos (bisturi, espada, faca, forja), ou encaixado no discurso como nós ou arestas do texto (cacofonias, transgressões morfológicas, anomalias sintáticas). Chocam-se os elementos da natureza, os objetos em geral, o sertanejo e seu espaço, o ser animado e o inanimado, o dente e a pedra, a tradição e a modernidade, o homem e a linguagem, o poeta e a palavra, o poema e o leitor, o signo e o signo.

As funções do atrito são basicamente duas: remover da superfície de objetos e situações a camada que encobre e entorpece sua vitalidade; e, no que diz respeito à linguagem, perturbar a inércia que embota sua força. Daí a obsessão de João Cabral pelo contraste entre a exterioridade e a interioridade, a superfície e o núcleo. Há em sua poesia um extenso rol de substantivos, adjetivos e verbos que encenam a coexistência conflituosa desses pólos (cf. *A palavra seda*, p. 246; *O ovo de galinha*, p. 302; *Fábula de um arquiteto*, p. 345). O atrito convoca a vida dos objetos a ocupar seu lugar na superfície deles. Seus instrumentos: a pedra, a lixa, a lâmina; seus alvos: o grão, o núcleo, o caroço. Por extensão, o atrito provoca, obviamente, a centelha que cria a vida e a própria poesia.

Pedra, lixa, faca, amêndoa, caroço, grão são imagens, entre tantas outras, de um núcleo ideativo que remonta às noções de "pureza, de essência, de algo substancial, de vida e vitalidade, e destes para os de criação, poder criador espiritual, poder criador fálico", segundo a leitura de Othon M. Garcia (1996: 227).

O atrito assume três feições segundo os efeitos que causa: *transitiva*, quando um agente comunica a outro sua vitalidade cortante; *passiva*, quando um agente assimila, no contato, a agudeza de um objeto; e *recíproca*, quando o aguçamento de duas ou mais entidades resulta do mútuo ferimento. É transitiva a representação do atrito na primeira parte de "O Sim contra o Sim" (p. 297). "Mariane Moore" "emprega quando escreve" "bisturi, simples canivete" e o resultado é "o verso cicatriz", que evoca, na forma e economia de seu traço, o instrumento com que foi escrito: "instrumento cortante" "em vez de lápis". Esse mesmo papel transitivo é debitado à foice em "Menino de engenho" (p. 417), que comunica à cana "cortada num ângulo agudo seu gume afiado". No poema "A Escola das facas" (p. 429), que dá título ao 15º livro de poemas de João Cabral, o atrito se exerce passivamente: aí o vento alísio, ao cursar as "folhas laminadas" dos canaviais, tem suas "mãos fêmeas, redondas", convertidas em "faca", identidade com que aprende a "voar o Agreste e o Sertão".

Anote-se, por fim, que o atrito permeia a reciprocidade das "agulhas da luz" e da "pedra de um mar duro" no poema "Agulhas" (p. 350), de *A educação pela pedra*: o mar, cuja superfície brilha fendido pela luz, serve de "pedra" em que a luz "amola" suas agulhas.

Daí a extraordinária importância que assume na poética de J. Cabral o eixo da lineariadade, da contigüidade e encadeamento dos signos, fundamento da sintaxe. Associações subjetivas, extraídas do arquivo de idiossincrasias pessoais, ou mesmo coletivas, disponíveis na memória social, não surgem na folha de papel sem maiores explicações, mas demandam uma explicitação por meio de "assim como", de "como quando", de "mais do que", de "eis por que"; ou de uma reiteração que desdobra ou refaz o dito por meio de "pois assim", de "dir-se-ia", de "ou melhor", de "e até mais" etc. Este é o molde sintático-textual da maioria dos poemas de *Uma faca só lâmina*, *Quaderna* e *Serial*.

Façamos agora a leitura de "Viagem ao Sahel" (p. 389), do livro *Museu de tudo*, para mostrar como a natureza e a constituição da paisagem se explicam pela ação do atrito:

O *sol* com suas lâminas,
sua luz matemática,
não corta com bisturi limpo,
faca de ponta, bala exata.
Quando opera a paisagem
opera a machadadas,
e com algum machado cego,
rombudo, de pedra lascada.

A *água* que tem os dedos líquidos
esquece aqui as finas maneiras:
como aqui vem tão raro,
vem demais e às carreiras.
Deixa por onde opera e passa,
apesar de suas moles sedas,
uma terra estripada
de estupradas canteiras.

Como entender que o *vento*
que não carrega lixas
possa desse jeito escavar
a chã em que opera cada dia?
Suas mãos, ou o que trazem,
não estão para a vista,
mas fundo esvaziam a paisagem
com suas ferramentas vazias.
Como o *tempo*, ainda mais sem corpo,

pode trabalhar suas verrumas?
E se seu corpo é nada,
onde é que as dissimula?
Ora, como mais que o vento é oco
e sua carne é de nada, é nula,
não agride a paisagem;
é de dentro que atua.

Sol, *água*, *vento* e *tempo* se igualam no poder de agredir/erodir a paisagem, cada qual a seu modo. O texto propõe uma gradação, não nos efeitos, mas no modo/processo de erodir, que vai do mais visual e incisivo (sol), ao mais imperceptível e dissimulado (tempo). O sol é dotado de "lâminas"; a água, de "dedos"; o vento "de mãos", mas invisíveis; já o tempo é "nada". O efeito é contudo, em cada caso, igualmente devastador. A paisagem ressente-se do atrito, quer por ação do elemento mais externo (sol), quer por obra do agente "sem corpo" e interno (tempo). O realce da ação atritiva está no contraste entre a aparência de cada elemento – despojada de traços brutais – e a brutalidade do efeito. Assim é que o sol, dotado embora de lâminas, "opera a paisagem" não "com bisturi limpo", mas "com algum machado cego, rombudo"; a água, "apesar de suas moles sedas", deixa "uma terra estripada / de estupradas canteiras"; o vento, "que não carrega lixas", com suas "ferramentas vazias" escava a chã; e o tempo, cujo "corpo é nada", servindo-se do corpo da própria paisagem a corrói por dentro.

A paisagem escalavrada, pétrea, despojada, magra e desértica retratada nesse texto – região da África – é um entre os inúmeros símbolos – geográficos, animais, vegetais, humanos, textuais, artísticos – que formam a galeria imagética de uma visão de mundo forjada no testemunho da árdua luta que o nordestino pobre, oprimido pela seca, trava pela sobrevivência. Conforme escreveu Benedito Nunes (1971: 169-70),

> (...) na visão ética da poesia de João Cabral (...), o mundo e o homem, a sociedade e o indivíduo, em posição de partes adversas, confrontam-se hostilmente e tratam-se com dureza. À agressão do mundo e da sociedade, opõe o indivíduo a agressão contrária e obstinada de sua resistência pétrea. Vontade negativa, a vontade de petrificar hostiliza o mundo que a hostiliza.

"Graciliano Ramos" (p. 311), poema integrante de *Serial*, constitui um paradigma dessa visão ética:

> Falo somente por quem falo:
> por quem existe nesse climas
> condicionados pelo sol,
> pelo gavião e outras rapinas
>
> E onde estão os solos inertes
> De tantas condições caatinga
> Um que só sabe cultivar
> O que é sinônimo de míngua.

A secura, o laconismo e a contundência no trato com a realidade social e a linguagem, que definem a personalidade do homem e do escritor alagoano, segundo o próprio retrato feito por Cabral, reafirmam-se noutro (auto-) retrato: o dos quatro versos finais do terceiro poema de "Tio e sobrinho" (p. 434-6), de *A Escola das facas*:

> Certo, a lixa do Sertão
> do que fez, em pedra e seco,

muito aprendeu desse tio
do Ceará mais sertanejo.

A imagem da lixa serve a uma contundente sinestesia no segundo poema de "O Automobilista infundioso" ("a lixa R da paisagem", p. 292), do livro *Serial*:

> Viajar pela Provença / é ir do timo à alfazema; / ir da lavanda à mostarda / como de uma a outra comarca. / É viajar nos cheiros castos, / ainda vegetais, em mato: / do casto normal de planta, / do sadio, de criança. / Cheiros-comarca, ao ar livre, / antes de que Grasse ou Nice / os misturem no óleo grosso / que lhes dá sabor de corpo. /Comarcas-cheiro, onde o carro / corre familiarizado: /onde a brisa e a gasolina / se confundem na alma limpa.
>
> Após léguas de Sertão / só o carro vai resvalão, / pois a alma que ele carrega / se arrasta por paus e pedras. / Ela vai qual se a ralasse / a lixa R da paisagem; / ou qual se em corpo, despida, / varasse a caatinga urtiga; / ou se estivesse seu corpo, / como uma casaca-de-couro, / dentro de um ninho farpado, / feito de espinhos e talos; / ou fosse ela este carro / que, em vez de lubrificado, / rolasse com as juntas secas: / ou azeitadas com areia.
>
> Qualquer campo da Inglaterra, / ainda em dia cru, sem névoa, / mostra o aspecto algodoento / de uma névoa todo-o-tempo. / A névoa-sempre algodoa / o espaço de coisa a coisa; / embota nelas as quinas, / o duro e o claro, / o que é linha. / E além do aspecto: o contacto / também se faz algodoado: / algodão na certa é a hera / que abraça sem roer a pedra; / e as estradas e este carro / percorrem-se em tom tão baixo / que as rodas na certa vão / (e são) por sobre algodão.
>
> Quem vai de carro em La Mancha / recebe impressão estranha: / a de que ele vai rolando / na água aberta do oceano. / A Mancha é tão larga, à roda, / que ele não divisa costas; / tão chã, que se sentirá / entre horizontes de mar. / Assim, a haste no horizonte / é o mastro de um barco longe / e é a agulha de uma igreja / de um povoado que chega. / Que chega: mas quem a quem? / quem chega? Quem vai ou vem? / Sente-se chegar no carro / e chegar a vila ou barco.

O percurso de quatro paisagens (*Provença*, *Sertão*, *Inglaterra* e *La Mancha*) permite projetar num fundo de aromas, maciez e comodidade a áspera e agressiva realidade da paisagem do sertão nordestino. Contrastam-se a *alfazema* e a *urtiga*, a *névoa* e a *caatinga*, os *horizontes de mar* e o *ninho farpado*, o *algodão* e a *areia*. *Pau*, *pedra*, *lixa*, *ralar*, *urtiga*, *couro*, *farpa*, *espinho*, *talo*, *areia* compõem esse universo em que a vida é um permanente atrito.

João Cabral é sabidamente um poeta que escreve de olhos abertos, afirmação que tanto vale para frisar literalmente seu gosto pela apreensão visual e matemática do objeto em suas superfícies e perspectivas, mas ainda para realçar metaforicamente sua aversão à fantasia e às induções do sono. No ver e apalpar, freqüentemente lhe interessam seus ângulos, pontas, arestas, os perfis salientes que os tornam incapazes do encaixe perfeito e propício ao deslizamento da mão, do olho, do ouvido, da fala. Ao contrário, esses perfis criam atritos, sobressaltos que detêm a atenção e travam o discurso.

"Catar feijão" (p. 346), um de seus textos mais conhecidos, integrante de *A Educação pela pedra*, é exemplar a esse respeito. Aí o poeta elege a pedra como símbolo de obstáculo, resistência e incômodo:

A pedra dá à frase seu grão mais vivo:
obstrui a leitura fluviante, flutual,
açula a atenção, isca-a com o risco.

Este é um dos muitos textos metapoéticos de Cabral, o que mais didaticamente propõe o atrito entre o leitor e o texto como condição de uma leitura ideal de poesia. Na mesma trilha, "Paráfrase de Reverdy" (p. 398), do livro *Museu de tudo*, faz do atrito entre signo e signo – motivo dos "sobressaltos" – o traço diferenciador entre poesia e prosa:

O prosador tenta evitar
a quem o percorre esses trancos
da dicção da frase de pedras:
escreve-a em trilhos, alisando-a,
até o deslizante decassílabo
discursivo dos chãos de asfalto
que se viaja em quase-sono,
sem a lucidez do sobressalto.

Em "Catecismo de Berceo" (p. 385), também de *Museu de tudo*, o atrito entre signos é claramente confiado ao ideal de identificar materialmente a pedra e a palavra, de sorte que esta adquira o "peso" da "coisa que diga", aderindo ao "corpo de sua coisa":

fundi-la em coisa, espessa, sólida
capaz de chocar com a contígua.

Cabral costura nesses textos a grande imagem poética de uma expressão verbal que, investindo contra o caráter arbitrário do signo, se torna apta a instigar os sentidos da visão e do tato. Por esse *artifício*, as palavras, agora objetos sólidos, revertem, mineralizadas, a certo estado *primitivo*, tosco, como o dos *Yahoos*. Em "The Country of the Houyhnhnms" (p. 351-2), o assunto – os *Yahoos* – e o meio por que é expresso devem partilhar a mesma natureza, rude e áspera:

> Para falar dos *Yahoos*, se necessita
> que as palavras funcionem de pedra:
> se pronunciadas, que se pronunciem
> com a boca para pronunciar pedras.
> E que a frase se arme do perfurante
> que têm no Pajeú as facas-de-ponta:
> faca sem dois gumes e contudo ambígua,
> por não se ver onde nela não é ponta.
>
> 2
>
> Ou para quando falarem dos *Yahoos*:
> furtar-se a ouvir falar, no mínimo;
> ou ouvir no silêncio todo em pontas
> do cacto espinhento, bem agrestino;
> aviar e ativar, debaixo do silêncio,
> o cacto que dorme em qualquer *não*;
> avivar no silêncio os cem espinhos
> com que pode despertar o cacto não.
> (...)

No plano do significante, o atrito se configura em aproximações lineares de sílabas, classes lexicais e sintagmas cuja impertinente contigüidade *agride* os hábitos gramaticais, lógicos e discursivos do leitor. Daí a impressão de estarem em choque, de apenas *tolerarem* a contigüidade imprevista e incômoda, mas por isso aguda e significativa. São tautofonias ("leito tumba", "corpopulenta"), cacofonias ("ar ralo", "a água nada embacia"), qualificações inusitadas ("múmia esgotada", "cão sem plumas", "gotas úmidas"), aposições nominais e adverbiais imprevistas ("ossos areia", "areia múmia", "alma pavio", "cidades cãibra", "sentam poltrona", "sentam bancos ferrenhos").

Esse universo traçado em linhas precisas e contundentes, assolado de imagens de dureza e resistência, aspereza e secura, vertido em escritura antilírica e anti-rítmica, que oferece tropeços e provoca sobressaltos, constitui-se em imagem ambivalente de Sertão e poesia na medida em que é ao mesmo tempo um ponto de vista sobre a realidade física e social do homem pobre do Nordeste e uma forma particular de conceber a poesia e sua função social. Em sua obsessão do atrito, João Cabral elege a pedra-palavra como símbolo do que resume, na identidade coisa/signo, seja a *garra de viver*, seja a centelha da fulguração poética.

REFERÊNCIAS BIBLIOGRÁFICAS

GARCIA, Othon M. *Esfinge clara e outros ensaios*. Rio de Janeiro: Topbooks, 1996.
MOLONETO, João Cabral de. *Obra completa*. Rio de Janeiro: Nova Aguilar, 1994.
NUNES, Benedito. *João Cabral de Melo Neto*. Petrópolis: Vozes, 1971.
SECCHIN, Antônio Carlos. *Poesia e desordem:* escritos sobre poesia e alguma prosa. Rio de Janeiro: Topbooks, 1996.

CAMINHOS DA DIALETOLOGIA
Os Atlas Lingüísticos do Brasil

Vanderci de Andrade Aguilera

INTRODUÇÃO

A Dialetologia, como disciplina sistematizada que estuda a língua na perspectiva de sua variabilidade no espaço geográfico, deu seus primeiros passos, no Brasil, na década de vinte, do século passado, embora estivesse em franco desenvolvimento na Europa desde 1882, com os trabalhos de Ascoli, na Itália, e Gaston Paris, na França, ambos precursores dos estudos da Geografia Lingüística que se firmaria, pouco mais tarde, com Gilliéron.

O primeiro, Ascoli, definiu os princípios e métodos da Dialetologia italiana que até hoje norteiam os estudos dialetológicos e o segundo, considerado o mestre de todos os romanistas franceses posteriores, coloca-se à frente do seu tempo ao considerar que a "a linguagem é uma função social e não pode ser considerada o produto de uma colaboração", e ainda "a história interna das palavras não pode ser de maneira alguma isolada de sua história externa", postulados bastante atuais dos estudos lingüísticos.

Numa época em que os estudos da linguagem, com os histórico-comparatistas e neogramáticos, centravam-se nas palavras e nos sons isoladamente, isto significava um grande avanço. Mas a revolução no campo dialetológico, do ponto de vista teórico, viria do resultado de uma pesquisa do Padre Rousselot (1891) que, baseando-se no estudo da linguagem de três gerações de uma família do oeste da França, conclui que a fala humana não é uniforme mesmo no seio de uma única família: seus membros distinguem-se no seu modo de falar, de acordo com vários fatores como o sexo, a idade e a ocupação, entre outros. Padre Rousselot lança, pois, um dos alicerces da sociolingüística que iria se firmar a partir de 1964, com Labov, nos Estados Unidos.

Quanto ao método de estudo dos dialetos, até então os dialetólogos serviam-se de trabalhos monográficos para a apresentação de resultados. No entanto, o final do século XIX e início do XX são marcos áureos do novo método dialetológico de apresentar o quadro das variantes diatópicas da comunidade em estudo: a Geografia Lingüística ou Geolingüística. Expoentes como George Wenker, buscando demarcar, embora sem sucesso, os limites precisos do Alto e do Baixo alemão, a partir da cartografação dos dados coletados por meio de pesquisa indireta e à distância; e Jules Gilliéron, com a publicação do *Atlas Linguistique de la France* (1901-1912), numa pesquisa *in loco* em 639 localidades francesas, mostram que a variação diatópica sincrônica, dentro de determinado espaço geográfico, pode ser apresentada de maneira mais prática, científica e objetiva: por meio de cartas e atlas lingüísticos. (Silva Neto, 1957: 37), assim como os demais dialetólogos que o antecederam e o sucederam, são unânimes em reconhecer a importância dos atlas lingüísticos, seja como material prático e imprescindível para a descrição de "todas as maneiras de dizer, pronunciar, construir frases, enfim todos os meios de expressão de que dispõe o grupo humano estudado", numa perspectiva sincrônica, seja como instrumento de reconstituição de antigas fases, uma vez que a "distribuição geográfica atual das palavras e das formas enseja-nos situá-las cronologicamente, definir-lhes as relações e, em suma, reconstituir-lhes a gênese".

Reconhecendo-se, dessa forma, que as cartas apresentam um instantâneo dialetal da área explorada, os estudos fonéticos, lexicológicos e morfossintáticos, que se sucedem à análise, permitem construir o envelope das variantes diatópicas, os limites e modos de distribuição de cada uma delas (se contínuos ou descontínuos), as causas da variabilidade, as formas e acepções em dado recorte espacial, entre outros.

Para os geolingüistas em geral, e Silva Neto em particular, uma carta geolingüística pode responder a indagação de *como* este ou aquele conceito se manifesta em determinado lugar e época, isto é, se se mantém a designação recebida de um período anterior ou se foi substituída por nova criação. Tentarei responder a esse questionamento com a carta número 141 do *Atlas Lingüístico do Paraná* (ALPR), cujo objetivo era, pensava eu na época, registrar apenas as variantes fonéticas de *calcanhar*. Por se tratar de investigação rural, em 15 dos 65 pontos investigados, verificou-se que ainda resiste a forma dialetal, portanto, conservadora, *garrão*, sobretudo na maioria dos pontos correspondentes ao dialeto sul-paranaense: Goioerê (ponto 28), Manoel Ribas (ponto 35), Castro (ponto 36), Cascavel (ponto 39), Guaraniaçu (ponto 40), Ponta Grossa (ponto 43), Foz do Iguaçu (ponto 47), Capanema (ponto 48), Dois Vizinhos (ponto 49), Laranjeiras do Sul (ponto 50), Irati (ponto 52), Barracão (ponto 56), Francisco Beltrão (ponto 57), Pato Branco (ponto 58), Mangueirinha (ponto 59), Palmas (ponto 60), Rio Negro (ponto 64) e Guaratuba (ponto 65). Nesses pontos, a forma *garrão* ainda resiste, mas está sendo substituída gradativamente pela forma do português padrão culto, com observações da seguinte natureza: "eles fala aí *garrão*"(inf. 21B); ou "*garrão* é mais o caipira que falava" (inf. 28A); ou, então: "(...) muita vez garrão, mais comum é garrão".

Retomemos uma a uma as quatro outras indagações de Silva Neto (1957: 38) sobre as vantagens dos atlas lingüísticos em relação a outros métodos de apresentação de dados dialetais e procuremos demonstrar se elas se aplicam às cartas do ALPR.

A primeira é, "conservou-se uma palavra tal e qual, ou com modificações de forma e de conteúdo?" Para responder a essa questão, valemo-nos da carta número 109 do ALPR para a lexia *pernilongo* que corresponde à lexia *mosquito* [muS'kitu] do carioca ou sul fluminense.

Mas, antes disso, vamos dar a palavra a Amadeu Amaral (1920):

> Tivemos, até cerca de vinte e cinco a trinta anos atrás, um dialeto bem pronunciado, no território da antiga província de S. Paulo. É de todos sabido que o nosso falar caipira – bastante característico para ser notado pelos mais desprevenidos como um sistema distinto e inconfundível – dominava em absoluto a grande maioria da população e estendia a sua influência à própria minoria culta. As mesmas pessoas educadas e bem falantes não se podiam esquivar a essa influência. (1)

A quinta comarca de São Paulo, atual território do Paraná, começou a ser povoada em meados do século XVII, a partir do litoral, com a vinda de famílias paulistas. Se admitirmos que a forma *pernilongo*, na fala dos habitantes sul paranaenses, nos séculos XVII e XVIII, fosse semelhante à do dialeto caipira tal como descreve Amaral ou seja, com a manutenção da consoante pós-palatal retroflexa [¨], da vogal posterior média átona final [o] e alternância entre o [e] e [i] pretônicos, teríamos, então, como variantes mais freqüentes na época: [pe}ni'loÔgo] e [pe}ne'loÔgo] com uma distribuição geográfica que, curiosamente, pode atestar a área de concentração e de difusão dessas formas em localidades pertencentes às áreas colonizadas entre aqueles séculos, como se pode visualizar no mapa abaixo:

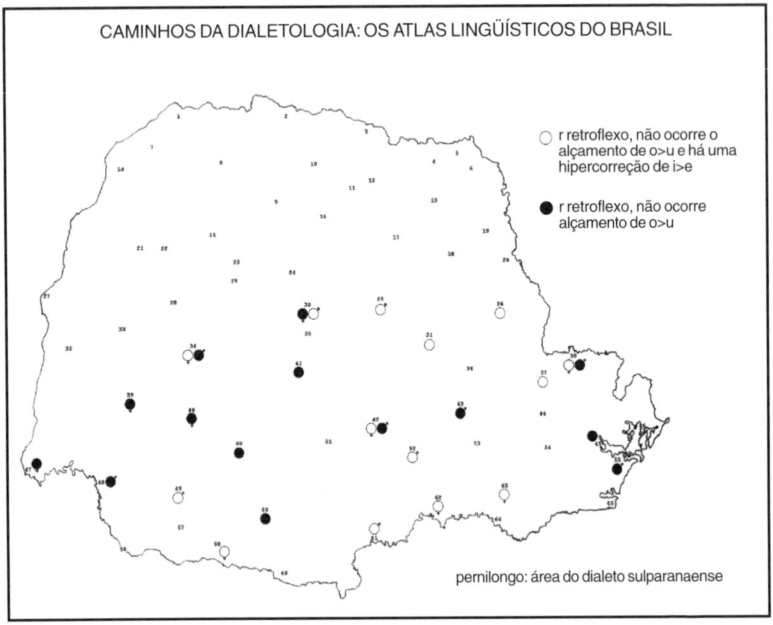

Fonte: ALPR (1994), Carta 109

Por outro lado, as variantes fonéticas permitem reconhecer as derivações da língua portuguesa no Brasil. Nesses registros, observamos as diversas transformações fonéticas pelas quais pode passar um vocábulo, principalmente quando colhido na fala de pessoas não escolarizadas, moradoras da zona rural e exercendo atividades do campo, com pouco ou nenhum contato com a fala e a escrita padrão culta, procedentes e/ou inseridas em contextos de intenso fluxo imigratório. Destacamos alguns fatos fonéticos, como: alçamento da vogal posterior átona final [o>u]; alçamento da vogal anterior átona em sílaba inicial [e>i]; desnasalização do [n>l]; síncope do [r]; assimilações por influência da tônica ou outra vogal da cadeia fônica, além de analogias com palavras de forma e conteúdo semelhantes: pernalongo/a, parmilongo; perdilongo, entre outras.

O quadro a seguir permite visualizar as 22 variantes fonéticas coletadas junto aos 130 informantes, das 65 localidades pesquisadas no Paraná:

Quadro I: variantes fonéticas de *pernilongo*, no ALPR:

Variantes	Informantes	%
[peɽne'lo^{ŋ}gu]	1A, 4A, 5^{A}B, 7AB, 8AB, 9AB, 10AB, 11A, 12B, 13B, 14AB, 15AB, 16A, 18 A, 19B, 21AB, 22B, 23AB, 24AB, 29AB, 33B,.	24,1%
[peɽni'lo^{ŋ}go]	26AB, 30 A, 31AB, 34A, 38B, 39 A, 40 A, 41 AB, 43B, 45AB, 47 A, 48B, 50^{A}B, 55B, 59AB,	17%
[peɽne'lo^{ŋ}go]	2B, 4B, 20^{A}B, 25B, 30B, 37AB, 38AB, 42 A, 46B, 49B, 52B, 58 A, 61B, 62 A, 63 A	14%
[perne'lo^{ŋ}go]	27, 34B, 39B, 47B, 48 A, 54AB, 55 A, 57B, 61 A, 62B, 63B, 65 A	10%
[peɽni'lo^{ŋ}gu]	1B, 2 A, 3^{A}B, 6A, 11B, 13 A, 17B, 19B, 28AB, 33 A	9,2%
[perni'lo^{ŋ}go]	27 A, 32AB, 36B, 49 A, 56B, 57 A, 58B, 60 A	7,7%10
[pene'lo^{ŋ}go]	51AB, 52 A	2,3%3
[pini'lo^{ŋ}go]	35 A, 44B, 53 A	2,3%
[pili'lo^{ŋ}go]	53B, 64 A	1,5%
[pine'lo^{ŋ}go]	35B	0,8%
[peɽle'lo^{ŋ}gu]	12 A	0,8%
[peɽli'lo^{ŋ}gu]	60B	0,8%
[paɽmi'lo^{ŋ}gu]	36 A	0,8%
[pii'lo^{ŋ}gu]	18B	0,8%
[pelilo^{ŋ}go]	43 A	0,8%
[pɛrna'lo^{ŋ}gu]	22 A	0,8%
[peɽle'lo^{ŋ}gu]	44 A	0,8%
[peni'lo^{ŋ}gu]	25 A	0,8%
[peni'lo^{ŋ}go]	46 A	0,8%
[poɽdi'lo^{ŋ}go]	64B	0,8%
[peɽdi'lo^{ŋ}go]	64B	0,8%
[peɽni'lo^{ŋ}ga]	40B	0,8%
[perni'lo^{ŋ}ga]	56 A	0,8%

As demais questões de Silva Neto, "de que modo, e por que meios se criaram novas designações?", "quando e onde essas mudanças se introduziram na língua?" e "donde provém esta mudança de expressão de um mesmo conceito?", podem ser respondidas, por exemplo, com a carta 46, para o conceito de *bananas que nascem grudadas*. Dentre as variantes lexicais recolhidas, a lexia mais antiga é *incõe, inconha*, de origem tupi, que, procedendo do 1º núcleo do povoamento do estado, o litoral, irradiou-se por mais de três séculos para as comunidades periféricas, e resiste timidamente em regiões de colonização mais antiga. Pouco a pouco, por influência de múltiplos fatores, entre eles a escolaridade, a interação com os diversos grupos migrantes ou imigrantes, a forma primitiva perde o prestígio e é substituída pela lexia padrão, *gêmea*, cuja maior concentração se dá na região sul, concorrendo ao norte com a lexia *felipe*, do dialeto norte-paranaense. Esta última, por sua vez, foi introduzida a partir do povoamento da região denominada Paraná Moderno, que se deu entre o final do século XIX e início do XX, pelos mineiros e paulistas.

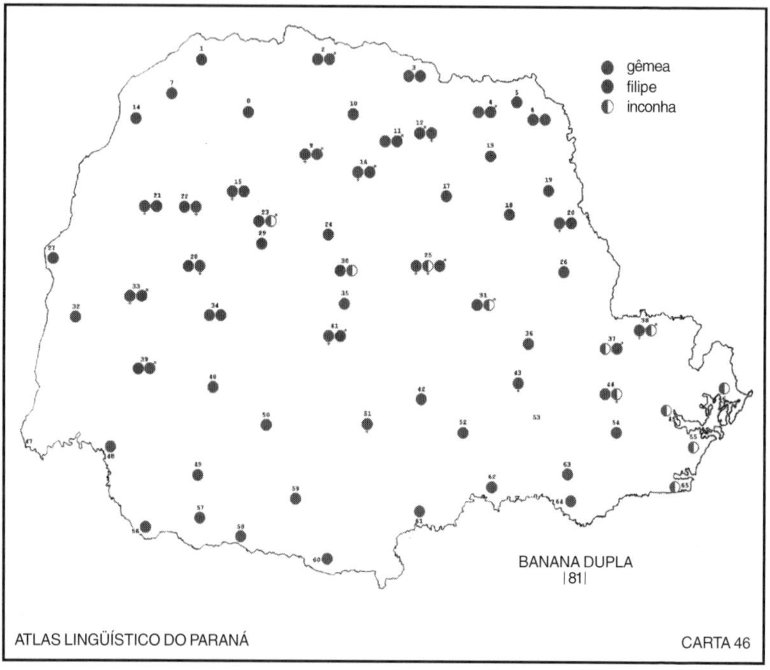

Com essas ilustrações confirmam-se as palavras de Silva Neto (1957: 38) ao reconhecer que a carta geolingüística não oferece apenas um corte sincrônico, porém vários cortes sincrônicos. A distribuição geográfica atual proporciona, em conseqüência, a reconstituição de áreas outrora vivas e hoje desaparecidas, submersas por outras camadas, creditadas quer a empréstimos, quer a novas criações. Oferece-nos, assim, um quadro sinótico da história da língua, pois deixa evidentes as viagens de palavras, centros de inovação e expansão, cruzamentos, regressões e falsas regressões, colisões e atrações homonímicas, pressão constante da língua comum sobre os falares.

Embora não cheguemos ao extremo de admitir a excelência e exclusividade do método geolingüístico em detrimento dos demais, indagamos: que outro método nos permitiria num único relance perceber que, em pleno final do século XX, o vocábulo *lua* ainda permanece nasalizado nos registros em diversos pontos lingüísticos da Bahia, Sergipe e Paraná, tal qual ocorria em Portugal até o século XVI, conforme atestam documentos da época? Que a palavra *fruta* conserva ainda a forma semiditongada *fruita* em boa parte do Paraná? E que itens lexicais procedentes do português seiscentista ainda se conservam ao lado de galicismos, africanismos, espanholismos, tupinismos, como o *dente queiro,* a *terra sarolha*, o *fichu*, o *picinê, o oclus,* a *maçanilha,* o *urupê* e a *banana inconha?*

UMA RÁPIDA VISITA AOS ESTUDOS DIALETOLÓGICOS NO BRASIL

Para essa rápida visita selecionei apenas quatro obras básicas: *O dialeto caipira*, de Amadeu Amaral (1920); *O linguajar carioca*, de Antenor Nascentes (1922); *A Língua do Nordeste:* Alagoas e Pernambuco, de Mário Marroquim (1934); e *O falar mineiro*, de José A . Teixeira (1938).

A obra de Amaral está estruturada em 5 capítulos: Fonética, Lexicologia, Morfologia, Sintaxe e Vocabulário, e essa organização da obra é seguida pelos trabalhos dos demais dialetólogos, aqui comentados, que o sucederam. Ao final do livro, ocupando 80% da obra, apresenta um vocabulário com mais de 1.500 verbetes, abonando-os com registros colhidos na linguagem oral e também na obra de escritores populares. A descrição fonética envolve todos os fonemas vocálicos e consonantais, incluindo exemplos de mudanças fonéticas (metaplasmos) operadas na fala caipira.

Sobre o dialeto caipira, na Introdução, Amaral afirma:

> Hoje, ele (o dialeto caipira) acha-se acantoado em pequenas localidades que não acompanharam de perto o movimento geral do progresso e subsiste, fora daí, na boca de pessoas idosas, indelevelmente influenciadas pela antiga educação. Entretanto, certos remanescentes do seu predomínio de outrora ainda flutuam na linguagem corrente de todo o Estado, em luta com outras tendências, criadas pelas novas condições.

Passados mais de oitenta anos, podemos afirmar, com base nos dados do ALPR e dos inquéritos experimentais para o *Atlas Lingüístico do Brasil* (ALIB), que uma das características mais marcantes do dialeto caipira, o r retroflexo em trava silábica, permanece muito vivo em falantes, das várias faixas etárias e dos vários níveis de escolaridade, nos vários pontos dos estados paranaense, sul-matogrossense, goiano, mineiro e paulista.

Nascentes (1922) dedica sua obra a Amadeu Amaral, "que no Dialeto caipira mostrou a verdadeira diretriz dos estudos dialectológicos no Brasil". Seguindo a mesma linha estruturalista, ao analisar a fala carioca, divide sua obra em capítulos sobre a Fonética, a Morfologia, a Sintaxe e o Léxico. Ao final, inclui um vocabulário da fala carioca em que arrola cerca de 700 verbetes (palavras ou expressões), que ele chama de "tentativa de vocabulário das locuções populares do Rio de Janeiro; um ligeiro esboço que outros poderão melhorar" (p. 217). Reiterando sua formação de filólogo e de gramático histórico, inclui na Fonética um subcapítulo sobre as transformações fonéticas recorrentes na fala carioca. Mas, para nós, que pretendemos seguir-lhe os passos, consideramos como um dos pontos altos da obra a inclusão de um mapa do Brasil com a divisão dialetal do que ele chama de "falar brasileiro".

Sobre essa divisão dialetal, o autor informa:

> Dividi o falar brasileiro em seis subfalares que reuni em dois grupos a que chamei do norte e do sul. O que caracteriza estes dois grupos é a cadência e a existência de protônicas abertas em vocábulos que não sejam diminutivos nem advérbios em mente. Basta uma singela frase ou uma simples palavra para caracterizar cada um destes grupos. (Nascentes, 1957: 25).

Esse mapa é fruto das constantes revisões de mapas anteriores elaborados pelo autor: o de 1922, depois o de 1933, finalmente o de 1953, com base na experiência *in loco*. Assim se expressa Nascentes (1953: 24):

> Hoje que já realizei o meu ardente desejo de percorrer todo o Brasil, do Oiapoc ao Xuí, de Recife a Cuiabá, fiz nova divisão que não considero nem posso considerar definitiva, mas sim um tanto próxima da verdade.

Decorridos quase cinqüenta anos, como estão os falares do Brasil? Permanece a divisão de Nascentes? Acredito que o *Atlas Lingüístico do Brasil* – ALIB –, projeto em andamento, executado por um Comitê Nacional composto de pesquisadores geolingüistas de cinco Universidades Brasileiras (UFBA, UFC, UFRGS, UFJF e UEL), sob a presidência de Suzana Alice Cardoso, da UFBA, possa, dentro de poucos anos, dar a esperada resposta.

A obra de Marroquim (1934), também de cunho estruturalista como a de Nascentes, inova no capítulo sobre Vocalismo, Consonantismo e Figuras de dicção (metaplasmos), ilustrando os fatos fonéticos com quadrinhas populares do cancioneiro nordestino. Não há um capítulo específico sobre Morfologia. Os casos são tratados em capítulos isolados sobre Gênero, Número, Grau, Pronomes e Verbos. O capítulo destinado à Lexicologia aborda aspectos da história social do Brasil e do Português quinhentista em que relaciona palavras arcaicas que, na verdade, são, em sua maioria, variantes fonéticas, como *agardecer, alifante, anteado, fruita*, entre outras. O penúltimo capítulo, que o autor denomina Tematologia, trata da formação do léxico por meio da derivação, da composição e da contribuição estrangeira, onde inclui exemplos do tupi e das línguas africanas. O último capítulo versa sobre a sintaxe. Como no capítulo sobre Fonologia, os fatos sintáticos do falar nordestino vêm ilustrados por excertos do cancioneiro popular nordestino, e em vários momentos soam como um desabafo:

> Nós, no Brasil, presos à gramática "portuguesa", somos vítimas de uma desintegração dolorosa de nós mesmos (...); Regras de gramática rígidas e áridas baseadas em fatos lingüísticos isolados do "homem" são camisas de força asfixiantes (Marroquim, 1934: 124-5).

Teixeira (1938) segue a tradição estruturalista, dos mestres anteriores, na sua descrição do falar mineiro, abordando os aspectos fonológicos, morfológicos, lexicológicos (em que inclui a contribuição tupi e africana no vocabulário geral e na toponímia mineira) e sintáticos. Reconhece ser o dialeto mineiro menos suscetível a mudanças pela insignificância da imigração estrangeira, até aquela época. Para a ilustração dos fatos regionais serve-se dos exemplos extraídos em sua maioria da obra *Os caboclos*, de Valdomiro Silveira e da observação direta em localidades como Belo Horizonte, Alfenas, São João Del-Rey, Pouso Alegre, Teófilo Otoni e Maninhassu.

Esses quatro dialetólogos são até hoje referência para o estudo de falares locais ou regionais embora se reconheça, de acordo com os parâmetros atuais, a limitação de cada uma das obras devido à metodologia empregada: não há definição de pontos investigados, as fontes são diversificadas – ora a observação direta da fala do povo, ora as quadrinhas populares, ora registros em obras literárias regionais –, não há definição do perfil dos informantes, como faixa etária, escolaridade, origem, profissão ou ocupação principal. Mas esta será a preocupação da geolingüística, cujos alicerces serão lançados por Serafim da Silva Neto (1957), Celso Cunha (1957) e Antenor Nascentes (1958 e 1961).

AVANÇOS DA GEOLINGÜÍSTICA NO BRASIL: OS ATLAS ESTADUAIS PUBLICADOS

Há meio século se fala em um *Atlas Lingüístico do Brasil*. A primeira manifestação oficial estaria no Art 3º do Decreto 30.643, de 20 de março de 1952, que estabelecia como

(...) principal finalidade da Comissão de Filologia da Casa de Rui Barbosa a elaboração do atlas lingüístico do Brasil. Tal determinação foi regulamentada pela Portaria nº 536, de 26 de maio do mesmo ano, a qual, ao baixar instruções referentes à execução do decreto de criação do Centro de Pesquisas Casa de Rui Barbosa, estabeleceu como finalidade principal, entre as pesquisas a serem planejadas, a própria elaboração do atlas lingüístico do Brasil. (Projeto do ALIB, Comitê Nacional, 2001: 1)

A idéia começa a materializar-se nas proposições e empenho de Serafim da Silva Neto, Celso Cunha e Antenor Nascentes. Os dois primeiros, por ocasião do III Colóquio Internacional de Estudos Luso-Brasileiros, realizado em Lisboa, em 1957, defendem a necessidade de elaboração de atlas lingüísticos regionais. Antenor Nascentes, que, desde a década de 1920, vinha se dedicando aos estudos dialetológicos, publica as *Bases para a elaboração do atlas lingüístico do Brasil* (1958, 1961), obra em dois volumes, na qual fornece diretrizes gerais para a escolha de localidades, de informantes e para a elaboração do questionário lingüístico, sempre argumentando em favor de atlas regionais. Essa introdução consta do Projeto do *Atlas lingüístico do Brasil*, versão 2001.

Assim, vem à luz o primeiro atlas estadual do Brasil em 1963: o *Atlas prévio dos falares baianos*, coordenado por Nelson Rossi, que registra em 198 cartas (44 de isoglossas) – a diversidade lexical e fonética da fala rural baiana, coletada em 50 pontos lingüísticos junto a 100 informantes, tendo-se entrevistado em 41 localidades, dois informantes; em duas delas, três informantes; em apenas uma, 6 informantes; e apenas um informante nos pontos 44 a 49. Não houve a preocupação com o gênero embora na maioria dos pontos se entrevistassem um homem e uma mulher. Registros de circunstantes foram feitos em duas localidades.

O segundo atlas é o Esboço de um *Atlas lingüístico de Minas Gerais*, com um total de 73 cartas mistas ou analítico sintéticas, em que se registram as variantes lexicais e fonéticas de conceitos de dois campos semânticos: fenômenos da natureza e brinquedos/brincadeiras infantis. Ao final, consta um glossário com 139 verbetes. Publicado o 1º volume em 1977, por uma equipe composta pelos professores da Universidade Federal de Juiz de Fora, José Ribeiro, Mário Roberto Lobuglio Zágari, José Passini e Antônio Pereira Gaio, foi planejado para 4 volumes, dois dos quais o 2º e o 3º, encontram-se em fase de editoração.

Na seqüência, em 1984, tendo como autoras Maria do Socorro Silva Aragão e Cleuza Bezerra de Menezes, surge o *Atlas lingüístico da Paraíba*, em dois volumes: o primeiro contendo 149 cartas léxicas e fonéticas e o segundo, com a análise das formas e estruturas lingüísticas encontradas, acompanhado de um glossário com 363 verbetes.

Em 1984, depois de quase vinte anos de espera para a publicação temos o *Atlas lingüístico de Sergipe* (ALS). Sob a coordenação de Carlota Ferreira, reúne-se para esse novo desafio uma equipe de pesquisadoras da UFBA, a maioria das quais integrantes da equipe de Nelson Rossi na elaboração do APFB. Consta de 182 cartas fonéticas, cartas-resumo, e comparativas com os dados do APFB. É o primeiro atlas a investigar sistematicamente dois informantes por localidade, um homem e uma mulher e a transcrever no verso de cada carta as notas explicativas com a resposta integral ou parcial do informante.

Finalmente, em 1994, foi publicado o *Atlas lingüístico do Paraná*, ALPR, contendo os registros de 130 informantes, 2 por localidade, um de cada sexo, em 65 pontos que contemplam as 24 mesorregiões paranaenses. Consta de 191 cartas, das quais 92 de variantes lexicais, 70 fonéticas e as demais isoglóssicas. No verso de cada carta, seguindo o modelo do ALS, foram incluídas as notas explicativas com trechos da fala do informante.

Esses cinco atlas foram elaborados, quase todos, sob orientação da dialetologia tradicional: os informantes são selecionados dentre os falantes rurais nascidos na localidade, sem controle rigoroso da faixa etária, e quase sempre iletrados ou com nível mínimo de escolaridade. Incluem-se entre os atlas monodimensionais, principalmente o EALMG e o ALPB. Preocupados com a dimensão sexual, isto é, investigando sistematicamente em cada localidade dois informantes, um de cada sexo, despontam os dois últimos, o de Sergipe e o do Paraná, portanto atlas de uma segunda geração, os bidimensionais. O quadro 2 dá uma visão sintética da metodologia adotada na elaboração dos cinco atlas estaduais até hoje publicados.

Quadro 2: Resumo dos procedimentos metodológicos nos 5 atlas

Itens considerados nos atlas	APFB	EALMG	ALPB	ALS	ALPR
Número de pontos investigados	50	116	25+75 (1)	15	65
Número total de informantes	100	83 (2)	107	30	130
Número de informantes por ponto	1 a 6	1 a 3	3 a 10	2	2
Fator sexo	M e F	M (3)	M e F	M/F	M/F
Fator faixa etária	25-84	30-50	30-75	35-65 (4)	27-62
Origem do informante (rural/urbana)	R	R/U	R/U	R/U	R
Extensão do questionário (nº questões)	182 (5)	415	877	505	325
Número de cartas	198	73	149	182	191
Presença/ausência de notas explicativas	P	A	A	P	P

(1) "25 localidades-base mais 3 localidades-satélite para cada base num total de 100 pontos, cobrindo todo o Estado." (Aragão & Menezes: 1984, Resumo) (2) Este número corresponde apenas aos informantes das 50 primeiras localidades e cujos dados pessoais constam do vol. Ia fic (Ribeiro *et al.* 1977) (3) Os informantes são, na maioria, homens, e as cartas não permitem identificar os registros de cada um. (4) A maioria situa-se na faixa de 35 a 52 anos de idade. (5) "Durante os anos de 1958 e 1959, aplicou-se um questionário de mais de 3000 questões". (Ferreira, 1998:17).

Fontes: Atlas Estaduais relacionados na Bibliografia.

O que revelam as cartas desses cinco atlas estaduais publicados? Acima de tudo uma significativa diversidade de falares: diferentes formas de falar o mesmo vocábulo e o mesmo fonema, e variantes lexicais de um mesmo conceito, apontando para a contribuição dos três principais povos formadores da nação brasileira, além da contribuição estrangeira posterior.

Levando-se em conta o fato de terem sido elaborados em épocas distintas (entre 1958 e 1990), terem seguido orientações teórico-metodológicas diversas, e guardarem as demais diferenças já expressas no quadro 2, pouco há de comum entre eles para se comparar. Na realidade, apenas quatro cartas são comuns aos cinco atlas: a do *arco-íris*, a da *estrela cadente*, a do *nevoeiro/cerração* e a da *cambalhota*; três cartas são comuns a quatro deles (APFB, ALPB, ALS e ALPR): *trasanteontem, rótula* e *útero.* Esta realidade embaraçosa não tem sido obstáculo para que estudos de várias naturezas se sirvam dos dados desses atlas para uma melhor compreensão dos dialetos brasileiros. A título de ilustração citamos alguns desses trabalhos: Brandão & Moraes (1998), Brian Head (1973, 1978, 1985, 1986, 1987, 1996), Pisciotta 1998a, 1998b), Cardoso (1996, 1997, 1998a), Mota (1998), Aguilera (1998, 2000) Pontes & Aguilera (1999).

CONSIDERAÇÕES FINAIS

Por acreditarmos que o acervo lingüístico de uma comunidade espelha a própria história da mobilidade sócio-espacial do homem, sentimos que a geolingüística contribuiu substancialmente para modificar a própria concepção da história de uma língua, como bem salienta Eugênio Coseriu, citado por Cunha (1986: 54-5):

> Não mais a história de um bloco unitário visto apenas em suas relações externas, mas a história de um jogo constante e infinitamente matizado, entre inovação e conservação, entre o falar concreto do indivíduo que realiza uma tradição lingüística e a língua de uma comunidade histórica, que se alimenta continuamente dos atos lingüísticos individuais.

O saldo positivo de todo o esforço da equipe de dialetólogos e geolingüistas brasileiros nos últimos seis anos, a partir do lançamento do Projeto do ALIB em novembro de 1996, durante o Seminário Nacional: *Caminhos e perspectivas para a Geolingüística no Brasil*, na UFBA, pode ser verificado no elevado número de projetos de atlas estaduais e regionais em andamento, ou já concluídos à espera de editoração. Iniciados na década de 1980, temos *os Atlas lingüísticos do estado de São Paulo e o do Ceará*, o *Atlas lingüístico e etnográfico da Região Sul* e o *Atlas lingüístico e etnográfico da pesca do Rio de Janeiro*. Do final da década de 1990, em diferentes estágios de desenvolvimento, temos os *Atlas Lingüísticos do Amazonas, do Pará, do Acre, do Mato Grosso do Sul, do Mato Grosso, do Rio Grande do Norte e do Maranhão*, a maioria dos quais influenciados pela equipe do Comitê Nacional do ALIB. Faltam apenas nove: Rondônia, Roraima, Piauí, Pernambuco, Goiás, Amapá, Alagoas, Espírito Santo e Tocantins. Nesses quatro últimos, temos jovens pesquisadores amadurecendo a idéia.

Para o ALIB, projeta-se um atlas pluridimensional, em que as dimensões sexo, faixa etária e escolaridade dos informantes estarão mais bem definidas: nas capitais teremos oito informantes, quatro masculinos e quatro femininos, quatro jovens, entre 18 e 30 anos e quatro idosos, entre 50 e 65 nos, quatro com instrução primária e quatro com instrução superior. Nas demais localidades serão quatro informantes com instrução primária. A proposta é de se fazer a investigação em um total de 250 pontos, aplicando-se questionários estruturados, de cunho semântico-lexical, fonético-fonológico, morfossintático, incluindo-se ainda questões de prosódia, discursos semi-dirigidos e leitura de um texto (Comitê Nacional do Projeto ALIB: 2001).

Voltando a falar dos atlas estaduais, faltam ainda (ou apenas?) nove estados para iniciar seus atlas. Ressalte-se que estamos falando dos *velhos* atlas lingüísticos elaborados segundo os princípios tradicionais da Dialetologia, isto é, com preocupação diatópica e diacrônica, que investigue a fala do homem de tradição rural, sem escolaridade, habitante de localidades afastadas dos centros urbanos, com o objetivo de dar continuidade aos trabalhos de levantamento do acervo lexical e fonético iniciado pelos cinco atlas estaduais, registrando o máximo possível do que resta da linguagem de transmissão puramente oral sem a interferência da escola, da escrita, da vida urbana, ou dos meios de comunicação de massa. Essas lacunas de estudos geolingüísticos têm que ser preenchidos com urgência antes que se percam de vez fios preciosos que se foram soltando ao longo destes 500 anos.

REFERÊNCIAS BIBLIOGRÁFICAS

AGUILERA, Vanderci de Andrade. *Atlas lingüístico do Paraná*. Curitiba: Imprensa Oficial, 1994.

——— *Atlas lingüístico do Paraná:* apresentação. Londrina: UEL, 1996.

——— "Estudos geolingüísticos no Brasil: caminhos e propostas". *In*: *Estudos lingüísticos*. São José do Rio Preto: UNESP, v.1, n.1, 1998, p.119-26.

——— "O que dizem os inquéritos experimentais do Atlas lingüístico do Brasil". *In*: *Signum – Estudos da linguagem*. Londrina: EDUEL, v.1, n.1, 2000, p.123-32.

AMARAL, Amadeu. *O dialeto caipira*. 3. ed. São Paulo: Hucitec, Secr. de Cultura, Ciência e Tecnologia, 1976.

ARAGÃO, Maria do Socorro Silva & MENEZES, Cleuza P. Bezerra de. *Atlas lingüístico da Paraíba*. 2. v. Brasília: UFPB/CNPQ, 1984.

BRANDÃO, Sílvia Figueiredo. *A geografia lingüística no Brasil.* São Paulo: Ática, 1991.

——— & MORAES, João Antônio de. "A geolingüística no Brasil: resultados e perspectivas". *In*: *Atas do IX Congresso Internacional da Associação de Lingüística e Filologia da América Latina* (ALFAL). Campinas: UNICAMP/IEEL, 1998, v. 4.

CARDOSO, Suzana. "O atlas lingüístico do Brasil: uma questão política". *In*: *Atas do Seminário Nacional Caminhos e Perspectivas para a Geolingüística no Brasil.* Salvador: Serviço de Reprografia/UFBA, 1996, p. 87-96.

——— "Atlas regionais e intercomparação de dados: um passo para o atlas lingüístico do Brasil". *In*: *Boletim da Associação Brasileira de Lingüística*. Maceió: ABRALIN, n. 21, 1997, p. 444-54.

——— "O atlas lingüístico do Brasil: o projeto e a sua metodologia". *In*: *Atas do II Congresso Nacional da Associação Brasileira de Lingüística*. Florianópolis: ABRALIN, 2000, p. 1824-9. Edição em CD-ROM.

——— "O atlas lingüístico do Brasil: um projeto nacional". *In*: AGUILERA, Vanderci de Andrade (org.). *A geolingüística no Brasil:* caminhos e perspectivas. Londrina: UEL, 1998b, p. 165-76.

——— "Atlas lingüístico do Brasil: um projeto nacional para conhecimento do português brasileiro". *In*: GÄRTNER, Eberhard et al. (eds.) *Estudos de geolingüística do português americano*. Frankfurt am Main: TFM, 2000, p. 33-53.

——— "Histórico e objetivos do Projeto Atlas Lingüístico do Brasil". *In*: *Boletim da Associação Brasileira de Lingüística*. Florianópolis: ABRALIN, n. 23, 1999, p. 36-9.

——— "O rural *versus* o urbano". *In*: *Atas do IX Congresso Internacional da Associação de Lingüística e Filologia da América Latina* (ALFAL). Campinas: UNICAMP/IEEL, 1998a, vol. 4, p. 115-22.

——— & MOTA, Jacyra. "Um desafio: o atlas lingüístico do Brasil". *In*: *Estudos: lingüísticos e literários*. Salvador: Programa de pós-graduação em Letras e Lingüística UFBA, n. 21-22. jun-dez. 1998, p. 87-96.

——— & CARDOSO. "Dialetologia brasileira: o atlas lingüístico do Brasil". *In*: *Revista da ANPOLL*. São Paulo: Humanitas/FFCL/USP, n. 8, 2000, p. 41-57.

COMITE Nacional do Projeto ALIB. *Atlas lingüístico do Brasil:* questionários. Londrina: UEL, 1998.

——— *Atlas lingüístico do Brasil:* questionários. Londrina: UEL, 2001.

COSERIU, Eugênio. *La geografía lingüística*. Montevideo: Universidad de la República, 1955.

——— "A geografia lingüística". *In*: *O homem e sua linguagem*. Rio de Janeiro/São Paulo: Presença/USP, 1982.

——— *Sentido y tareas de la dialectología*. México: UNAM, 1982.

CUNHA, Celso. *Língua portuguesa e realidade brasileira*. 9. ed. Rio de Janeiro: Tempo Brasileiro, 1986.

FERREIRA, Carlota et al. *Atlas lingüístico de Sergipe*. Salvador: Instituto de Letras/ UFBA, 1987.

FERREIRA, Carlota & CARDOSO, Suzana. *A dialetologia no Brasil*, São Paulo: Contexto, 1994.

HEAD, Brian Franklin. "A alternância entre consoantes líquidas: um caso de condicionamento múltiplo". *In*: *Anais de Seminários do Grupo de estudos lingüísticos do estado de São Paulo – XI*. São José do Rio Preto: IBILCE – UNESP/ GEL, 1985, p. 142- 58.

——— "O estudo do r-caipira no contexto social". *In*: *Revista de cultura Vozes*. Petrópolis: Vozes, n. 67, 1973, p. 43-9.

——— "Propriedades fonéticas e generalidade de processos fonológicos: o caso do 'R caipira'." *In*: *Cadernos de estudos lingüísticos*. Campinas: Universidade de Campinas, n. 13, p. 5-39, 1987.

——— "Relações entre a linguagem rural brasileira e a portuguesa". *In*: *Atas do I simpósio sobre a diversidade lingüística no Brasil*. Salvador: UFBA, 1986, p.89-97.

——— "Subsídios do Atlas prévio dos falares baianos para o estudo de uma variante dialetal controvertida". *In*: *Cadernos de estudos lingüísticos,* Campinas: UNICAMP/IEEL, 1978, p. 21-34.

——— "A 'troca do V pelo B': uma alternância do norte de Portugal também encontrada no português popular do Brasil?" *In*: *Diacrítica*. Braga, Port.: Centro de Estudos Humanísticos, n. 11, 1996, p. 767-82.

MARROQUIM, Mário. *A língua do Nordeste*. São Paulo: Nacional, 1945.

MOTA, Jacyra. "Inquéritos experimentais do Atlas Lingüístico do Brasil: consoantes". *In*: *Atas do II Congresso Nacional da Associação Brasileira de Lingüística*. Florianópolis: ABRALIN, 2000, p. 1837-43. Edição em CD-ROM.

——— "Variação diatópica e variação social no Atlas lingüístico do Brasil". *In*: MOURA, Denilda (org.) *Os múltiplos usos da língua*. Maceió: EDUFAL, 1999. p. 141-4.

NASCENTES, Antenor. *Bases para a elaboração do Atlas lingüístico do Brasil*. Rio de Janeiro: Casa de Rui Barbosa, 1958 (v. 1) e 1961 (v. 2).

——— *O linguajar carioca*. 2. ed. Rio de Janeiro: org. Simões, 1953.

PISCIOTTA, Harumi. "Geografia lingüística e diacronia". *In*: RUFFINO, Giovani (cur.). *Atti del XXI Congresso Internazionale di Linguistica e Filologia Romanza*. v. V. Tübingen: Niemeyer, 1998, p. 555-562.

——— "O lexical nos eixos horizontal e vertical". *In*: AGUILERA, Vanderci de Andrade (org.). *A geolingüística no Brasil:* caminhos e perspectivas. Londrina: UEL, 1998. p. 165-76.

PONTES, I. e AGUILERA, Vanderci A. "Questionário geolingüístico: uma proposta de reorientação metodológica". *In*: XXVIII *Estudos Lingüísticos*. Bauru: Universidade do Sagrado Coração, v.1, 1999, p. 238-44.

RIBEIRO, José et al. *Esboço de um atlas lingüístico de Minas Gerais*. Rio de Janeiro: Ministério da Educação e Cultura, Fundação Casa de Rui Barbosa, Universidade Federal de Juiz de Fora, 1977.

ROSSI, NELSON et al. *Atlas prévio dos falares baianos*. Rio de Janeiro: MEC, INL, 1963.

SILVA NETO, Serafim da. *Guia para estudos dialectológicos*. 2. ed. Belém: CNPQ/ Instituto Nacional de Pesquisas da Amazônia, 1957.

TEIXEIRA, José Aparecido. *O falar mineiro*. Separata da revista do Arquivo Municipal, São Paulo: [s.n.], n. 45, 1938.

UMA EXPERIÊNCIA DE DIÁLOGO ENTRE ORALIDADE E ESCRITA

> Uma cidade respira quando nela existem lugares de palavra, pouco importa sua função oficial, – o café da esquina, a praça do mercado, a fila de espera nos correios, a banca do jornaleiro, o portão da escola na hora da saída (Michel Certeau)

Edwiges Zaccur

Linguagem e cultura, indissociáveis que são, já implicam multiplicidade. Se as relacionamos à educação formal, nos vemos desafiados pela complexidade do cotidiano escolar onde ressoam outros cotidianos – o da família, o da igreja, o do grupo, o da cidade, em que se refratam e se hibridizam diferentes culturas, múltiplas linguagens, imagens e discursos plurais, inclusive aqueles gerados pela mídia.

Estamos envolvidos neste hipertexto multiforme, expresso em diferentes linguagens. A par da oralidade e da farta produção de textos impressos, o rádio, o cinema e a televisão vão produzindo *uma nova cultura oral,* enredando linguagens em diálogo. Enquanto isso, a escola tende a hierarquizá-las e fragmentá-las artificialmente, marcada que é pela *ordem dos livros* sob a hegemonia da escrita. Anuncia-se, assim, um desafio aos educadores: vamos ter de reaprender a trabalhar

> (...) nesse universo de pessoas com suas confusas histórias de oralidade, de alfabetização, de escrita e também suas novas histórias de habitantes da atual sociedade de imagem e som. (Almeida, 2001: 21)

Já na Semana de Arte Moderna de 1922, os artistas perceberam que estavam postas condições tecnológicas que afetariam substancialmente o modo humano de ser e estar no mundo. Os movimentos mais revolucionários do modernismo no exterior (futurismo, dadaísmo, surrealismo) ecoavam nos manifestos brasileiros (antropofagia, desvairismo, pau-brasil), sinalizando aceleradas transformações que punham em cena a instantaneidade, a simultaneidade, provocando rupturas dos cânones vigentes e abrindo frestas em artefatos conceituais tais como: a verdade, a realidade e sua representação.

Para efeito deste texto, em meio a tantas transformações, interessa-nos discutir uma ruptura sinalizada por Walter Benjamin: a perda do valor da experiência, da capacidade de trocarmos pela palavra as experiências vividas. Para Benjamin, isso se evidenciou com a primeira guerra e crescentemente se confirmou na enxurrada de transformações que se seguiram.

> Não se percebeu, ao final da guerra, que os indivíduos voltavam emudecidos para seus lares? Não mais ricos e sim mais pobres em experiências para contar? (Benjamin, 1975: 63)

Tentando compreender por que a experiência vai se tornando cada vez mais rara, como antecipara Benjamin, Larrosa encadeia uma conjunção atropeladora de excessos: de informação e de opinião, de trabalho e de aceleração. Excesso de tecnologia, de tecnocomunicação e, no entanto, falta de experiência e sentido. Para que algo nos afete, há que se experimentar um tempo de suspensão, um resgate de um tempo lento para o sentir e o pensar

> (...) parar para pensar, parar para olhar, parar, pensar mais devagar, olhar mais devagar e escutar mais devagar, demorar-se nos detalhes, suspender a opinião, suspender o juízo, suspender a vontade, suspender o automatismo da ação. (Larrosa, 2001: 5)

Neste trabalho resgatamos um desses momentos raros de experiência como algo que nos acontece e nos afeta, algo que se prova como um saber-sabor singular, "um saber que não pode separar-se do indivíduo concreto que a encarna" (Idem, p.8). No primeiro momento, enfocamos uma conversa que se transformou em experiência instigante e (co)movente, provocando uma experiência autoral que, por sua vez, acionou novas reflexões e leituras. Num segundo momento, problematizamos a quem serve o fosso entre a oralidade e a escrita e retomamos a ênfase de Freire na perspectiva de uma pedagogia dialógica em que pensar a educação, como práxis política, compreende ressignificá-la, como defende Larrosa, a partir da experiência e do sentido.

CONVERSANDO E RESGATANDO O SABER-SABOR DA EXPERIÊNCIA

A experiência que nos instiga a refletir deriva da integração de atividades de ensino, pesquisa e extensão, e emergiu de uma conversa com um emérito contador de histórias. Tratava-se de mais um encontro mensal do projeto de extensão *Conversas com professoras*, do qual participam docentes da rede e também alunas da disciplina que leciono. O tema previsto para o encontro no mês seria: *Da oralidade à escrita*. Nosso convidado, porém, sutilmente o subverteu, ao propor a troca da afirmação pelo questionamento: *Da oralidade à escrita?*

Inicialmente deixaremos em *off* o nome do convidado chamado a iniciar a conversa. Dele diremos apenas tratar-se de um dos narradores remanescentes, daqueles que mais do que aprender a técnica de contar histórias, desenvolveram a *arte* de ser narrador. Benjamin sinaliza que a grandeza do narrador está em ser chamado a narrar a sua vida e narrá-la inteiramente, apoiado na sua própria existência e na existência do outro tornada sua.

> O narrador – eis um indivíduo capaz de permitir que o pavio da sua vida se consuma inteiramente na suave chama de sua narração. (Benjamin, 1975: 81)

Como um praticante da arte de narrar, nosso convidado tornava presente a magia da metáfora benjaminiana. Sua conversa (re)começara brandamente com um convite ao *religare*, criando um momento suspenso no tempo, reatando elos de uma rede infinita de subjetividades.

Não pretendia, porém, dar respostas à pergunta – da oralidade à escrita? – com que se abrira aquele encontro. Nem se apresentou como um iluminado, transmitindo informações e certezas, apenas retomava fios de histórias que vêm de muito antes, recriando-se nas histórias que narrava. Era antes uma espécie de conselheiro de seus ouvintes, se entendemos com Benjamin que um conselho não pode ser dado, a não ser que possa emergir da narrativa de uma experiência, e como tal, um "conselho fiado no tecido da existência vivida, é sabedoria".

Na atmosfera mágica que se criou, o narrador envolvia quantos participavam daquela conversa em que a questão título se fazia um fundo problematizador da experiência vivida. Sensibilizar, envolver, implicar e, sobretudo, quebrar o ritmo das urgências desse nosso tempo. De repente, era como se o ambiente acadêmico se transmutasse em roda ao pé de um fogo, capaz de consumir barreiras atrás das quais nos defendemos do risco de expor a humanidade de que somos feitos. Cada participante ia se deixando tocar, abrindo a guarda, expondo-se também. Confirmando Larrosa: o sujeito da experiência é "aquele que se ex-põe".

Não se trata de relatar aquele momento irrepetível, de suave impacto, porque inesperado. Seria como tentar reproduzir o irreproduzível, sem o clima emocionado dos envolvidos no encontro, sem a polifonia e os entretons das vozes e expressões, sem a música e sem aquele ritmo capaz de nos subtrair ao tempo dos relógios. Foi quase em surdina, um efeito polifônico foi tomando conta da sala e o grupo foi imergindo no que emergia nas narrativas verossímeis; foi entretecendo suas histórias às histórias de relações, umas e outras encharcadas das experiências de tantas vidas.

A palavra do narrador, fluindo lentamente como um fio de fonte brotando da intimidade da terra, entrava em sintonia com outras intimidades, criando fios de respondibilidade. O que fizera tão especial aquele momento vivido? Como tantos sujeitos encarnados e singulares sintonizavam com a singularidade do narrador? Que sortilégios convidavam ao mergulho na humanidade de que somos feitos? São perguntas que interessam a quem investiga a palavra e suas mil possibilidades. Palavra como algo capaz de investir a materialidade do signo de uma energia, um ato de *religare*, entre cada sujeito com quem o narrador partilhava sua experiência, e que de algum modo nela se reconhecia, como um espelho voltado para sua intimidade. De repente, acontecera a experiência do que chega, acontece e afeta direta e singularmente cada um dos participantes do encontro.

Terminado o tempo de um encontro que deixara em suspenso o tempo cronológico do cotidiano, os comentários da experiência singularmente vivida se estendiam pelos corredores. Como houvesse muito a dizer e era visível o encantamento presente nos olhos brilhantes das alunas, sugerimos uma produção textual, em que se revisitasse a experiência, refletindo sobre o que a fizera tão singular para cada sujeito encarnado. Após a produção, cabia compartilhar o que fora escrito com os demais. E novamente a presença da conjunção emoção-recordação-recriação impactou a ponto de produzir emoção e sucessivos aplausos. Havia um sentimento de estranhamento de quem se descobre repentinamente capaz de produzir um texto autoral e não a mera reprodução de uma lição aprendida.

Em cada texto, a abertura que a experiência proporcionara apreendia algo que fizera especialmente sentido, algo às vezes capturado nos silêncios e nos gestos mais sutis, algo extremamente significativo para um sujeito encarnado. A partir do experimentado, sentido, do que havia tocado singularmente as alunas que participaram do encontro algumas possibilidades de respostas à pergunta – da oralidade à escrita? – começaram a ser percebidas e refletidas. Na experiência autoral, a abertura ao pensamento polifônico se fez presença.

Para Monique, a sutileza da acolhida de que se viu alvo fez toda a diferença. Sensibilizada por um gesto tão simples do narrador, viu-se instigada à reflexão e ao auto-conhecimento, como transparece em seu texto:

O Senhor de Barbas Brancas

Passos apressados pelo corredor. Coração que bate, sentindo medo do inesperado – o atraso.

Abro a porta e vejo de imediato um senhor de barba branca que, num gesto simples, me ofereceu uma cadeira para sentar.

Um gesto tão simples, escondido por um sorriso tão sereno mas que se fez tão necessário para que me sentisse acolhida. O ser humano necessita se sentir bem vindo... E como eu precisava.

Lembranças de um passado que não tive me mostravam o quanto preciso buscar o crescimento pessoal diário com mais intensidade.

Quero poder estar com um filho e me sentir " importante" para ele...

Quero estar em família e contribuir quem sabe com um conto, para um dia melhor...

Quero olhar para o meu aluno e enxergar nele a vida que desejo também para mim mesma...

Quero acordar bem cedo, sentir o vento no meu rosto e agradecer ao Criador por todas as maravilhosas que partilho diariamente...

O tempo passou sem que me desse conta.

Com entusiasmo, saio dali com um olhar de estranhamento, repleto de emoção: teria redescoberto a esperança?

Caminho novamente... não mais tão apressada... Passos firmes, sorriso nos lábios. Retorno para mim mesma e percebo o quanto posso crescer ainda mais!

E pensar que tudo começou com aquele senhor de barba branca.

Primeiro movimento – o estranhamento de quem reconhece o lugar, o seu código e a infração. O atraso, porém, não fora recebido pelo olhar que reprova, e sim pelo gesto que acolhe. Segundo movimento – o de fazer da presença-presente um apoio para superar um passado negado e projetar possibilidades. O interessante é que Monique, como professora que estuda pedagogia, sempre mostrara, nas discussões uma escuta sensível aos meninos, desde cedo atingidos pelas dificuldades, os mais pobres, os mais rebeldes, os mais excluídos, os que engrossam as fileiras do fracasso escolar, repetindo e/ou resistindo mas, ainda assim, permanecendo na escola.

O texto de Monique dialoga com o de Andrea M., que sublinha a singularidade do palestrante, ao chamá-lo doador. Quem recebeu um inesperado presente, descobre no prazer recebido a importância de doar. Ser para o outro, ser com o outro, práticas esquecidas num mundo onde o ser para si é expressão de um individualismo exacerbado e a palavra, em vez de ser "ponte do eu para o outro" (Bakhtin), torna-se mais um produto que vende, que se consome, que convence, que domina, e menos o elo, o nutriente afetivo, a troca que aproxima e energiza. São reflexões presentes neste fragmento do texto de Andréa:

> É raro nos dias atuais que as pessoas se exponham dessa maneira tão pura, sincera diante de outras pessoas que nunca viu, ou se já viu não é ainda tão íntimo. O palestrante da noite de hoje pode receber outro nome doador. Doador de carinho e sabedoria, de simplicidade e cumplicidade aos que o assistiam.
> As estórias contadas por Gregório me fizeram repensar na relação humana, hoje tão desgastada, tão fria, na maioria das vezes estritamente profissional (...). Tudo o que vivi hoje me fez refletir na questão do esquecimento, esquecimento de sermos seres humanos, constituídos não só de razão mas sobretudo da emoção.

Junto com as histórias a que Gregório dava vida, memórias, imagêns, situações, pessoas que um dia marcaram nossas vidas iam se fazendo presentes. A palavra que acolhe, a palavra que retece, é também a palavra que evoca e semeia, que remexe os desvãos da memória. De repente, esquecimento e memória dialogavam a partir de imagens que evocavam fragmentos adormecidos em meio ao caótico estoque de lembranças. Para Adriana, "a leveza com que fluiu a conversa nos deixou com a sensação de que no decorrer de nossas vidas acabamos deixando para trás alguns momentos de nossa história pessoal sem nos dar conta de sua tamanha importância e riqueza".

Sem o saber, Adriana fazia ressoar a denúncia de Benjamin: É como se nos tivessem tirado "um poder que parecia inato, a mais segura de todas as coisas seguras, a capacidade de trocarmos pela palavra as experiências vividas".

Para Dyane, nosso convidado trazia "em sua essência um pouco de cada um: quando lê ou descreve algo lembra seu avô e os livros de leituras; quando conta histórias e as musicaliza lembra as lendas e cantigas que sua avó co(a)ntava". Nesse ponto, a memória evoca imagens que dialogam, imagens calorosas perpassadas por elos afetivos. E novamente evocamos a teoria no avesso das práticas em que o sentimento amoroso torna possível a linguagem como prática da compreensão. Como sinalizam Maturana, Varela e Cyrulnik, entre outros, é o amor que torna possível o surgimento da linguagem.

Daniela complementa, ao sinalizar "que a sensibilidade é algo que precisamos verdadeiramente resgatar". Eis que a sensibilidade, algo que não se ensina mas se aguça através da experiência e da escuta sensível, foi enriquecendo a bagagem de quem vem se tornando educador. Mas a sensibilidade, sendo tão importante, ainda não basta ao educador que alfabetiza, alfabetizando-se. Késia afirmou que o nosso convidado "reviveu a chama da fantasia, da ficção, da esperança, da alegria, do amor, da vivência, enfim da magia que rodeia a vida e que um dia adormeceu em mim".

Glória percebeu que "uma história vira História quando a buscamos dentro de nós e daí a colocamos para fora. E são as nossas histórias de vida, que trazemos conosco, que podemos aprender a expor, a expressar, enfim, deixá-las nascer. E nascer sem medo!" Diferente da intenção de transmitir algo de forma neutra, uma narrativa, sendo uma forma artesanal de comunicação, emerge da vida do narrador que a retira de si, como a aranha que retira de si a substância com que tece os fios de sua teia, como no mito de Arakne.

A narrativa impregnada da experiência se diferencia do excesso de informação que é preciso registrar, por estarmos desaprendendo o saber de cor, já que tudo tende a passar vertiginosamente sem nos afetar. Carolina percebeu a diferença:

> O problema é que estamos tão desacostumadas a ouvir com o coração, se assim posso dizer, que confesso ficar surpresa no início da conversa... Mas aos poucos fui deixando de lado a constante ansiedade de "querer" escutar algo que me levasse a pegar caneta e papel para assim fazer várias anotações. (...) E então me permiti ouvir com o coração.

A arte do narrador de fala mansa, com sensibilidade e beleza, recriava lendas e histórias como a que revestiu de sentido seu nome, **Francisco Gregório**, escolhido bem antes do nascimento. Artes de avós adivinhas, perscrutando entranhas. Ao longo da espera desejante de um menino, o toque da avó já prodigalizava carícias enquanto cantava, e sua cantiga ia penetrando pelos poros desse primeiro habitat – o do corpo materno. Eis o nicho amoroso de quem desde cedo foi tão bem acolhido em meio a histórias de relações que já misturavam o mundo da oralidade da avó materna ao da escrita do avô paterno. Nascido do amor, envolto em amorosidade, Gregório ia narrando, fazendo do corpo e da voz um instrumento para dar vida às histórias. Histórias verdadeiras, porque verossímeis, instigavam a repensar relações humanas, recordando a humanidade do ser, entretecida à rede de subjetividades.

Para ouvi-las com o coração era preciso reaprender a escuta sensível, levantando questionamentos como os de Beatriz Ângela:

Por que estamos deixando de contar histórias? Sabemos que elas entretêm crianças, jovens e velhos e aparecem, surgem em nosso meio muito antes da escrita e da leitura, da sistematização do conhecimento. Temos todas as ferramentas em nossas mãos e continuamos a nos perguntar: como alfabetizar?

Benjamin lhe responderia que impulsos seculares foram expulsando a narrativa que agregava a partir de condições materiais outras como – a invenção da imprensa, projetando o lugar de segregamento e solidão do romancista e do leitor. Eis que as experiências mais antigas, mesmo encobertas, permanecem vivas. E a lenda, "que ainda hoje é o primeiro conselheiro das crianças, por já ter sido em tempos passados o primeiro da humanidade, sobrevive na narrativa". Palavras de Benjamin re-significadas no texto de Andréa F. ao concluir que

> (...) aquele velhinho nos fez a todos crianças novamente; conseqüentemente nos tornou mais sensíveis e, dessa forma, vimos tudo com mais sentido. Assim, sensível, percebi que a escrita e a oralidade se complementam. Ele nos falou ao sensível e nos chamou a refletir. Na oralidade construiu uma ponte com os textos e com a vida.

Fabrícia descobriu que "o educador precisa recuperar seu poder de sedução, pois assim tudo fica gostoso, inesquecível e com o gostinho de quero mais". O velhinho de barbas brancas potencializava capacidades sensoriais, imaginativas e fabuladoras. Parodiando M. Eliade, diríamos que os contos reavivam algo do sagrado que permanece em nós, degradado, talvez disfarçado e até recalcado, mas presente, seja no cenário tão antigo como o dos mitos e epopéias, seja nos contos maravilhosos com que a criança que vive em nós, adultos, ainda e sempre é capaz de se reencantar.

Uma vez abertos o espaço da sala de aula e o coração à magia e à escuta sensível, eis que Ana Paula nos lembra que: "ouvir é ação apresentada como leitura. Para saber é preciso ouvir". Mas como reaprender a ouvir num mundo em que, como alertara Walter Benjamin, a narrativa parece não ter mais o espaço de um tempo lento, "um tempo de quem fia e tece enquanto escuta", sem um **para quê** imediato, ditado de fora? Tal como transparece no depoimento da mulher que borda tapete diante da TV: "É engraçado. Só tenho paciência para TV, quando estou bordando. Parece até que escuto melhor." Sem o saber, sabendo, a fala da tapeceira evoca Benjamin quando denuncia que as narrativas tendem a se perder porque ninguém mais fia ou tece enquanto as escuta: quanto mais natural a atividade com que a narração é seguida, quanto mais profundamente cala aquilo que é transmitido. Estranha contradição em que mãos ocupadas criam o ócio do espírito, aberto e receptivo a apreender.

Corpo e mente: o primeiro ocupado em um fazer natural, porque livre de imposição; a segunda, além de livre, aberta para saborear e reter o prazer daquele instante. Romper com a dicotomia entre corpo e mente, emoção e razão pode nos ajudar a aprofundar relação entre oralidade e escrita na fase inicial da escolarização. Se o sujeito sente seu corpo aprisionado, submetido à imposição do dever de fazer, como sua mente pode se sentir livre e receptiva para o que lhe é transmitido? Como entrar em sintonia com o que parece vazio de sentido, para os que chegam à escola sem ter a escrita como um valor – prático, estético, sagrado ou político? Como recuperar o nexo entre emoção e razão, mutuamente realimentadores? Como passar por um rito de passagem da oralidade à escrita, como se fosse o despejo de um próprio seu, a linguagem oral com sua sintaxe recriada e apropriada por sucessivas aproximações? Como não se sentir estrangeiro, pedindo licença para se abeirar da escrita, se a cada tentativa de aproximação, a própria incompetência é apontada? O denso depoimento de Daniela nos traz ecos dessas histórias sofridas que se repetem no cotidiano:

> Tenho passado por uma experiência que, vista do lado de fora, é muito interessante, mas que para mim vem sendo aterradora. Estou dando aula para uma turma de 1ª. série semi-alfabetizada. (...) Para mim, o processo de alfabetização não aconteceu de maneira prazerosa. Pelo contrário: foi um parto a fórceps e sofro vendo que, para alguns dos meus alunos, esse processo se repete, da mesma maneira.
>
> Agora, refletindo, pude compreender, que esse processo não precisa ser doloroso, mecânico, estanque. Esse encontro (com Gregório) me fez ver que a escrita pode ser um processo que se inicia de maneira prazerosa. O que eu e meus alunos precisamos descobrir é como atravessar essa ponte, porém sem sofrimentos , aproveitando a paisagem.

Sidinéia vai ao encontro de Daniela, ao assinalar que

> (...) a educação quer muito mais do que as teorias: quer paladar. Só o que é feito com sentimento, com emoção, com prazer pode conseguir nos tocar e permitir que toquemos o outro. O tempero, o que está faltando é o que o lado humano pode proporcionar e que esse contador de histórias tentou viver conosco de forma brilhante.

Ou ainda como sintetizou Beatriz Ângela: "Trabalhar a emoção da oralidade é preparar o prazer da escrita".

Enfatizando a relação entre palavra e memória, Smolka (p. 96) sinalizou que "as práticas vão se inscrevendo nos discursos". Acrescentaríamos que a palavra, quando significativa, fala à emoção e ao pensamento, e quem sabe tenha o poder de fertilizar e disseminar novas práticas, resgatando experiência e sentido.

Novamente a complexidade nos encontra, enredando memória, emoção e linguagem. Se a emoção reveste retalhos do vivido, por que dicotomizar emoção e razão, corpo e mente, oralidade e escrita? Mas, sobretudo, cabe problematizar os efeitos perversos da fragmentação e da hierarquização entre a oralidade e a escrita.

A QUEM SERVE A CISÃO ENTRE ORALIDADE E ESCRITA?

Na conversa com Gregório e na experiência singularmente vivida houve um ir e vir constante entre oralidade e escrita. Comecemos por resgatar as conversas. As conversas, como enfatizou de Certeau, encharcam todo processo da vida cotidiana, inclusive o trabalho de qualquer natureza, inclusive o dos cientistas que dialogam com interlocutores privilegiados, inclusive através do que Bakhtin chama de diálogo escrito dos livros. No entanto, o produto final do fazer termina "por apagar todo traço desta relação com a oralidade".

Se assim é, podemos indagar: a que(m) interessa esvaziar o vigor dos praticantes em seu que-fazer diário, imaginando e inventando, dialogando e recriando? Ao fazer esta pergunta estamos nos avizinhando do político, como algo subjacente a cada ato humano. Curiosamente, como alerta Certeau, é por ser natural e necessária em todo lugar que a conversação é relegada "a um estatuto teórico inferior: Como creditar inteligência e complexidade requintada às astúcias de uma prática tão comum?" À pergunta formulada por de Certeau podemos acrescentar outras: Por que tão insistentemente se esvazia o potencial inventivo das práticas? A que(m) interessa desqualificar a oralidade, o fazer, a vida cotidiana como instâncias de invenção?

São perguntas que podem ser analogamente formuladas em relação ao processo de escolarização: Por que vai sendo escavado um fosso entre a oralidade e a escrita já ao início do processo de escolarização? Por que reservar à escrita a única possibilidade de inteligibilidade do mundo? Por que não fazer da leitura de mundo uma ponte de ir e vir entre a oralidade e a escrita? Por que não se valer das informações que a mídia divulga, mas não discute, instigando a ler a contrapelo, o sentido oculto a par do sentido atribuído pelos sujeitos?

Para nos reportar à negação da conversa como lugar de conhecimento e, sobretudo, como lugar de emancipação, poderíamos voltar aos gregos e à importância da oratória, num tempo em que a escrita ainda não se tornara hegemônica. O contraponto entre Platão e os sofistas aparece claramente na palavra de Protágoras:

> (...) os nossos médicos, artistas e artesãos sabemos muita coisa e vivemos como vivemos em virtude deste conhecimento. Ora, estes filósofos podem chamar ao nosso conhecimento opiniões baseadas na experiência inepta e comparar os muitos, isto é, **gente como nós, com os poucos esclarecidos,** isto é, eles próprios e suas estranhas teorias. Bem, tanto quanto me diz respeito, a verdade está em nós, com as nossas "opiniões" e "experiências" e nós, "os muitos", e não as teorias abstratas é que somos a medida das coisas.

O confronto entre as práticas e experiências dos muitos e o que é privilégio de poucos vem portanto de muito longe. Hegemonia e contra-hegemonia se conflitam em qualquer espaço-tempo. Platão avalizou e aprofundou o pensamento de Parmênides de que "os muitos", orientados pelos "seus hábitos assentes na enorme experiência, andam à deriva, cegos e surdos, perturbados e indecisos". Daí a necessidade de tomá-los sob o cuidado de filósofos e sábios. A pedagogia sofista, ao contrário, buscava ensinar a arte da oratória ao maior número de pessoas. Como sublinhou Llanos,

> (...) para cumprir sua missão educativa, os sofistas necessitavam do cenário público da praça e do mercado fervilhante de vida com todas suas exigências e paixões.

O projeto de Platão, tendo prevalecido sobre os sofistas, repercutiu intensamente no pensamento iluminista e ainda prevalece neste início de século XXI.

O pensamento contra-hegemônico, por sua vez, vai encontrando brechas para resgatar outros saberes, os saberes da prática, os saberes da experiência, os saberes do senso comum. E novamente não cabe contrapor teoria à prática, mas viver a experiência do diálogo entre ambas. Faz toda diferença viver a experiência da narrativa para depois ler "O Narrador" de Benjamin. E novamente se pode perguntar a quem interessa o artifício da separação entre teoria e prática?

Os poucos, que podem muito, temem os muitos que podem pouco e tratam de se precaver contra movimentos que os fortaleçam e congreguem. Sabem ou intuem que os signos entrelaçados no texto do mundo sempre instigaram os praticantes à sua leitura. Da inexorável condição de ser-leitor do mundo se disseminam infinitos exemplos no cotidiano em qualquer espaço-tempo. Podemos discutir astúcias de escravos, driblando seja interdições de acesso à leitura, seja a apropriação do resultado de seu trabalho nas minas de ouro. Ou táticas de guerra, tais como a derrota do poderoso Napoleão Bonaparte pelo "general" inverno, ou o recente vôo kamikaze de terroristas, driblando o controle da poderosa inteligência americana. E, sobretudo, proliferam no cotidiano pequenas astúcias de crianças, ludibriando professoras ou contornando ordens maternas.

Assim sendo, o cotidiano regulado por mecanismos disciplinares, é também minimamente desregulado, ou reinventado sub-repticiamente por mais ou menos invisíveis procedimentos populares. Novamente recorremos a Certeau e à sua refinada abordagem das maneiras de fazer, através das quais praticantes e usuários vão minimamente interferindo nas técnicas de produção sócio-cultural.

Por trás do pano, clandestinamente, *tecnologias mudas* podem interferir no cenário institucional, provocando de pequenos desarranjos, a um poderoso curto-circuito na ordem estabelecida. Se a mirada de Foucault joga luz sobre o aparelho disciplinador, Certeau busca acompanhar os praticantes, abordando questões análogas e contrárias às estudadas pelo primeiro:

> Análogas por que se trata de distinguir operações quase microbianas que proliferam no seio das estruturas tecnocráticas e alteram seu funcionamento por uma multiplicidade de táticas articuladas sobre detalhes do cotidiano; contrárias por não se tratar mais de precisar como a violência da ordem se transforma em tecnologia disciplinar mas de exumar as formas sub-reptícias que são assumidas pela criatividade dispersa, tática bricoladora dos grupos e dos indivíduos presos agora nas redes da vigilância. Esses modos de perceber e estas astúcias de consumidores compõem, no limite, a rede de uma antidisciplina (...)

Na atualidade, entre uma sociedade disciplinar e uma sociedade de controle, se agiganta o poder da comunicação. Podemos flagrar um diálogo complementar entre mídia e escola. Uma e outra são atravessadas por uma ordem oficial que ratifica um modelo direcionado antes para um modo de pensar único do que para o questionamento. A grosso modo, como sinaliza Milton José de Almeida, seria possível propor um relação: a indústria está para os *mass-midia*, assim como o comércio está para a escola. A exemplo da indústria, a cultura de massa opera diretamente com a produção, com o *saber-fazer* enquanto tecnologia; já a escola, responsabiliza-se prioritariamente pelo *saber-usar*, acionando a distribuição e circulação do produto, seja a informação, seja o conhecimento produzido.

Essa separação entre produtores e consumidores deriva não só do modo capitalista de produção, mas também de um modo de pensar funcionalista.

Certeau, porém, nos convida a ver, nos usos, toda uma gama de possibilidades de recriação na contramão de um poder de decisão centralizador. Referindo-se também a uma apropriação inventiva produzida seja pelo leitor, seja pelo espectador e ouvinte, Roger Chartier, concorda com de Certeau ao afirmar que "o consumo cultural é, ele mesmo, uma produção silenciosa, disseminada, anônima, mas uma produção". (Chartier, 1999: 19)

Os consumidores já não estariam tão literalmente prostrados aos pés do *Deus Com Unik Assão*, como denunciou Drummond em seu poema. Embora *deglutindo gratamente* seus produtos, os consumidores podem fazer deles um uso minimamente singular. Ademais para garantir a audiência que, por sua vez, garante o retorno comercial, a mídia faz concessões, esmerando-se em convidar ouvintes e espectadores à participação crescente. Apostando no simulacro da interação, há todo um movimento para que a mensagem responda a uma indagação, a um pedido ou a um desejo – o de ver e ser visto.

Para tanto, busca-se provocar o que Bakhtin chama de respondibilidade. Recriando a oralidade, uma nova cultura oral, reinventa a linguagem coloquial das conversas, simulando uma destinação a par da recepção. O estilo coloquial inaugurado pelos radialistas, para disputar espaço com a TV, vem invadindo crescentemente os programas de televisão e já marca, inclusive, conversas com professores que tiram dúvidas gramaticais na mídia escrita, falada e televisionada. Como recurso para criar intimidade, alguém se dirige diretamente a *você, amigo, companheiro*, *caro leitor* a exemplo do mestre Machado de Assis, retomando uma conversa, que se vale de um canal, mas conserva uma espontaneidade capaz de flexibilizar fronteiras entre o dentro e fora, o próximo e o distante, o eu e o outro.

Na tentativa de estreitar o diálogo, os programas dispõem hoje de um endereço virtual e os apresentadores instigam seu público a enviar e-mails que serão lidos no programa. Essa correspondência insólita entre "conhecidos" que não se conhecem, reflete palidamente funções da escrita: escreve-se para ser lido pelo destinatário que, por sua vez, veicula a mensagem para um auditório ampliado, ainda que se trate de um texto aligeirado, fora do tempo da experiência e da reflexão. Tais recursos dão visibilidade à imagem interativa que convém aos *mass-midia*, deixando na invisibilidade o controle.

Mas o convite, senão à interação ao seu simulacro, não pára aí. Por trás dos dispositivos controladores e ideologizantes dos *mass-midia*, que geram e organizam **o que** e **o como** dar a ver, é simulada uma transferência de poder de decisão para os espectadores que podem não só "interagir", como "opinar" e "decidir". Não se trata de deter um poder, mas de refleti-lo, pela simples exposição na mídia. Conseqüentemente, a gente comum encontra minimamente uma possibilidade de ser "vista" e "escutada". Além disso, simula-se a inversão do panóptico oitocentista que permitia ver e controlar sem ser visto. O grande olho mágico devassa privacidades e convida – *venha e veja tudo o que quiser*.

A *máquina de Narciso* vai assim ao encontro até dos desejos inconfessos, aparentemente se curvando aos desejos de público *voyeur*. Mas ao fazê-lo dentro de uma certa margem de concessões, mantém seu poder na invisibilidade, para melhor inculcar a cultura do consumo e, sobretudo, "gerenciar espaço e o tempo sociais" (Sodré, 1990: 33).

Na escola, porém, ainda prevalece, sem disfarces, o panóptico oitocentista de Bentham, expressão máxima de uma sociedade disciplinar, o que já significa um anacronismo. Na perspectiva mais ampla, ainda que uma rede de vigilância se estenda por toda parte, como enfatizou Foucault, a sociedade disciplinar vai cedendo lugar à sociedade controle em que a eficácia aumenta na razão inversa da visibilidade. No entanto, há que se levar em conta, também, procedimentos populares que jogam com os mecanismos da disciplina e "não se conformam com eles a não ser para alterá-los", como sinaliza Certeau.

Na abordagem que propomos, optamos por enfatizar ações dos praticantes, termo com que Certeau se refere a todos nós que recriamos artes do fazer. Tal opção decorre do entendimento de que, queiramos ou não, nos deparamos na escola, como na vida, com praticantes e não meros receptores dóceis em apreender informações ou reproduzir mecanicamente fazeres. Os praticantes imprimem suas marcas aos fazeres, reinventam jogos de linguagem, urdem astúcias, recorrem a táticas. Se é fato que a mídia pode colonizar a vida comum, organizando a informação e o lazer em circulação, os praticantes, por sua vez, podem transformar mensagens culturais pelo uso, através das micro possibilidades de reinvenção cotidiana, apesar da predominante intenção de alienação presente na mídia.

A comunicação invade todos os espaços, apagando limites entre o privado e o público, entre o tempo real e o virtual, entre o dentro e o fora, entre o próximo e o distante, trazendo para dentro de nossas casas um volume excessivo de informações. Negri e Hardt nos falam que o poder é agora operado por máquinas que atuam sobre o próprio cérebro, graças a redes de informação e sistemas de comunicação, e sobre o corpo, através de sistemas com as prerrogativas de "cuidar do bem-estar", ou seja, controlar.

Os colonizadores do passado não hesitaram primeiro em coibir a conversa, em proibir o acesso ao domínio da leitura e da escrita, pois inferiam que até o texto bíblico, num outro contexto, permitiria inferências capazes de instigar à rebeldia. Os neocolonizadores da atualidade também não hesitam em atropelar o princípio de liberdade, pois reconhecem que através das redes de tecnocomunicação podem acionar uma globalização contra-hegemônica. Como em tempos distantes, quando a escrita era uma tecnologia de ponta, o poder, na atualidade, associa o poder econômico, o poder militar e o poder da comunicação. A vida vai se tornando crescentemente objeto de poder.

A tecnocomunicação contém em si mesma a contradição: deriva de uma instância concentradora de poder que traça as estratégias do que dar a ver.

Em contraponto, se a escola não muda o mundo, o mundo não muda sem a escola, nos ensina a práxis de Freire. A escola pode contribuir para uma revisão a partir de práticas pedagógicas dialógicas, marcadas pela intenção emancipatória, em que a busca de sentido prevaleça sobre a informação e o humanizar-se nos chame a superar o espetáculo do mundo pelo *sentimento do mundo.* Ou seja, práticas em que a oralidade e a escrita, em diálogo, sejam postas a serviço da emancipação, instigando ao pensamento e à reflexão.

Por maior que seja o controle, há brechas, como a erva que brota em meio às pedras. Já nos referimos às astúcias cotidianas de gente sem importância, gente que tem saberes não legitimados. Gente que pensa a partir de um problema desafiador, inventando instrumentos para operar com maior benefício e menor custo.

Agir segundo um desafio que implica uma relação de custo benefício, ocorre até entre os animais, como vem observando os etólogos. Boris Cyrulnik relata operações realizadas por um macaco ao enfrentar o desafio de saciar a sede, buscando obter água no oco de uma árvore. Nas primeiras tentativas, tentou introduzir a língua e depois o dedo na abertura. Em seguida, lhe ocorreu mastigar algumas folhas, empurrá-las para dentro do oco, aguardando um certo tempo para retirá-las e sorver a água nelas contida.

Se até os animais se valem da relação custo benefício em favor da vida, os seres humanos em sua condição de ser-leitor, a ela recorrem nas táticas e astúcias praticadas. Biologicamente apto a exercer a condição de ser-leitor, o ser humano se vale da intuição como algo que nos sobrou do instinto, um certo faro a que se associam a imaginação, a projeção e instrumentos avaliativos mais sofisticados. A leitura do mundo (Freire) informa as artes do fazer (Certeau), conjugando num conhecimento venatório *formas mudas* de saber (Ginzburg). Artifícios de ser-leitor, em diálogo com o outro e com o mundo. Modos de ser, estar e intervir no mundo tão antigos que deles já se valiam os coletadores e os caçadores de eras mais remotas

Essas formas mudas de conhecimento não podem ser meramente transmitidas. É preciso aprender observando as práticas do outro, vivendo a experiência, uma, duas, muitas vezes, imaginando situações, colocando-se à espreita, conversando e reinventando linguagens. São modos de fazer que realimentam um processo de iterações, enquanto processo realimentador que, através do reiteradamente vivido, desencadeia novas possibilidades. Em síntese, trata-se de uma forma de saber que se aprende na escola da vida. Parte de um desejo que mobiliza a ação, envolve observação e leitura do mundo, curiosidade e imaginação, iteração e interação, admiração e *mimesis*, invenção e astúcias. Não raro, o caçador precisa imitar a fêmea, ou filhote para, através dessa astúcia, atingir a caça mais facilmente.

Na atualidade, em busca de construir um programa mais ágil de busca pela Internet, cientistas de ponta chegaram à conclusão que tais operações seriam análogas a operações de caça. Infonautas, a exemplo dos caçadores primitivos, valem-se de um certo faro, de uma agilidade mental, um modo de operar em que a relação custo benefício é levada em conta nas respostas aos desafios. Resgata-se a instigante experiência de quem navega, explora e finalmente, vive o prazer da descoberta do conhecimento buscado ou da informação necessária.

Na escola, aquele aluno que é *expert* na arte de colar, age também segundo a relação custo benefício. É verdade que freqüentemente a caça à nota, prevalece sobre a busca ao conhecimento. Às vezes é grande o investimento realizado para, colando, obter um benefício imediato (o bom resultado) ao menor custo (a economia do estudo obrigatório). Não raro, à custa de escrever e reescrever fórmulas em letras sempre menores, termina-se por gravá-las.

Mas a complexidade da situação vai mais longe. Na prática da cola também está em jogo um fazer não autorizado e a possibilidade de subverter uma relação de poder. Ao fazê-lo, muitas vezes é aprimorado o método de um outro colega. As redes de cola, as conversas, os códigos reinventados vão além do que pode supor o controle realizado por nós, docentes, no processo de avaliação. Ou seja o professor é desafiado pelo aluno. O primeiro dispõe de um poder legitimado, um próprio onde ocupa o lugar instituído do legislador. O segundo não dispõe de poder, mas pratica o que Certeau chama de artes do fraco, atento ao imprevisível, sagaz em criar possibilidades.

Por que todo esse empenho não é dirigido para algo muito mais produtivo – o conhecimento? Ou por que não nos esmeramos, a exemplo dos cientistas de Palo Alto, em pesquisar alternativas pedagógicas em que o ser-leitor se aplique na arte de caçar a informação, na arte de contrapor ao instituído o instituinte, inventando astúcias; na arte de conversar e, no coletivo, produzir conhecimento? Por que não semearmos pistas, como o fez Gregório, em vez de dar respostas prontas? Por que a fragmentação e a hierarquia entre a oralidade e a escrita segue abrindo abismos? Por que descuramos da oralidade na escola se do poder da palavra não descuram as agências de comunicação? Afinal, desde Aristóteles nos sabemos seres viventes dotados de palavra, e *palavra somos* como nos lembra Drummond e Larrosa confirma: "o homem é palavra, (...) o modo de viver próprio desse vivente que é o homem se dá na palavra e como palavra". (Larrosa, 2001; 2)

RETOMANDO A CONVERSA E RECOMEÇANDO A PERGUNTAR...

Foi com uma pergunta que subvertia o afirmado em que a conversa que provocou a escrita deste texto foi iniciada. Da oralidade à escrita? Foi conversando que se buscou retecer laços simbólicos do *religare*. Foi conversando que se resgatou o tempo volumoso das narrativas em que o instante é contração de infinitos instantes da vida de múltiplos sujeitos encarnados. Uma longa conversa que vem de longe e se projeta no devir. Conversa iniciada por um narrador que fiava e tecia suas experiências no cadinho da sabedoria. Conversa com Francisco Gregório, narrador de boa cepa, movendo-se benjaminianamente nos degraus de sua experiência para cima, para baixo, entre desvãos, em várias direções. Tal como nas escadas que a imaginação de Escher criou, sugerindo uma circularidade, que desce ao âmago das emoções mas que também estende ao infinito das possibilidades, seja de criação, seja de reflexão. Conversa que uma sabedoria fruto da experiência se fez experiência compartilhada.

Só não surgiram respostas prontas naquela conversa que chamava a ouvir com o coração. Mas a sintonia gerava uma cumplicidade em vários níveis de participação: narrando e rememorando, cantando e teatralizando, sentindo e se emocionando. Sim, mas isso não faz também a mídia? Não seria a TV uma substituta do narrador? Mas onde estaria o efeito libertador de que fala Benjamin e que aparece na fala da aluna ao concluir seu texto: "foi tão bom que escrevi sem perceber" (o peso? o medo de escrever? o tempo que passa?). Descobri que "escrever dá prazer, é bom, faz bem, e essa é a melhor forma de despertarmos esses mesmos sentimentos em nossos alunos, sentindo!"

Assim fertilizadas pela fonte da oralidade, as alunas viveram a experiência da reflexão e da criação de texto. Perceberam que a conversa não fornecia senão as respostas que cada um e cada uma pudessem descobrir, tecer, produzir em meio a novas indagações. Das produções, emergiu um mosaico instigante e polifônico, envolvendo experiências em que corpo e mente, emoção e razão, linguagem e memória alimentaram a produção escrita.

O diálogo entre as experiências compartilhadas inevitavelmente colocou para o pensamento outras questões. O que nos faz indagar: a quem serve o grande fosso que se escava entre a oralidade e a escrita, alijando a maioria dos brasileiros de dizer a sua palavra? A quem interessa que a incapacidade de ler e escrever contribua para um silenciamento (con)sentido? Por que a aquisição da linguagem escrita só significa apropriação para poucos? Por que a página em branco antes amedronta do que instiga à criação?

Por outro lado, que revisão provocaria uma prática pedagógica em que a oralidade e escrita mutuamente se enriquecessem, em sua diferença e complementaridade? E se a escrita se encharcasse de vitalidade e desde o início se libertasse das operações mecânicas que dicotomizam palavra e significado? E se a oralidade, de alguma forma, disseminasse na escrita sua polifonia e no arejamento dos espaços em branco se abrisse ao diálogo com o leitor e às suas descobertas? E se a cada frase ouvida e lida, se a cada imagem entrevista, o espírito alerta se pusesse a ler não ditos e a perceber simulacros? E se a conversação diária em casa, na escola, na praça, no trabalho, pudesse partilhar a organização e o conhecimento coletivos, envolvendo a responsabilidade pela cidade, pelo país, pelo mundo? E se a partir do sentimento ético, na contramão da globalização capitalista que acirra a violência, se construísse uma globalização solidária? E se a sociedade do controle se curvasse às artes de fazer dos praticantes, essas que vêm sendo descartadas: a conversa, o fazer, a vida cotidiana, com sua enorme gama de invenções?

Por fim, na esperança de recomeço, fica um desafio. E se cada um escavar o inventário de sua memória, flagrando imagens em que as artes de fazer fizeram a diferença entre um tempo aprisionado e o tempo liberto em que é possível criar?

Talvez sejam perguntas demais, num tempo acelerado, em que demasiadas certezas nos protegem e obscurecem possibilidades; num tempo voraz que engole o tempo lento do pensamento, não se abrindo à curiosidade epistemológica de que fala Freire. No entanto, cada sujeito encarnado que já tenha vivido um instante, ou uma contração de instantes em que essa conversa ressoa, pode descobrir alguma resposta. Resposta sempre incompleta, promessa e devir, sem o que nos perguntaríamos: como apesar de tudo não desistirmos da esperança e conservarmos viva a utopia de que o mundo não está pronto e as pessoas, parodiando Guimarães Rosa, estão apenas começadas?

REFERÊNCIAS BIBLIOGRÁFICAS

ALMEIDA, Milton José. *Imagens e sons: a nova cultura oral*. São Paulo: Cortez, 2001.

BAKHTIN, Mikail. *Marxismo e filosofia da linguagem*. São Paulo: HUCITEC, 1990.

BENJAMIM, Walter. "O narrador". *In*: *Textos escolhidos* (Os pensadores: v. 48). São Paulo: Abril Cultural, 1975.

CERTEAU, Michel. *A Invenção do cotidiano*. Petrópolis: Vozes, 1994.

CHARTIER, Roger. *A Aventura do livro:* do leitor ao navegador. São Paulo: UNESP/IOESP, 1999.

CYRULNIK, Boris. *La Naissance du sens*. Paris: Hachette, 1991.

LARROSA, Jorge. *Notas sobre a experiência e o saber de experiência*. Conferência proferida no I Seminário Internacional de Educação de Campinas. Leituras SME, n. 4, jul./2001.

LLANOS, Alfredo. *Los Viejos sofistas y el humanismo*. Buenos Aires: Juarez Editor, 1969.

SODRÉ, Muniz. *A Máquina de Narciso*. São Paulo: Cortez, 1990.

SIGNOS ENTRELAÇADOS
Contexto e construção dos sentidos na linguagem

Valeria Coelho Chiavegatto

INTRODUÇÃO

O objetivo de nosso artigo é apresentar uma descrição do funcionamento da linguagem do ponto de vista da lingüística sócio-cognitiva (Salomão, 1999) que, por natureza, é transdisciplinar. Tal integração, se faz presente na concepção de gramática como construção cognitiva que se efetiva na interação social.

Como expressão dessa integração entre aspectos lingüísticos, cognitivos, sociais e culturais, trataremos a produção e interpretação de enunciados de diferentes naturezas semióticas buscando mostrar como, amistosa e coerentemente, a doutrina semiótica de Charles Sanders Peirce é um instrumental analítico absolutamente ajustado a uma concepção de gramática como processo, uma vez que assumimos como pressupostos que:

1. As estruturas gramaticais são construções dinâmicas operadas por sujeitos inseridos em um contexto sócio-histórico – ou seja, em um tempo e um espaço reais ou passíveis de serem instaurados ou em "mundos possíveis de serem mentalmente projetados" pela linguagem;
2. Os significados não são tratados como propriedades das formas, mas como construções que se processam em forma de imagens.

Como imagens, tais construções mentais são signos – representações de percepções, experiências, vivências, idéias, enfim, de "coisas" que constituem os "mundos" e os fatos sobre os quais falamos e/ou situações nas quais interagimos;

3. As formas da linguagem são signos – pistas mais ou menos evidentes que nos instruem a gerar *interpretantes* que são, teórica e pragmaticamente, operações mentais ou comportamentais processadas a partir da ativação de relações que se estabelecem entre um signo, um objeto e um interpretante – uma reação mental ou factual que surge na mente dos sujeitos intérpretes;
4. Esses interpretantes são resultados de operações mentais que transformam as diferentes formas de percepção e de apreensão de experiências vivenciadas pelos sujeitos em imagens com que as informações tornam-se entidades armazenáveis na memória. Tais informações são evocadas na linguagem, a partir das relações de referência que se estabelecem entre as estruturas lingüísticas e os significados que elas instruem ativar;
5. Outros significados se constroem a partir de inferências que se processam entre as formas expressas e as informações que estão arquivadas em *domínios cognitivos.*

Essa integração entre a abordagem sociocognitiva e a doutrina semiótica de Peirce se afigura como profundamente promissora para a análise da linguagem, considerando que na perspectiva de lingüistas cognitivos como Lakoff (1987,1993), Fauconnier (1994, 1996) Turner (1996), Fauconnier & Sweetser (1997), Salomão (1999), dentre outros, as estruturas gramaticais são tratadas como um sistema de signos, em construções dinâmicas, amoldáveis às necessidades de representação de pensamentos e de sua comunicação entre os que compartilham vivências nas comunidades sociais e culturais nas quais interagem.

A CONSTRUÇÃO DOS SENTIDOS

Significados não são propriedades das formas das línguas, mas resultados de operações mentais que podem ser observadas tanto do ponto de vista da Lingüística quanto do ponto de vista da Semiótica. Em Semiótica peirciana, o *interpretante* de um signo é sempre um outro signo – um signo mais desenvolvido –, que pode ser uma idéia, uma palavra, um comportamento, um silêncio ou qualquer outra coisa gerada a partir da relação que o signo percebido motivou.

Como "signo dos signos", as formas lingüísticas são expressões mais ou menos transparentes das representações com que codificamos os fatos do mundo em imagens, para arquivá-los em domínio mentais, tornando-os informações disponíveis e acessíveis na construção dos sentidos que as estruturas gramaticais engendram. A descrição dessas representações deverá contar com conceitos como Domínios Cognitivos (Lakoff, 1987) e Espaços Mentais (Fauconnier, 1994) para que a integração analítica que pretendemos possa ser realizada.

Domínios cognitivos são estruturas permanentes de armazenamento de informações em domínios mentais. Espaços mentais são estruturas transitórias nas quais são codificadas as informações em diferentes construções lingüísticas. Quer no processo de construção de sentidos, quer no processo de desconstrução – interpretação – os espaços mentais funcionam como arquivos transitórios de organização de pensamentos em linguagem. Interligando-os, há uma extensa rede de espaços mentais (Chiavegatto, 1998), os elos (*links*) que atravessam domínios e espaços, transferindo informações entre eles e suprindo de sentidos a escassez dos significantes com que os enunciados são construídos. O princípio da escassez dos significantes lingüísticos ou da subdeterminação dos significados pelos significantes (Salomão, 1999) é o ponto teórico que orienta esta nossa abordagem transdisciplinar do fenômeno da constituição dos significados na linguagem.

Para procedermos à representação dessas representações mentais, Fauconnier (1994) e Fauconnier & Sweetser (1996) propõem que os domínios cognitivos devem ser representados por retângulos; os espaços mentais por círculos e os elos por setas transportando informações ou acessando domínios. Nos domínios, os conhecimentos estão pré-estruturados por áreas de sentidos, hierarquias e correlações internas e, embora razoavelmente estáveis, não são estruturas rígidas, mas dinâmicas, em relação às quais podemos adicionar, substituir ou simplesmente remover entidades informacionais.

Esquematicamente, representamos as estruturas mentais com as quais processamos os sentidos da seguinte maneira:

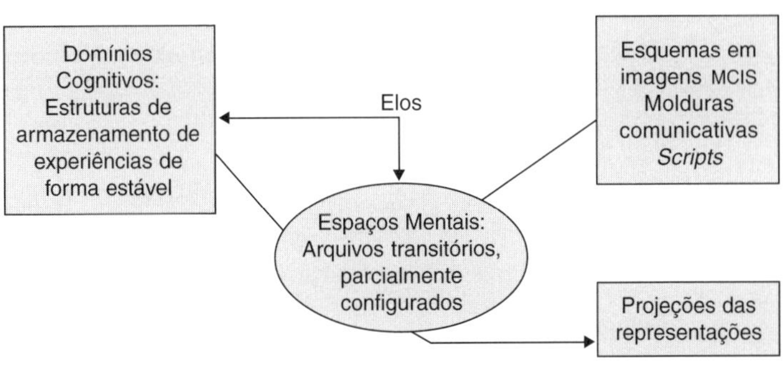

Figura 1 – Representação de experiências em estruturas mentais

Ao partirmos do pressuposto de que os significados não são propriedades das formas da língua, mas construções mentais ativadas por elas, vemos que, durante todo o tempo, entrelaçamos signos. A partir da percepção de um signo, fazemos emergir na mente as imagens a que estão relacionados. Em domínios cognitivos, ativando imagens, geramos enunciados e produzimos sentidos. Vejamos o que acontece quando observamos, por exemplo, uma maçã como a que aparece na propaganda que reproduzimos a seguir:

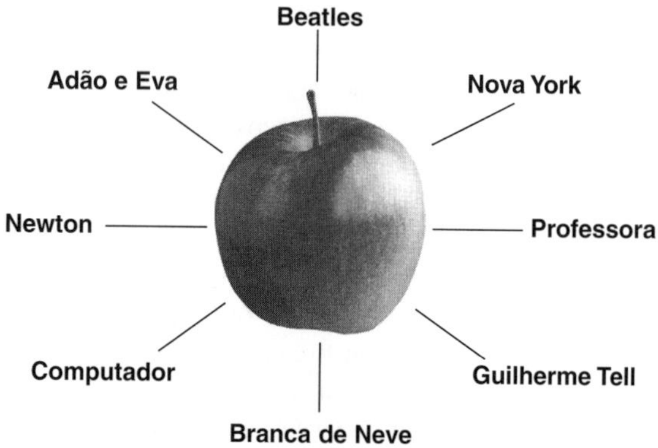

Figura 2 – propaganda veiculada em revista semanal (2001).

Que relações essa imagem ativa na mente das pessoas?

Inegavelmente, são muitas as chances que temos de gerar interpretantes bem diferenciados para esta imagem, tais como os que aparecem indicados pelas linhas que circundam a maçã:

Beatles

Adão e Eva — Nova York

Newton — Professora

Computador — Guilherme Tell

Branca de Neve

"Colégio Saint John: um multiplicador de conhecimentos" é o que nos aponta o texto em negrito na base da figura. Considerando que a mesma imagem nos remete a oito significados distintos, o signo "maçã vermelha" permite que processemos, ainda, outro: o da multiplicidade de domínios que a figura acessa. O sentido que a analogia faz emergir é fruto da inferência engendrada pelos múltiplos interpretantes que a propaganda expõe; pois a principal característica que o texto pretende é a de que os leitores ativem que aquele colégio multiplica conhecimentos.

Os sentidos que construímos não são propriedades das palavras, mas advêm das relações que processamos entre elas e aquilo que temos armazenado na memória ou captamos *on line*, ou seja, no contexto sociocomunicativo. Logo, mesclamos informações acessadas em, pelo menos, dois domínios cognitivos: um advindo do conhecimento lingüístico que nos torna disponível o sentido básico de "maçã" e outro das informações, de diferentes naturezas, que foram sendo arquivadas em nossos domínios cognitivos ao longo de nossas vidas e que, diferencialmente, geram a construção dos diferentes sentidos apresentados pela propaganda.

Evidentemente, como as experiências são compartilhadas entre os indivíduos que interagem nos agrupamentos socioculturais, os sentidos processados são mais ou menos os mesmos, o que os torna disponíveis para serem empregados na comunicação pois são imagens compartilháveis a partir da emergência das informações que as sustentam.

Tal perspectiva teórica aponta para as seguintes questões:

1. Como explicar os sentidos como construções dinâmicas, se estão associados aos mesmos signos (as palavras) ou a formas lingüísticas que regularmente ativam os mesmos interpretantes?
2. Se os significados não são propriedades das palavras, mas construções dinâmicas e dependentes dos contextos com os quais se relacionam, como o código lingüístico pode servir de meio de intercomunicação entre os homens, ou seja, como pode ativar um mesmo interpretante em sujeitos distintos?
3. Como provarmos que o contexto é uma entidade dinâmica e que os signos lingüísticos são gatilhos para as correlações que serão processadas?

Signos verbais e/ou não-verbais ativam a construção de sentidos diferenciados, dependendo dos domínios que são ativados pelos sujeitos. É o que temos a partir da leitura dos enunciados que aparecem escritos nas camisetas dos alunos que protestavam contra a expulsão de quatro colegas de uma escola particular de elite no Rio de Janeiro.

Nas camisetas, o motivo do protesto: quem mentiu escapou, quem admitiu foi expulso. (Minta, não admita. Você vai se dar bem na vida. Aprendi isso na escola. / Se escola boa é a que expulsa, hospital bom é o que mata)

Figura 3 – Função das estruturas lingüísticas como ativadoras dos processos semióticos.

A expulsão que motivou os protestos teve como origem o fato de os quatro alunos expulsos terem sido os únicos que admitiram, quando inquiridos pela direção da escola, haverem fumado maconha durante um passeio que a turma fizera a Ouro Preto (MG). A notícia informava que outros alunos tinham cometido o mesmo "delito", mas... por terem mentido, escaparam da punição. Os que falaram a verdade, assumindo a falta, foram os únicos castigados. Os colegas que mentiram não foram punidos. Por isso, os alunos do colégio se revoltaram e foram para a rua protestar.

Na perspectiva da *teoria dos espaços mentais*, conforme Lakoff (1987) e Fauconnier e Sweetser (1996), arquivamos as experiências vivenciadas em estruturas mentais de armazenamento (ou memória) de conhecimentos – os domínios cognitivos. Nossas experiências de mundo – físico, psíquico, social, cultural e histórico – são armazenadas na mente como imagens de diferentes naturezas, signos dos fatos que as geraram, representações evocáveis das experiências-objeto que as produziram.

As experiências vivenciadas e compartilhadas pelos que interagem nas mesmas comunidades socioculturais formam modelos – os modelos cognitivos idealizados (MCIS) – que nada mais são do que estruturas permanentes de arquivamento de imagens em domínios mentais. Isto, evidentemente, nos permite concluir que *a memória dos humanos é eminentemente semiótica, estruturas configuradas* pelos signos que a constituíram.

Empregando o termo *sentido* como área de significação a que a forma se liga, e o termo *significado* como produto das correlações ativadas no *cotejo do sentido básico da palavra com as outras semioses que o contexto ativa*, podemos dizer que, quando construímos sentidos, ativamos significados que não estão fixados às palavras, mas emergem das correlações que acionam no contexto, fato que a análise da figura 3 exemplifica, pois:

1. Existe um enunciado que os signos verbais – as palavras que são apresentadas nas camisetas – ativam. O sentido ativado é relacionado ao contexto em que as camisetas foram usadas. Desse entrelaçamento surgem sentidos;
2. Os enunciados ostentados nas camisetas – estas, em si mesmas, signos não verbais – sugerem: "Minta, não admita, você vai se dar bem na vida. Aprendi isto na escola". & "Se escola boa é a que expulsa, hospital bom é o que mata". Ambos são textos irônicos, de protesto e neles a combinação entre signos verbais e não verbais é naturalmente processada pelos intérpretes;
3. Os sentidos que os enunciados orientam construir são diferentes dos MCIS sobre "escola" e "hospital" que temos armazenados na memória: o sentido irônico que processamos nos enunciados nasce exatamente desse desencontro.

Logo, se os significados são mais dos que os *representamens* expressam, evidentemente há um sentido que advém da correlação entre os signos verbais que constituem o enunciado e os signos de diferentes naturezas que operam no contexto.

O "espaço" de sentido a que chamamos *contexto*, efetivamente, não é uma estrutura estática, mas fundamentalmente dinâmica. As idéias que as relações estabelecidas sugerem também são signos – interpretantes de múltiplas naturezas. Isto pode explicar por que muitos sentidos podem ser lidos a partir da mesma forma e também por que significamos muito mais do que efetivamente codificamos na linguagem.

Assim, o sentido do contexto nasce do entrelaçamento de signos, trazendo o texto do mundo para a suplementação de sentidos construídos, pois trazemos o mundo dos sentidos para os significados que construímos, integrando cognição, gramática e interação.

Quando trabalhávamos com o jornal que apresentava a foto do protesto escrito nas camisetas, uma das bolsistas, que chegara um pouco atrasada e não conhecia os fatos que levaram aquela foto para a primeira página do jornal, olhou-a e disse: "O que é isso? Não estou entendendo mais nada!?"

Efetivamente, para que o enunciado das camisetas faça sentido, é necessário ativarmos o contexto em que as formas lidas foram geradas. Descontextualizados, os enunciados não faziam sentido porque expressavam conceitos que iam na contramão dos conhecimentos que os MCIS "escola" e "hospital" costumam apresentar. Diante da necessidade de acessar diferentes domínios, importar informações de ambos, combiná-las e correlacioná-las ao novo contexto, constatamos que a compreensão do sentido de um enunciado se constitui como um processo cognitivo de mesclagem.

Observemos como os requisitos de uma mesclagem conceptual se fazem presentes: dois domínios ativados, uma situação comunicativa em que se instauram e informações importadas dos domínios para se combinarem – como signos entrelaçados – no espaço mental da mescla. A figura a seguir, sintetiza:

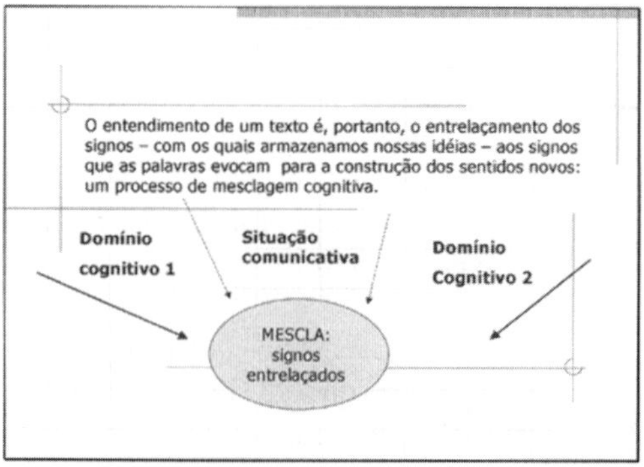

Figura 4 – Entrelaçamento de signos na mescla.

Para processarmos os sentidos dos enunciados da figura 3, procedemos as operações apontadas na figura 4, ou seja, ativamos dois *inputs*:

***Input* 1 (domínio cognitivo 1)**

O modelo idealizado de escola contrasta com o acontecido porque: escolas não ensinam a mentir, mas instruem os alunos a admitirem suas falhas. Portanto, mentir não se apreende na escola, pois não faz parte do MCI "escola" a possibilidade da mentira. Uma vez que aqueles que falaram a verdade foram expulsos, a mentira acabou sendo premiada.

***Input* 2 (domínio cognitivo 2)**

Os alunos que assumiram seus erros foram expulsos, apesar de a escola em cena sempre ter sido considerada pedagógica e ideologicamente avançada, preparada para lidar com a elite, incentivadora da crítica e da participação de seu alunado nas questões mais importantes do país. O protesto que os alunos prepararam revela que eles desenvolveram um refinado senso crítico e que a educação que a escola pratica incentiva a luta pela justiça e a plena realização da sua cidadania.

Nesse contexto, uma outra foto que o jornal daquele dia colocou logo acima da figura 3 instaurou novas correlações:

Figura 5 – ACM nas discussões sobre a violação do painel eletrônico em Brasília.

Aparecendo imediatamente colocada acima da notícia sobre o protesto dos estudantes, a diagramação do jornal sugeria aos leitores que as duas fotos se relacionavam com o mesmo fato, ou seja, que o protesto dos alunos no Rio de Janeiro tinha como causa os escândalos que a violação do painel do congresso produzira no país. O jornal comentaria depois que o senador Eduardo Suplicy, ao ver as duas fotos juntas, teria manifestado seu espanto pelo fato de que o escândalo envolvendo o senador ACM já estaria provocando protestos nas ruas do Rio de Janeiro. Efetivamente, tal interpretante demonstra como o contexto provê de sentidos as formas com as quais seus signos e outros sentidos se expressam.

ENTRELAÇAMENTO DE SIGNOS: MESCLANDO O TEXTO DO MUNDO

Na mescla, entrelaçam-se signos como em um microuniverso em que, a figura e os significados construídos são originais, embora herdeiros parciais dos domínios cognitivos dos quais partiram. Como os MCIS são formados por vários signos – idéias que se representam em imagens – nem todos os elementos de sentido são importados, mas apenas alguns. Na mescla, os antigos sentidos são reprocessados e recombinados, explicando por que, efetivamente, sentimos que os contextos emanam dessas múltiplas semioses.

As transferências de sentidos entre domínios e espaços que se organizam em linguagem podem ser representadas como a seguir:

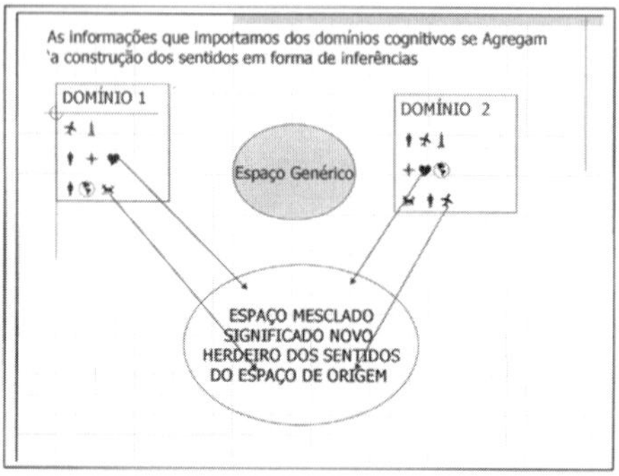

Figura 6 – O processamento da mescla.

Nos domínios cognitivos, os MCIS são formados por imagens, entidades semióticas de representação de conceitos, informações. Algumas delas são importadas para compor a mescla; outras não. Os significados de base, que se mantêm na construção da mesclagem, se justificam porque decorrem das importações que se processam dos *inputs* 1 e 2: os MCIS que os signos verbais acessam.

Outras *inferências* se processam a partir da correlação entre os signos enunciados e o contexto. O jornal conta que o senador achou que os protestos (da figura 4) eram por causa dos últimos acontecimentos no senado. Se tal interpretação não tem respaldo no conteúdo da notícia, como explicar as inferências que ativaram essa leitura do ex-senador? Essas inferências decorreram do entrelaçamento dos signos manifestos do enunciado, enquanto os protestos foram resultados de semioses contextuais, ou seja, de sentidos que captados ou na situação sócio-histórico-cultural ou na situação comunicativa em que a interação atualiza tais interpretações.

A etimologia de *inferir* é metaforicamente reveladora da natureza processual das *inferências*: "tirar dos infernos". Na teoria dos espaços mentais, segundo a qual as referências são sentidos disponíveis, armazenados em domínios cognitivos que se estruturam por áreas de sentidos que se associam, "tirar dos infernos" é resgatar para a superfície expressiva do discurso, informações que se escondem "nas regiões abissais" *inter* ou *intra-domínios*. Na verdade, ao interpretarmos os sentidos a que os enunciados remetem, extraímos sentidos das relações que atualizamos entre os signos – imagens – que se atualizam em espaços mentais em foco, em domínios ativados e que emergem na dinâmica de sentidos que esperam nascer no contexto. Informações, por exemplo, que intercruzam textos – a intertextualidade – vêm suprir de sentidos enunciados manifestos, como o exemplo a seguir deixa claro:

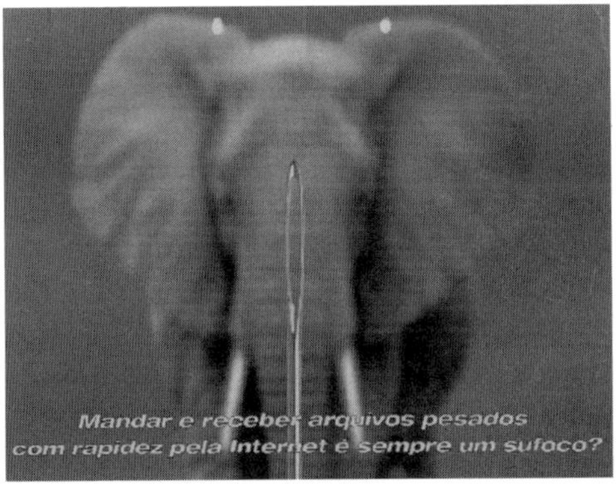

Figura 7 – Mesclagem como estrutura da intertextualidade.

Para compreendermos o sentido pretendido por essa propaganda, três MCIS, ao menos, devem ser ativados:

1. O do texto bíblico: de que é mais fácil um camelo passar por uma agulha do que um rico entrar no reino dos céus;
2. O de como funciona a Internet: há arquivos "pesados", que envolvem dificuldades no tempo de transmissão;
3. O da língua portuguesa, ou seja, o saber que os falantes têm da língua para poderem construir os sentidos que os signos verbais instruem-nos a construir.

Evidentemente, inferimos o saber de que um elefante é grande, gordo e pesado e que uma agulha (quer a agulha de costura posta em primeiro plano na figura da propaganda, quer a pequena porta das muralhas das cidades judaicas da antigüidade) é estreita, dificultando muito a passagem de qualquer coisa grande. Assim, um arquivo longo e cheio de informações é, também, um elefante. As correspondências (mapeamentos metafóricos) efetuadas fazem emergir o texto bíblico e, parasitando a metáfora evangélica, a intertextualidade mostra-se um dos domínios necessários à compreensão da propaganda.

Em Salomão (1999), Miranda (1999) e Chiavegatto (2001) tratou-se da natureza das estruturas de conhecimento que configuram os domínios cognitivos, que podem ocorrer de diferentes maneiras: como espaços genéricos, modelos cognitivos idealizados, molduras comunicativas, *scripts* ou modelos culturais. Importa saber que há toda uma base de conhecimentos que ativamos para construirmos os significados. Quando esses conhecimentos básicos estão longe do espaço e do tempo da enunciação, ou quando demoram muito a ser ativados ou mesmo não o são, a conseqüência é que muito pouco dos sentidos necessários à compreensão do enunciado será efetivamente transferido para o espaço mesclado em que as semioses são, efetivamente, processadas.

Quando observamos imagens de qualquer natureza, verbais ou não verbais, processamos *leituras*. O entendimento passa a ser visto como um processo de mesclagem conceptual em que, os signos que o mundo oferece, mesmo aqueles advindos de expressões idiomáticas como "*estar de rabo preso*", são re-processados como imagens e re-empregados na construção excepcionalmente mesclada que Ique genialmente nos propôs nesta charge de 13.05.2001:

IQUE

Figura 8 – O Brasil de rabo preso (JB)

Entre os MCIS mesclados na charge, destacamos que:

1. O ditado popular pode ser mesclado em outro tipo de linguagem: do verbal da língua ao não verbal da caricatura;
2. Os personagens que compõem a charge são os que estão, de alguma maneira, envolvidos nos escândalos do Congresso Nacional, amplamente veiculados pela mídia em 2001;
3. O mapa do Brasil é "*um nó só*" (outro ditado popular que a charge ativa e mescla), fruto de todos os problemas que as personagens públicas caricaturadas criaram. A charge tem como uma das possíveis leituras: o país está "que é um nó só", de tão emaranhados que estão os "rabos" (pistas das falcatruas e outras "dívidas") que cada um dos personagens caricaturados tem. Mesclagens, processos figurativos metonímicos e metafóricos, expressões idiomáticas e ideologias: todos signos entrelaçados.

Os sentidos que esses signos evocam, trazem todo um texto do mundo que funciona como suplementação de informações às construções lingüísticas manifestas. Considerando que as charges são interpretantes das falas que estão presentes no contexto, podemos tratá-las como paráfrases não-verbais dos conteúdos que veiculam. Tomando como mediação os signos-desenhos com que as idéias foram manifestadas, toda a representação dessas construções entrelaça os signos com que os domínios cognitivos estão preenchidos e as complexas configurações são geradas. Ler qualquer texto – verbal ou não verbal – implica acionar nosso conhecimento de mundo e mesclá-los, como a interpretação da charge de 28.01.2001 propõe:

Figura 9 – Cristo Redentor espantando os mosquitos da Dengue (JB)

Para interpretarmos tal charge, ativamos e mesclamos informações que estão armazenadas como imagens lingüísticas ou simplesmente conceptuais nos seguintes MCIS:

***Input* 1: (A) A cidade do Rio de Janeiro e (B) seu símbolo, o Cristo Redentor;**

***Input* 2: (F) Há uma epidemia de mosquitos da dengue na cidade (A), que não está escolhendo (D) idades, bairros ou classes sociais.**

EG: Espaço genérico, *inter-domínios* em que é possível emparelhar as entidades que se podem fazer corresponder nos dois domínios.

CONTEXTO E INFERÊNCIAS: GRAVIDEZ DE SENTIDOS

O entrelaçamento de signos que acabamos de apresentar é, como vimos, um processo de mesclagem cognitiva. As vozes mescladas ativam e importam informações de diferentes naturezas e, ao reprocessá-las na linguagem, significados originais emergem. Embora herdeiros dos significados de origem, os significados que a mesclagem processa são fruto de inferências sobre o ponto de vista dos sujeitos acerca do conteúdo dos enunciados que veiculam. No exemplo a seguir, diferentes vozes são mescladas à voz do jornalista.

A Amazônia do Tio Sam

Polêmica

Boato na Internet diz que os Estados Unidos consideram a região como área internacional

O imperialismo americano chega à Internet. Um polêmico e-mail está revoltando os brasileiros conectados à grande rede. Trata-se de um boato sobre a internacionalização da Amazônia, que já enganou muita gente boa e até virou tema de discussão na campanha presidencial dos EUA.

A mensagem afirma que, em livros de Geografia e História das escolas americanas, a Amazônia e o Pantanal não aparecem no desenho do território brasileiro e são classificados como área internacional. *(segue)*

ESTE É O MAPA QUE CIRCULA NA INTERNET

como seria o País com a internacionalização da região

"Ao contrário do que os brasileiros pensam, a Amazônia não é deles, mas de todos nós." (Al Gore, vice-presidente dos Estados Unidos).

Comparando	Brasil sem a Amazônia	Amazônia
Área (km²)	3,4 milhões	5,1 milhões
População	138 milhões	19 milhões
Densidade	40 hab/km²	4 hab/km²
Renda per capita	4.957 dólares	2.059 dólares
Particip. no PIB	95%	5%
Mortalidade inf.	40 mortos/mil	39 mortos/mil
Analfabetismo	19%	25%
Expectat. vida	67 anos	63 anos

"O Brasil deve delegar parte de seus direitos sobre a Amazônia aos organismos internacionais." (**Mikhail Gorbatchev**, ex-presidente da URSS)

"Se os países subdesenvolvidos não conseguem pagar as suas dívidas, que vendam seus territórios." (**Margaret Tatcher**, ex-primeira ministra da Grã-Bretanha)

Figura 10 – Entrelaçamento de signos na mesclagem de vozes da manchete.

Como a manchete deixa evidente, "A Amazônia do Tio Sam" ativa, ao menos nas pessoas de mais idade e mais politizadas, sentidos de dominação, de imperialismo, de exploração dos países mais ricos sobre os mais pobres. Portanto, a pista lingüística "Tio Sam" desvela – sobretudo em relação ao jornalista que preparou a reportagem – ideologias, palavra aqui tomada no sentido antropológico, ou seja, como "visão de mundo" (cf. Fiorin, 1990).

A manchete "A Amazônia do Tio Sam" também é uma paráfrase (cf. o conceito de *paráfrase* como tipo de mesclagem conceptual em Chiavegatto, 2001), pois pretende evocar mescla de diferentes falas, vozes, enquanto expressões de visões de mundo de seus produtores. Acrescente-se a isso o fato de que as falas, apresentadas em discurso indireto na parte de baixo da notícia, serem os principais domínios a serem acessados para que o enunciado da manchete faça sentido.

Assim, constituem domínios acessados:

***Input* 1: a fala de Al Gore (então vice-presidente dos Estados Unidos);**

***Input* 2: a fala de Mikhail Gorbatchev (ex-presidente da União Soviética);**

***Input* 3: a fala de Margareth Tatcher (ex-primeira-ministra da Grã-Bretanha); e**

***Input* 4: os diferentes boatos que circulam na *Internet*.**

Como elementos no espaço genérico podemos destacar: todos tratam de áreas de vegetação e de necessidade de preservação para a sobrevivência da humanidade; todas as vozes são de autoridades, pessoas de projeção internacional no cenário da política mundial; estão sendo mescladas opiniões de um americano, de uma britânica e de um russo, três representantes de potências econômicas dominantes no contexto mundial e, também, resgatando a imagem da antiga União Soviética, que carreia sentidos das dominações socialistas/comunistas que até bem pouco tempo na história mundial amedrontavam o mundo ocidental liberal.

Inegavelmente, a locução "do tio Sam" não se refere aos três políticos cujas opiniões foram apresentadas em discurso direto na reportagem. "Tio Sam" é uma pista semiótica – palavra que ativa os domínios que permitem que construamos os sentidos de texto – que ativa os domínios que permitem que construamos os sentidos que ativamos. Como signos ativadores de aspectos políticos envolvidos na questão, fazem emergir idéias de poder e de dominação, pistas que entrelaçadas nos fazem inferenciar que o boato que anda se espalhando na internet é um alerta para que os brasileiros cuidem de aspectos de soberania nacional e que, além da ocupação das áreas referidas, necessário se faz "lutar contra o inimigo interno e combater a desinformação" (*O Dia*, 19.11.2000, p. 20).

Observe-se como diferentes signos, verbais e não verbais, se entrelaçam para acionar nos leitores múltiplos sentidos políticos – tais como dominação, imperialismo, diferenças entre países desenvolvidos e países emergentes etc., como sumariamente constatamos. Nessa visão geral, podemos verificar como a reportagem da figura 10 integra signos visuais e lingüísticos para entrelaçar os sentidos que veicula e como, ideologicamente, a mesclagem da manchete os revela.

Como as análises até então apresentadas mostram, na abordagem sociocognitiva o contexto é o lugar em que os signos das situações comunicativas e dos arquivos de memória acessados são gerados. Portanto, as múltiplas semioses que são ativadas pelas relações de importação de informações revelam que o contexto é uma espécie de "espaço mental" mais amplo, local transitório de construção de sentidos. Teoricamente, em decorrência da natureza imagética das operações mentais que ali se processam, tão logo sejam projetados os signos na linguagem, o contexto se modifica, pois as semioses operantes no processamento de leitura da notícia a ele se agregam.

As transferências transdominiais revelam as relações que se processam entre as formas manifestas e as arquivadas em estruturas mentais. O contexto é, portanto, um espaço semiótico – grávido de sentidos – porque nele se processam sempre novos sentidos. É a dinamicidade das relações entre objeto, signo e interpretantes que garante seu dinamismo. Longe de entender o contexto como uma estrutura estática da qual retiramos peças para construirmos sentidos, os significados não são propriedades das formas, mas sim *valores relacionais* que emergem construindo significados: emanam das relações entre entidades que integram domínios, transferem-se de um domínio para o outro, mesclando-se para construir novos significados.

Considerando que essas entidades relacionais são signos, podemos dizer que um contexto é um *constructo* (espaço mental) "grávido" de sentidos, que estão semioticamente disponíveis a partir das percepções tornadas experiências armazenadas nos domínios cognitivos. Mesmo as entidades arquivadas na memória já são interpretantes dos objetos aos quais foram relacionados. Representados, abrem-se para novas relações e novas significações.

A dinamicidade do contexto é, então, decorrência de sua natureza semiótica. Tudo aquilo que ativa em nós a construção dos significados, é interpretante dos signos que são percebidos nas relações ativadas. A partir das formas lingüísticas que se atualizam, signos são interpretados, reinterpretados e re-reinterpretados *ad infinitum*. Evidentemente, as formas que pomos em relação em um contexto, no percurso através dos quais as transferências de sentidos se processam, abrem espaços interpretativos. Nestas relações que se processam entre os ditos e os não ditos (os espaços de silêncio) significados emergem: são as *inferências*, resgatadas das regiões de armazenamento de conhecimentos experienciados arquivados em nossa memória.

Desde o início deste trabalho estamos dizendo que os domínios cognitivos têm informações à nossa disposição – quer como falantes, quer como leitores – para a construção dos sentidos que as formas lingüísticas evocam. Quando importamos uma informação de um domínio, ela não vem límpida, mas envolta nos saberes que a elas se agregam. Com ela são arrastados os sentidos passíveis de serem evocados, dependendo de como a forma básica for ativada. Nos domínios de conhecimento, uma imagem contamina a outra, tal qual em uma panela alguns alimentos captam o sabor, a cor ou a "alma" do outro. Assim acontece com os sentidos que se compactam nos domínios cognitivos: "viram farinhas quase que do mesmo saco", como a imagem do ditado popular tão bem expressa.

A capacidade de representação de algumas palavras latinas tornou-se pista de quais sentidos deveríamos construir a partir da palavra *inferência*. Ao pesquisarmos o sentido básico do processo de *inferir*, usamos o *Dicionário português-latim* (Ferreira, 1989), constatando que *inferir* vem de *infere*, com os significados de "deduzir, concluir". Logo, se o *in-* em latim significa "interioridade", somos levados a aceitar a hipótese de que o sentido emparelhado de *deduzir* deve estar associado a alguma expansão ou mudança de sentido devido ao fato de, em dado momento, a partícula *in-* ter seu sentido mesclado ou muito próximo ao do prevérbio *de-* (que significa ponto de partida, lugar de origem), por meio da atuação de processos figurativos, metafóricos ou metonímicos (cf. Chiavegatto & Ferrari ,1997). Assim, o sentido básico de *inferido* é "aquilo que é interior a um domínio".

Ao pesquisarmos no mesmo dicionário a palavra *inferência*, encontramos sua origem atribuída a dois termos: ao adjetivo *infero* com sentido de *inferior* e ao substantivo *inferno*, palavra que Joan Corominas menciona como derivada de *inferus*, "inferior, subterrâneo". O *Dicionário etimológico* de A. G. Cunha só considerou o sentido básico do termo, não levando em conta os sentidos metafóricos que se constituíam como radiações polissêmicas a partir do sentido original. Algumas dessas informações estão armazenadas bem no fundo dos domínios, na região em que tudo fica turvo, nebuloso. De lá, dos abismos ou cavernas dos sentidos que se instauram entre os ditos, vêm as inferências mais sutis, mais refinadas, mais perspicazes.

Efetivamente, então, *inferir* é mesmo "tirar dos infernos", pois ativa relações a partir de signos que se "escondem entre os não-ditos, arquivos de memória das experiências que vivenciamos".

Se lembrarmos que as inferências se processam a partir dos "não ditos", garimpando sentidos nas regiões abissais onde moram os silêncios, conseguiremos explicar por que compreendemos significados que nunca foram ditos, mas que são automaticamente ativados, pois as relações que as formas instruem construir assim os revelam.

Nas relações que ativamos nas interpretações dos enunciados, inegavelmente, processamos múltiplas inferências mesclando os signos que se apresentam para nossa interpretação. O contexto, como vimos, é um espaço mental dinâmico, em que as semioses se processam e ativam sentidos para as formas que a ele se integram. Acreditamos que a distinção entre contextos vem das relações que se ativam na interação *on line,* ou seja, de um contexto textual, um contexto da situação comunicativa, um contexto ideológico, um contexto histórico. Ou seja, depende de qual espaço mental estiver em foco no processamento das relações que os signos geraram.

Vejamos como isso ocorre examinando a charge publicada no *Jornal do Brasil* de 13.05.2001:

Figura 11 – Episódio da briga do Vasco – TV Globo – SBT

Embora as figuras humanas que aparecem na charge sejam ícones facilmente decodificáveis, pois são imagens muito exploradas pela mídia (o empresário e apresentador de TV Silvio Santos e o jogador Romário), ficaria muito difícil identificar a que situação a charge se refere se o domínio de conhecimento (notícias da época acerca de futebol) não estivesse construído ou fosse ativado na mente do intérprete, já que os signos expostos não atingiriam o objetivo de comunicação que, conforme nos pareceu, o cartunista pretendeu ativar.

Ativadas por formas desenhadas nas caricaturas da charge, interpretantes armazenados nos MCIS são ativados, ou seja: múltiplos microfones, metonimicamente, representam o interesse da mídia pelo assunto; o gesto de exibir um V com os dedos, em nossa cultura, é signo comemorativo de vitória; no campo de futebol, um jogador ou torcedor ostentar o V da vitória para os adversários é provocação, muitas vezes levada na brincadeira, outras gerando discussões ou brigas acaloradas.

O desenho da charge "parece um telegrama mandado para a TV Globo". Efetivamente, ela só pode ser entendida por quem esteja atualizado sobre as questões polêmicas surgidas entre a TV Globo e o SBT pelos direito de transmissão e, principalmente, pelas "farpas" que foram lançadas em entrevistas por Eurico Miranda. Tais conhecimentos estão armazenados e disponíveis em domínios cognitivos. Em Psicologia Cognitiva, os domínios se localizam nas memórias de médio ou longo prazo (Sternberg, 2000). É de lá, desses espaços eletroquímicos dos quais, biologicamente, nossa mente é constituída, que importamos as imagens com as quais os sentidos dos enunciados são construídos. Levamos, às vezes, dias para localizar a informação que ativará a inferência – ou, popularmente, "fazer cair a ficha". Afinal, alguns domínios são arquivos pesados, antigos, difíceis de passarem pelo buraco da agulha. Mas são nosso acervo de memória permanente ou, para os mais místicos, os mistérios da representação dos pensamentos em linguagem.

As informações contextuais, segundo acreditamos, são aquelas que ativam memórias de curto prazo – estão ligadas à situação ou ao evento, a um objeto semiótico representado, a um espaço mental ativado e muito fugaz, praticamente identificáveis a partir de questões que envolvem, por exemplo, o motivo da construção da charge, o jornal no qual o chargista publicou seu trabalho, por que a vitória que se expressa no gesto e na expressão de alegria dos personagens caricaturados ironiza o outro canal de televisão.

Como a memória de curto prazo parece ser o reino do levantamento de hipóteses, podem surgir, também, questões do tipo: Não me lembro de quando Romário e Silvio Santos jogaram juntos. Quando foi? Será que os dois torcem para o Vasco? Será que trabalham no mesmo programa ou na mesma televisão? Os signos que sugerem tais questões estão ligados aos estímulos visuais que a charge revela, pois dizem respeito ao sentido imediato das questões bem pontuais que ela envolve.

Para podermos perceber os sentidos plenos que os signos ativam, temos de lembrar que os jogos da época eram transmitidos, com exclusividade, pela rede Globo para todo o país. A rede Globo e Eurico Miranda, dirigente do Vasco, se desentenderam por causa do desmoronamento que ocorreu no estádio São Januário (do Vasco da Gama) na final do campeonato brasileiro de 2000. O acidente teve dezenas de feridos e o jogo foi suspenso. Eurico Miranda declarou que a TV Globo era a culpada pelo cancelamento da partida, porque não queria atrasar o horário de suas novelas. Assim, no dia em que o jogo novamente seria realizado (desta vez no Maracanã), quando os jogadores do Vasco entraram em campo com o logotipo do SBT (Sistema Brasileiro de Televisão) estampado nas camisas, a dedução era que Eurico estava "se vingando" da rede Globo, única emissora a transmitir a partida, obrigada a fazer a divulgação gratuita da marca de sua concorrente.

Se considerarmos a força do *marketing* na camiseta de jogadores do futebol, a exposição do logotipo num jogo de projeção internacional como aquele representava uma "derrota" para a rede Globo. Nesse deslocamento instaura-se a ironia, o humor e o riso que a charge provoca: a Globo teve de transmitir, durante todo o jogo, propaganda gratuita da rede que com ela disputa audiência. Quem não conhece essa história – na verdade o objeto de representação do chargista – vê o desenho, mas é incapaz de processar os sentidos plenos que os signos com que a charge foi desenhada orienta construir.

CONCLUSÕES

Acreditamos que a validade da parceria entre a Lingüística Cognitiva e a Semiótica ficou bastante evidenciada nos exemplos que foram discutidos aqui. Não havendo linguagem sem signos, a abordagem semiótica sempre se combinará com as disciplinas que enfocam aspectos diferentes das formas de representação de pensamentos em linguagem. Qualquer análise da construção de sentidos na linguagem vai ter que considerar a dinamicidade das representações e a natureza semiótica de toda e qualquer interpretação.

Em Lingüística Cognitiva, os signos – imagens mentais – com que armazenamos conhecimentos em domínios cognitivos, explicam por que, pela força da imagem, nossos pensamentos se tornam presença, quer venham de um passado, quer se projetem para o futuro.

Necessário se faz ativarmos as informações adequadas para serem relacionadas às pistas lingüísticas dos enunciados ou às formas de outras semioses que o contexto expõe. Os signos não significarão se não tivermos sentidos para ativar. Os significados que construímos revelam os conhecimentos que armazenamos, mas o que não experimentamos, nem que seja teoricamente, não poderá estar lá.

O processo de leitura então, considerando este ponto de interface entre a Lingüística e a Semiótica, é sempre interpretar muito mais do que o que aparece expresso: ler nas entrelinhas não é mais a exceção, é a leitura plena, pois é no jogo dessas relações semióticas que se constroem as reais representações. Como forma embrionária de descrevermos as representações que se efetivam entre linguagem e pensamento, deixamos aqui muitos não-ditos para que muitas outras inferências possam ser processadas.

REFERÊNCIAS BIBLIOGRÁFICAS

ACHARD, Michel. "French Modals and Control Speakers". *In*: GOLDBERG, Adele. *Conceptual Structure, Discourse and Language*. Califórnia: CSLI Publications, 1996.

CHIAVEGATTO, Valeria. "Construções e funções no discurso jornalístico: o processo cognitivo de mesclagem de vozes." *In*: AZEREDO, José Carlos de (org.). *Letras & comunicação:* uma parceria no ensino de língua portuguesa. Petrópolis: Vozes, 2001.

——— "A função dos 'introdutores de espaços mentais' na construção lingüística de relatos de opinião no português do Brasil." *In*: GÄRTNER et al. (eds). *Estudos de lingüística textual do português*. Frankfurt am Main: TFM – Biblioteca Luso-Brasileira, 2000.

——— "Linguagem, sociedade e cultura." *In*. CARNEIRO, Marísia (org.). *Pistas e travessias*. Rio de Janeiro: Eduerj, 1990.

——— "Um olhar sobre o processo cognitivo de mesclagem de vozes." In: *Veredas: revista de estudos lingüísticos*. v.3, n.1. Juiz de Fora: UFJF, jan./jul. 1999.

——— "Um texto: uma rede de espaços mentais." *In*: VALENTE, André. (org.) *língua, lingüística e Literatura: uma integração para o ensino*. Rio de Janeiro: Eduerj, 1998.

——— & FERRARI, Lilian. "A motivação conceptual da gramática". *In*: *Matraga*, n. 8. Rio de Janeiro: Instituto de Letras/UERJ, 1º sem. 1997.

COROMINAS, Joan. *Diccionario crítico etimológico de la lengua castellana*. v. 2. Madrid: Gredos, 1954.

CUNHA, Antônio Geraldo da. *Dicionário etimológico da língua portuguesa*. 2. ed. Rio de Janeiro: Nova Fronteira, 1989.

ECO, Umberto. *Semiótica e filosofia da linguagem*. Trad. Maria Rosaria Fabris e José Luiz Fiorin. São Paulo: Ática, 1991.

——— *Tratado geral de semiótica*. Trad. Antonio de Pádua Danesio e Gilson César Cardoso de Souza. São Paulo: Perspectiva, 1980.

FAUCONNIER, Gilles. *Mappings in Thougt and Language*. Cambridge: Cambridge University Press, 1997.

——— *Mental spaces: 33* Aspects of meaning Construction in natural Language. Cambridge: Cambridge University Press, 1994.

——— & SWEETSER, Eve. "Cognitive links and domains: aspects of mental space theory. *In*: — (eds.). *Spaces Words and Grammar.* Chicago: Chicago Press, 1996, p. 01-27.

——— & TURNER, Mark. "Blending as a central process of grammar." *In*: GOLDBERG, Adele (ed). *Conceptual Structure Discours and Language*. Califórnia: CSLI Publications Stanford, 1996.

FERREIRA, Antônio Gomes, *Dicionário português-latim*. Porto: Porto Editores, 1989.

FIORIN, José Luiz. *Linguagem e ideologia*. 4. ed. São Paulo: Ática, 1995.

——— *As astúcias da enunciação:* as categorias de pessoa, espaço e tempo. 2. ed. São Paulo: Ática, 1999.

GOLDBERG, Adele (ed). *Conceptual Structure Discours and Language*. Califórnia: CSLI Publications Stanford, 1996.

LAKOFF, George. "The contemporary theory os metaphor". *In*: ORTONY, Andrew (ed.) *Metaphor and Thougth*. 2. ed. Cambridge: Cambridge Universty Press., 1993.

——— *Women, Fire and Dangerous Things:* what categories reveal about the mind. Chicago: Chicago University Press, 1987.

MIRANDA, Neusa Salim. "Domínios conceptuais e projeções entre domínios: uma introdução ao modelo de espaços mentais". *In*: *Veredas: revista de estudos lingüísticos*. v.3, n.1. Juiz de Fora: UFJF, jan./jul. 1999.

ONO, Tsuyushi & THOMPSON, Sandra. *The Dinamic Nature of conceptual Structure building:* evidence from conversation. *In*: GOLDBERG, 1996.

ORTONY, Andrew (ed.) *Metaphor and Thought*. 2. ed. Cambridge: Cambridge Universty Press., 1993.

PEIRCE, Charles. *Semiótica.* Trad. José Teixeria Coelho Neto. São Paulo: Perspectiva, 1977.

POLINSKY, Mary. "Situation perspective: on the relations of thematic role, discourse categories e grammatical relations to figure and ground. *In*: GOLDBERG, 1996.

SALOMÃO, Margarida. "A perspectiva sócio-cognitiva para análise da linguagem". *In*: *Veredas: revista de estudos lingüísticos*. v 1. Juiz de Fora: UFJF, 1998.

——— "O papel da gramática na construção do sentido." *In*: VALENTE, André (org.). *Língua, lingüística e literatura:* uma integração para o ensino. Rio de Janeiro: Eduerj, 1998.

——— "A questão da construção do sentido e a revisão da agenda dos estudos da linguagem." *In*: *Veredas: revista de estudos lingüísticos*. v.3, n. 1. Juiz de Fora: UFJF, jan./jul. 1999.

SANDERS, José & REDEKER, Gisela. *Perspective and the Representation of Speech in Narrative Discourse. In*: FAUCONNIER & SWEETSER, *Spaces Words and Grammar.* Chicago: Chicago Press, 1996.

SANTAELLA, Lúcia & NÖTH, Winfried. *Imagem: cognição, semiótica e mídia*. 2. ed. São Paulo: [s.n.],1999.

SCHEGLOFF, Emanuel, OCHS, Elinor & THOMPSON, Sandra. *Interaction and Grammar*, Cambridge: Cambridge University Press, 1996.

——— "Introduction". In: — (eds.). *Interaction and Grammar.* Cambridge: Cambridge University Press, 1996.

STERNBERG, Robert. *Psicologia cognitiva*. Trad. Maria Regina Borges Osório. Porto Alegre: Artes Médicas Sul, 2000.
SVOROU, Soteria. *The Grammar of Space*. Amsterdam: John Benjamins, 1993.
SWEETSER, Ewe. *From Etymology to Pragmatics:* metaphorical and cultural aspects of semantic structure. Cambridge: Cambridge University Press, 1991.
TURNER, Mark. *The literary Mind*. Oxford: Oxford University Press, 1996.

NOTA

Este trabalho contou com a colaboração das Bolsistas de Iniciação Científica da UERJ: Viviane Fonseca Moura (Projeto Integrado CNPQ); Vanessa Villarinho Esteves Castro (PIBIC UERJ) e Janaina Nolasco Gama (PIBIC UERJ), participantes do projeto "O processo cognitivo da mesclagem de vozes na análise do discurso real em português" (CNPQ 2000-2002), integrado ao do Grupo de Pesquisa "Gramática e Cognição" (UFJF, UFJR e UERJ).

COMUNICAÇÃO EM TEMPOS DE CRISE
Signos em intercâmbio

Darcilia Simões

REFLEXÕES INICIAIS

> O conhecimento do mundo como mundo é necessidade ao mesmo tempo intelectual e vital. É o problema universal de todo cidadão do novo milênio: como ter acesso às informações e organizá-las? Como perceber o Contexto, o Global (a relação todo/partes), o Multidimensional, o Complexo? (Morin, 2000: 35)
>
> A informação revela (...) este apelo, vindo de um mundo exterior, que atravessa nosso reduto para guiar, enriquecer e eventualmente, complicar nossas vidas.(Bougnoux, 1999: 135-6)

O título dessa comunicação e os textos em epígrafe são um convite à reflexão sobre o processo de comunicação como base das relações interpessoais, da organização social, da estabilidade ou instabilidade dos sistemas, por sua permeabilidade à informação. Inserida em uma sessão denominada "Signos entrelaçados: a leitura do mundo", cumpre lembrar que os signos e os códigos não são suficientemente conhecidos por seus usuários, até por significativo número de estudiosos, a ponto de se tirar maior proveito daquelas entidades (os signos e códigos) e, com isto, otimizar os mecanismos comunicativos e, por conseguinte, a estruturação social. Nossas áreas de atuação são a semiótica, a lingüística e a educação. Com base nesta tríade, pretendemos dialogar sobre a crise da palavra escrita na sociedade contemporânea como decorrência da substituição de modelos semiótico-textuais. A grafosfera inaugurada por Gutenberg está sendo substituída pela videosfera por força das inovações cibernéticas. Como toda mudança assusta por acenar para o desconhecido, vemos o homem tipográfico (cf. Bougnoux) amedrontado pela mudança de paradigma textual-comunicativo (da impressa para a tela do computador), por julgar que fora da videosfera só resta a barbárie. Eis que se instalam as dúvidas, as incertezas, as crises, e isto afeta a comunicação que, como conseqüência, desestabiliza a educação.

Iniciando as considerações sobre nosso tema, "Comunicação em tempos de crise: signos em intercâmbio", salta-nos aos olhos, dentre as crises contemporâneas, a crise da educação, por conseguinte, da informação. Segundo nossa perspectiva, o que alimenta esse estado de dúvidas e incertezas em uma sociedade como a nossa, aberta, sensível à informação e às mudanças, é a perda da dimensão do signo como ponto de apoio das comunicações. Portanto, a estruturação de programas e projetos voltados para a educação e informação acabam por perder a medida de suas bases operacionais – os signos e os códigos – e assim subvalorizam conteúdos de natureza psicológica e semiótica da mais alta relevância.

Logo que despertamos para a importância do signo, por intermédio da lingüística saussuriana, desencadeou-se em nós uma enorme curiosidade acerca daquela entidade (o signo) e iniciamos uma produtiva viagem pelo universo semiótico. Iniciada a pesquisa e descoberta a teoria semiótica norte-americana fundada por Charles Sanders Peirce (1839-1914), passamos a perscrutar o diálogo profundo que se realiza entre a mente humana e os fenômenos decorrentes das relações entre os seres e o mundo. Esse diálogo cria memórias que atuam decisivamente na estruturação dos saberes, das relações, dos grupos, enfim das culturas e das sociedades.

Diferentemente do estruturalismo saussuriano, nossa semiótica observa os fatos e fenômenos de forma tripartite. Inicialmente se apresenta, nessa linha de abordagem, a relação entre a consciência e os fenômenos (*phanerons,* para Peirce), a estruturação triádica da consciência psicológica em *consciente, subconsciente e inconsciente* e a estruturação triádica da consciência semiótica. Segundo Peirce, a consciência semiótica é, por sua vez, subdivisível em três elementos: o primeiro, sentimentos (*feelings*) ou elementos de compreensão; o segundo, esforços (*efforts*) ou elementos de extensão; e o terceiro, noções (*notions*) ou elementos de informação, que é a união de extensão e compreensão.

A partir dessa visão de base fenomênica, é possível deduzir a ação dos signos que, por sua parte, são os meios pelos quais se realizam as mais variadas formas de comunicação.

SIGNOS, CÓDIGOS E LINGUAGENS

Signos são representações que também podem ser interpretadas ternariamente, sendo: a) *mentais*, quando da sua formação na consciência psicológica e conversão pela consciência semiótica; b) *sociais*, observados em sua força pragmática de caracterização política e ideológica; e c) *culturais*, considerados como funções-valores que emergem dos usos e costumes e servem como definidores dos perfis dos agrupamentos humanos e não-humanos.

Os signos são, portanto, objetos modelares (ícones) construídos mentalmente pela força semiótica (geradora de significações) de uma consciência inicial (em princípio, individual) que se transforma em comando de raciocínio (índice) resultante do intercâmbio entre referências individuais e coletivas (o interpretante) e presta-se às avaliações/aplicações externas, vindo a tornar-se um valor de referência generalizante (símbolo).

A partir desse raciocínio sobre a trajetória de produção do signo até o atingimento da terceiridade, quando se torna símbolo, cumpre examinar a combinatória dos signos na construção dos instrumentos de linguagem, ou códigos.

A inteligência dos códigos depende da existência de uma noção precisa da natureza do signo que o constitui. A relação mente-signo precisa estabelecer-se em bases firmes, para que a captação dos fenômenos e a conseqüente formação de suas imagens subjetivas (em primeira instância) e objetivas (posteriormente) se produza de modo adequado. Tal processo se realiza no interior da mente e implica o entendimento dos *signos, códigos e linguagens* enquanto entidades ou sistemas dotados de funções e valores intercambiantes e intercambiáveis.

Os signos são sinais que podem ser interpretados por evocarem algo que ali não está e que, por isso, representam. Nessa perspectiva, o signo faz-se notar como *representamen*. Este nome evoca a noção de *representação*, ou seja, *a força de tornar presente alguma coisa: representar*. E é com base no caráter representativo que vem à baila a estruturação dos signos em conjuntos articulados (códigos), cujas relações mostram-se inteligíveis e suas unidades apresentam valores funcionais.

CÓDIGOS COMO ESTRUTURAÇÕES INTELIGENTES E FUNCIONAIS

O entendimento da estruturação, ou seja, da construção dos códigos demanda um potencial cognoscitivo que precisa ser trabalhado. Por isso, os códigos (ou sistema de signos) não interessam exclusivamente à semiótica ou aos profissionais da comunicação, mas a todo indivíduo. A natureza gregária dos seres humanos carreia uma necessidade de interação social que depende do intercâmbio comunicativo. Nessa cadeia de necessidades, os códigos emergem como linhas da costura social, por meio das quais os indivíduos interagem, desenvolvem-se, transformam-se a si mesmos e ao seu contexto.

Numa definição dicionarizada, "código é um conjunto de regras por meio do qual mensagens são convertidas, de maneira convencionada e reversível, de uma representação para outra" (Aurélio). Esta reversibilidade explicita os mecanismos de interpretação dos objetos de um código por meio dos de outro código. Por exemplo: o que se exprime pela pintura pode ser traduzido em palavras. A própria diversificação das línguas implica a transcodificação ou *tradução intersemiótica* (cf. Plaza).

A esta altura já é possível deduzir que há *línguas* e *linguagens* e que ambas são sistemas de signos disponíveis para o intercâmbio de valores e funções. O que distingue *língua* e *linguagem* é o fato de a primeira poder representar um universo de saberes que caracterizam uma cultura, ao passo que a linguagem é objeto do saber e sua definição fica condicionada aos métodos e procedimentos pelos quais é analisada. A conseqüência imediata destas definições é a organização das ciências.

Numa visão generalizante, entende-se por *ciência* a soma dos conhecimentos humanos considerados em conjunto. Na sua forma de plural, o termo *ciências* passa a denominar o conjunto de conhecimentos socialmente adquiridos ou produzidos, historicamente acumulados, dotados de universalidade e objetividade que permitem sua transmissão, e estruturados com métodos, teorias e linguagens próprias, que visam compreender e orientar a natureza e as atividades humanas.

Na perspectiva semiótica, entendemos as ciências como arranjos teórico-metodológicos que viabilizam a explanação, instrução e expansão dos processos de *apreensão, reação e generalização* – base do comportamento científico – dos fenômenos (*phanerons*) experimentados pela mente humana.

A partir do domínio do comportamento científico, o homem se torna capaz de observar um fenômeno, analisá-lo, testar os dados levantados, comprovar (ou negar) hipóteses de pesquisa e generalizar (ou não) os resultados.

A ciência é, assim, o *saber*. E este, por sua vez, é representado por signos, estruturados em códigos que, de acordo com a abordagem que se lhes dê, evocam ou geram linguagens. Verifica-se então que, por meio dos códigos, linguagens e respectivas tecnologias (conjunto de procedimentos por meio dos quais se realizam suas operações significantes) a ciência se organiza e é traduzida pelas línguas, para que possa ser compreendida e enriquecida pelos indivíduos em conformidade com suas culturas.

Tradicionalmente vinculou-se a educação e a instrução ao código lingüístico escrito. Em conseqüência disto, a hegemonia da palavra escrita acabou por promover modelos sociais preconceituosos e discriminatórios que produziram conseqüências graves na definição de *cultura*.

Chamo ao texto as idéias de Edgard Morin (1996:114) sobre linguagem, conhecimento e cultura:

> A linguagem é tão necessária tanto à constituição, à perpetuação, ao desenvolvimento da cultura como à inteligência, ao pensamento e à consciência do homem, tão consubstancial ao humano do humano, que foi possível dizer que a linguagem faz o homem. Mas essa idéia mutila uma verdade complexa que é preciso revelar: *a linguagem faz o homem que fez a linguagem; do mesmo modo, a linguagem faz a cultura que produziu a linguagem.*
>
> A linguagem humana é realmente uma placa giratória (...)

O excerto de Morin recupera a circularidade das ações humanas, mormente as constitutivas da linguagem e da cultura que se fazem mutuamente, ao mesmo tempo em que caracterizam o humano. Verifica-se neste ponto que o movimento resultante das trocas entre pensamento e linguagem envolve altíssima complexidade e é justo nesse eixo que os processos educativos e instrucionais operam.

A complexidade da definição de *cultura* se materializa na extensão dos verbetes dos dicionários. Dentre as muitas definições catalogadas, ressaltamos as noções de *cultivo, produção, caracterização, capacidade de simbolização, conhecimentos acumulados, desenvolvimento social, saber, ilustração, usos e costumes, capacidade de transformação social.*

Consideradas as definições selecionadas, verifica-se que a idéia de cultura passa a ser genericamente associada à aquisição de informações e torna-se, de certa forma, dependente da instrução – ato ou efeito de adquirir conhecimentos, cultura, saber, erudição. Em decorrência disto, são gerados critérios avaliativos aplicáveis sobre os mecanismos de comunicação que, por seu turno, influenciam a interação social e interferem na construção de modelos sociais de prestígio. Nessa linha de raciocínio observam-se atitudes sociais injustas. Por um lado, a injustiça se assenta na comparação de modelos cujos valores são diferenciados; por outro lado, a maior valorização dos modelos de cultura documentados nas letras reduz a noção de cultura a um tipo excludente que parece negar a própria história da humanidade, que não se fez a partir da escrita.

É preciso fazer aqui uma inferência imediata, à guisa de esclarecimento. A aclamação da palavra como o signo dos signos decorre do fato de ela ter inegável poder antecipador, o qual nos distingue da condição animal. O homem, por meio da palavra, pode representar o que existe (mundo real) e o que só existe a partir dela (mundo ficcional, imaginário). Por isso, a palavra (ou signo verbal) atua como baliza dos demais signos, uma vez que os traduz e os aproxima de qualquer ambiente cultural. Entretanto, isto não implica tomar-se *palavra* como sinônimo de signo verbal gráfico. Ao falar-se em *palavra*, recupera-se aqui a idéia bíblica de *verbum*, vocábulo, expressão verbal.

Do fato de a escola privilegiar a escrita *a priori*, conclui-se que se trata de um procedimento, no mínimo, reducionista, pois o intercâmbio cultural – móvel do progresso – não se faz só por meio do código verbal (tampouco pelo escrito), mas por uma enorme variedade de códigos, que, por sua vez, requerem o desenvolvimento de inteligências específicas, conforme veremos adiante no item *cognição e mudança*.

O destaque da escrita fica restrito ao seu poder de perpetuação, de documentação formal, uma vez que as escritas, independentemente da língua ou da linguagem que representam, são convenções em princípio fechadas que visam uma representação o mais homogênea possível no sistema comunicativo em que se inserem, para garantir sua interpretação (leitura) pelo maior número possível de usuários da língua ou da linguagem então representada.

INTERCÂMBIO E PROGRESSO

Sumarizando a linha de raciocínio inicial, temos **os signos** como *representamens* dos fenômenos mentalmente processados e **os códigos** como conjuntos estruturados de signos destinados à produção de textos (em sentido amplo), por meio dos quais se concretizarão as relações interpessoais indispensáveis à organização dos grupos sociais e, por conseguinte, do progresso da humanidade.

A cultura, independente de qualidade ou quantidade, é objeto de troca social e se manifesta por intermédio da textualização. Esta, em decorrência, impõe que os indivíduos sejam preparados para lidar com os textos, logo: é preciso conhecer os códigos e linguagens. Para tal conhecimento é mister dominar signos. E tanto mais habilitado para a textualização estará o indivíduo, quanto maior for a sua familiaridade para com os signos em sua variedade. Neste ponto de nossa conversa, vale dizer que há uma íntima relação entre textualização e ciência, porque a organização dos saberes se faz por intermédio de textos, e uma ciência se caracteriza a partir da formalização de seu objeto, a qual é construída textualmente por meio da configuração de um modelo teórico que lhe define a abordagem e a circunscreve no universo cultural.

Quando se fala em crise, pensa-se em rediscussão, em releitura. Para tanto, as ciências se anunciam como molduras de raciocínio indispensáveis à orientação dos processos críticos. As crises, em geral, são momentos de preparação das mudanças. No entanto, mudanças vêm acontecendo ao longo da história do mundo, mas só agora, com o advento da cibernética, signos e códigos estão sendo percebidos pela sociedade científica como elementos de efetivo relevo na vida humana, ganhando importância no panorama educacional e cultural, em contraponto com o que se sabe da preocupação com os signos e linguagens na era pré-cristã, sobretudo nos povos egípcios, assírios e fenícios.

A expressão *signos entrelaçados*, que complementa o título desta sessão, é altamente expressiva em relação às noções inscritas nos substantivos *crise* e *intercâmbio*, presentes em nosso texto. Os semas *troca, cruzamento, diálogo* estão contidos em todas aquelas formas lingüísticas. Daí que cumpre observar que as crises deflagram-se, geralmente, a partir de uma inquietação gerada por um conjunto de conceitos que se mostram em desajuste com o momento histórico e que, por conseguinte, promovem estados mentais desconfortáveis, desestabilizam verdades temporárias, estimuladores da reflexão, discussão e projeção de novos modelos.

Diante disso, a contemporaneidade faz surgirem indagações, que inquietam os pesquisadores na busca de metodologias de ensino-aprendizagem mais eficientes tão logo percebem que os modelos cognoscitivos hodiernos não mais se adaptam a procedimentos unidimensionais, particularizantes. A epistemologia do terceiro milênio tem de construir-se por processos globalizantes e plurissígnicos, para que os resultados alcançados se tornem efetivamente generalizáveis.

Isto posto, percebe-se que a ciência contemporânea impõe um tipo de conhecimento processual que se estende desde os mecanismos mentais até as conclusões deles resultantes, no sentido de melhor compreender a sistemática da aprendizagem humana. Uma corrente teórica (Fetzer, 1991, *apud* Santaella, 2001) propôs o modelo computacional como forma possível de explicação do processamento das experiências fenomênicas captadas pela mente humana. Aceita tal hipótese, verifica-se a necessidade de um aprofundamento cada vez maior no mundo dos sinais, dos signos, dos códigos, para que os projetos voltados para o ensino-aprendizagem sejam construídos em harmonia com o processamento de dados na mente humana.

Modelos educacionais que não levam em conta o processamento mental (os mecanismos psicológicos e semióticos disponíveis na mente humana) acabam por perder-se em uma teorização inócua, cujo resultado quase sempre é desastroso, pois, no mínimo, desperdiça tempo e dinheiro.

Considerada a imagem analógica proposta entre *processos mentais* e *processos computacionais*, o que define a diferença é o fato de o processamento mental apoiar-se em esquemas semióticos, carecendo portanto de teoria do significado que lhe dê suporte.

Nessa ótica, trazemos à cena a teoria semiótica de Peirce e a projetamos sobre os estados mentais – em sua tríade *consciência*, *subconsciência* e *inconsciência* – que apresentam, um a um, organização sistemática dos dados introjetados em conjuntos significantes conhecidos, como *esquemas, roteiros, arquivos*, por exemplo, por meio dos quais os dados são subgrupados, facilitando assim sua localização quando chamados à atualização nos atos de fala (cf. Searle).

A consciência psicológica, assim, opera articulada com a consciência semiótica, e a compreensão do texto do mundo (fenômenos captados como formulações sígnicas) implica o desenvolvimento das potencialidades cognoscitivas, visando a disciplinar a atualização dos signos adequados à expressão dos resultados das experiências vividas, mesmo no plano imaginativo.

A ação das imagens sígnicas – e por isso o ato de produzir imagens chama-se *imaginação* – favorece a comunicação interpessoal, mas propicia, antes, a comunicação intrapessoal, de si para consigo. Portanto, os mecanismos mentais a serem trabalhados nos processos de *escolarização* e *textualização,* considerada a variedade sígnica pulsante no mundo contemporâneo, devem estar voltados para o desenvolvimento das seguintes inteligências: verbal (de interação lingüística), lógico-matemática (de contagem e cálculo) e não verbal (de interação extralingüística).

As operações extralingüísticas vão desdobrar-se nos seguintes planos: intrapessoal (de autoconhecimento), interpessoal (de interação social), proxêmico-geográfico (de situação físico-social), cinésico (de orientação dos movimentos ou coordenação motora) e musical (de percepção/discriminação dos sons, sobretudo dos fonemas).

A distribuição dessas operações em vários planos decorre das principais ramificações da semiótica não verbal: proxêmica (semiótica do espaço), cronêmica (semiótica do tempo), cinésica (semiótica do movimento). Tal distribuição reforça a necessidade do desenvolvimento de mais de um tipo de inteligência e, conseqüentemente, de uma compreensão mais abrangente das formas de construção do conhecimento científico, ou de produção/aquisição do saber.

Lembrando Aristóteles ao afirmar que a inteligência humana opera na Práxis, na Técnica e na Teoria, reforça-se a idéia de que existem diversos tipos de inteligência aptos ou adaptados para essas três áreas, outros que se prestam a lidar com diversos tipos de necessidades ou problemas, além de inteligências desenvolvidas num domínio circunscrito, ainda que adormecidas fora desse domínio.

Logo, processos de ensino-aprendizagem devem levar em conta a complexidade e a versatilidade da inteligência humana, propondo ações e atividades que estimulem as operações das consciências psicológica e semiótica no lidar com qualquer signo, código ou linguagem, partindo-se da premissa de que o processamento mental se realiza por meio de esquemas semióticos transferíveis de um código a outro, ou seja, passíveis de tradução/adaptação intersemiótica. Tais esquemas possibilitam ao homem operar com códigos e linguagens variados, por meio dos quais constrói a ciência e a cultura que, reciprocamente, constroem o homem.

APRENDIZAGEM CIDADÃ NO CONTROLE DAS CRISES

As propostas de mudanças qualitativas para o processo de ensino-aprendizagem indicam a sistematização de um conjunto de disposições e atitudes como *pesquisar, selecionar informações, analisar, sintetizar, argumentar, negociar significados, cooperar* – comportamento social –, de forma que o sujeito possa participar do mundo social e tornar-se cidadão.

Relembrando que nossa abordagem é de crise e que este termo designa uma fase difícil, grave, na evolução das coisas, dos fatos, das idéias, constata-se que o sujeito dotado de comportamento científico associado a comportamento social é o modelo de cidadão esperado pela sociedade do terceiro milênio. Isto porque tal cidadão estaria apto a resolver os problemas emergentes de uma sociedade em globalização, porque teria habilidade na compatibilização das diferenças e seria capaz de administrar as crises que lhe sobreviessem. Como objetivar tais competências sem um trabalho sistemático e organizado com a linguagem?

Entendendo que as operações de linguagem implicam uma consciência científica, evocamos o segundo e terceiro princípios do *Discurso sobre o Método* (Descartes) como indicadores de procedimento inteligente na busca do conhecimento:

> 2º. Divisar cada uma das dificuldades, que examinarei em tantas parcelas quanto seja possível e requerido para melhor resolvê-las (...)

> 3º. Conduzir meus pensamentos por ordem, começando pelos assuntos mais simples e mais fáceis de conhecer, para atingir, pouco a pouco, como que degrau por degrau, o conhecimento dos assuntos mais complexos (...) (*apud* Morin, 2001: 87)

Observe-se que as recomendações do filósofo sobre como operar no processo de conhecer é um primeiro passo para uma organização modelar, disciplinadora da investigação. Enriquecido por afirmação de Pascal de que todas as coisas são causadas e causadoras, ajudadas e ajudantes, mediatas e imediatas e de que todas são ligadas por um elo natural que estabelece a impossibilidade de conhecer as partes sem conhecer o todo, ao mesmo tempo que não se pode conhecer o todo sem o conhecimento de suas partes, vê-se então que, somadas as atitudes analíticas cartesianas e a força dialética do modelo de Pascal, está-se diante de uma proposta de efetivo entrelaçamento sígnico para superação da crise oriunda do impacto da globalização. Por isso, a leitura do mundo só se faz plena quando emergente de um texto plurissígnico, conversível em signo verbal (palavra) e documentável em código verbal escrito, sem contudo desprezar os demais signos (paraverbais e não verbais) que compartilham o espaço comunicativo ampliando-lhe o poder de representação.

LEITURA E PRODUÇÃO DE TEXTOS: MECANISMOS DE INTERCÂMBIO

Buscando proteger-nos de qualquer hipótese de incoerência profissional, pois nossa linha de pesquisa debruça-se principalmente sobre a leitura e produção de textos escritos, alertamos nossos interlocutores para o fato de que o entendimento dos signos, códigos e linguagens que se entrecruzam na construção do texto do mundo corresponde a um avanço científico e tecnológico que precisa ser contemplado no âmbito educacional.

O *fazer ciência* implica domínio profundo de códigos e linguagens a partir dos quais torna-se possível explicar os fenômenos que nos envolvem subjetiva e objetivamente. Dito isto, torna-se possível concluir que a documentação do conhecimento é condição de desenvolvimento sociocultural e que tal registro depende, em última análise, do domínio de uma língua e da escrita correspondente.

Vejamos algumas considerações importantes sobre ciência e textualização:

1. Quando se lê algo, um texto é criado

Texto é uma determinada *prática significante* que se isenta das condições normais de comunicação e significação e institui um espaço específico onde se redistribui a ordem da língua e se produz uma determinada *significância*.

A *significância* é, num primeiro momento, a recusa de uma significação única; é o que faz do texto não um produto, mas uma produção; é o que mantém o texto num estatuto de enunciação, e rejeita sua conversão num enunciado; é o que impede o texto de se transformar em estrutura e exige que ele seja entendido como estruturação (cf. Barthes s/d: 73).

2. A produção da ciência é a construção compartilhada de um texto

Peirce afirmava convictamente que o cientista é aquele que entrega grande parte dos tesouros de sua vida à empresa de aperfeiçoar uma descoberta. Disso se pode concluir que, em toda a sua história, a ciência não fez senão uma só descoberta que foi e continua sendo gradativamente ajustada e expandida, reajustada *ad infinitum*. Nessa medida, todos os cientistas são colaboradores numa obra única, a da ciência. A execução dessa obra, longe de ser progressiva, linear e isenta de erros e cegueiras parciais, é, ao contrário, cheia de desvios, equívocos, autocorreções. No caminho da Ciência, sua obra cresce e evolui, não no sentido de progressão para um fim determinado, mas no sentido de crescimento de complexidade, aumento da variedade e diversidade que não seriam possíveis sem a espontaneidade, liberdade, enfim, sem o papel desempenhado pela abdução, que se volta para o estudo dos fatos bem como para a criação de uma teoria que os explique (cf. Santaella, 1992: 154).

Retomando a tendência taxionômica (de base cartesiana) de um necessário fatiamento do fato ou fenômeno em favor de seu entendimento, deduz-se que a organização metodológica assenta-se sobre leituras produzidas pelos estudiosos, transformadas em textos e disponíveis para a catalogação em áreas de interesse. Dessa forma, torna-se possível uma metodologia de organização dos fenômenos, uma metodologia científica, em suma, um modelo técnico-teórico de natureza semiótica por meio do qual é possível tentar compreender o mundo.

Nesse mundo em crise, os problemas educacionais precisam ser discutidos levando-se em conta os processos de construção de significados e sentidos que dão origem aos esquemas sociais, atuando, portanto, nos processos mentais por meio dos quais nos tornamos leitores do mundo. Signos e códigos são construídos e reconstruídos diuturnamente, e os esquemas armazenados em nossa mente precisam ser ágeis a ponto de acompanharem a dinâmica social, caso contrário, torna-se impossível a interação social, o que causa o isolamento de alguém no processo. Cumpre então se garantir a interação sociocultural.

O CONHECIMENTO É UM HIPERTEXTO SEMIÓTICO

Retomemos neste ponto a idéia de que a compreensão dos códigos implica a identificação da natureza dos signos que os constituem, e que essa inteligência demanda a ativação de estruturas mentais em três níveis (consciente, subconsciente e inconsciente), conforme já se convencionou quando da análise dos processos mentais. Na posição semiótica que adotamos (cf. Peirce), os fenômenos que acionam nossa percepção podem ser analisados numa perspectiva triádica, analogamente aos níveis de consciência. Por esse prisma de análise – sentimentos (primeiros), esforços (segundos) e noções (terceiros) –, torna-se possível rever esquemas conceituais que se projetam sobre a organização social e, em última instância, acabam por gerar imagens sociais ambíguas ou mesmo equívocas, das quais resultam os preconceitos, as discriminações, as marginalizações.

No âmbito das linguagens e códigos, impõe-se um mergulho nesses processos de consciência e de categorização dos fenômenos, porquanto viabiliza-se, a partir dessa formulação paradigmática, o entendimento da maior ou menor complexidade contida na compreensão da interação social, independentemente do código utilizado. Isto porque a sistemática de atribuição de funções-valores aos signos e códigos está correlacionada com os modelos culturais em que se inserem os comunicadores.

Cumpre lembrar que a correlação entre códigos e culturas retoma a questão da ampla definição de cultura, já que a contextualização é fator determinante na definição das funções-valores sígnicas. Por conseguinte, conceituar ou definir por meio de um código qualquer implica um diálogo entre valores que são combinados, a princípio, consuetudinariamente e, posteriormente, até por coerção legal. Assim, ao se falar em crises, verifica-se a importância de uma constante releitura dos valores socioculturais na direção de um processo contínuo de reciclagem sígnica. Em outras palavras: o intercâmbio social e cultural do qual emergem os signos que devem representar os fenômenos que mobilizam nossos esquemas de cognição (ao mesmo tempo em que destes resultam os signos) se constrói na negociação semiótica (de produção de significados e sentidos) entre indivíduos que devem ter um conhecimento médio dos valores negociados em benefício da eficiência comunicativa. Portanto, dá-se aí uma troca sociocultural que, em última análise, favorece a classificação dos sujeitos como "mais cultos" ou "menos cultos", em função de uma ótica avaliadora gerada no próprio processo comunicativo. Assim sendo, a noção de cultura, sua conceituação ou definição nada mais são que signos construídos por um modelo cultural xis que fora antes gerado por um complexo sígnico representativo de uma certa forma de pensar o mundo.

Verifica-se, então, que ao denominarmos este tópico com a frase "o conhecimento é um hipertexto semiótico", o que pretendíamos era preparar o cenário para a execução de um diálogo dramático entre homens e saberes, sem perder de vista que os últimos são signicamente representados, e que a construção do signo, mesmo no plano icônico (dos sentimentos, da primeiridade) será sempre subjetiva, em primeira instância, e arbitrária quando convertido em símbolo (atingindo a terceiridade ou o *status* de noção).

Como os saberes precisam ser ditos e negociados para que se projetem no mundo, são eles, indiscutivelmente, *textos*, e, considerada a natureza complexa do processo de interação sociocultural do qual emergem os signos, deduz-se que o texto do conhecimento é construído por todos e por cada um dos indivíduos sociais; é aberto e ilimitado e, por isso, passa a ser um *hipertexto*.

> Hipertexto. [De hiper- + texto; do ingl. hypertext.] S. m. 1. Forma de apresentação ou organização de informações escritas, em que blocos de texto estão articulados por remissões, de modo que, em lugar de seguir um encadeamento linear e único, o leitor pode formar diversas seqüências associativas, conforme seu interesse. 2. Conjunto de textos estruturados ou organizados dessa forma, e ger. implementado em meio eletrônico computadorizado, no qual as remissões correspondem a comandos que permitem ao leitor passar diretamente aos elementos associados. (Aurélio)

Observe-se que estamos definindo "hipertexto como um texto de autoria aberta e disponível, cuja baliza de significação (ou produção de coerência) é a contextualização do ato comunicativo: onde, quando, como, por quê e para quê a informação está sendo veiculada". O adjetivo *semiótico*, naquela assertiva, se adjunge ao substantivo *hipertexto* com o fito de enfatizar a travessia de signos de natureza diversa na construção do *texto do conhecimento*, ou *hipertexto semiótico*, o qual definimos como "o texto resultante de uma leitura plural (de vários sujeitos e vários ângulos) de dado contexto sociocultural, por meio de uma combinatória de signos verbais e não verbais". Essa nova realidade textual resulta de uma nova forma de ver o mundo, representar a captação dos fenômenos e tentar descrevê-los e explicá-los. Em síntese, é o delineamento de uma nova atitude científica, portanto o desfraldar de novos mundos semióticos possíveis.

Em conseqüência dos hipertextos semióticos que, a nosso ver, sintetizam modelos culturais, são criados múltiplos mundos semióticos. Entretanto, sem perder de vista a necessidade de parâmetros norteadores dos processos socioculturais, os estudiosos das linguagens, códigos e suas tecnologias vêm buscando discutir a travessia das variadas e diferenciadas leituras de mundo, com vistas a orientar a interpretação dos fenômenos captados pela consciência (convertidos em ícones, índices e símbolos), evitando assim o mergulho na subjetividade. Disso resultariam signos e códigos voltados sobre si mesmos, auto-individualizando-se e transformando-se em meios de incomunicação em decorrência de sua máxima particularidade.

Dentre os mundos semióticos possíveis, elegemos o mundo textual escrito em língua portuguesa como nossa área de atuação, pois entre os códigos e ferramentas simbólicas, a língua figura em primeiro plano. A partir dessa escolha com ações realizadas no âmbito educacional, vimos realizando estudos e pesquisas voltados para a leitura e produção de textos. Nesse âmbito, em que apreciamos métodos e técnicas de ensino-aprendizagem a partir de uma moldura semiótica enriquecida pela análise do discurso e pela lingüística textual, temos nos debruçado atualmente sobre a produção do relato técnico-científico, o texto acadêmico.

Ainda que não adotemos os excessos acadêmicos de hegemonização da escrita, cremos que o aprendizado do código escrito (sobretudo no registro formal) seja um eficiente exercício dos processos inteligentes e possa auxiliar o desenvolvimento da ciência, a compreensão das culturas, a formação dos cidadãos e a construção da paz social.

Observe-se o seguinte trecho:

> A evolução da ciência está diretamente vinculada aos avanços da pesquisa. Esta, por sua vez, terá maior velocidade na proporção em que os métodos se aperfeiçoem e viabilizem a obtenção de resultados mais eficientes em tempo cada vez menor. Tudo isto acaba por ficar na dependência da circulação da informação das conclusões obtidas nas pesquisas, a partir do que se torna possível a aplicação dos achados na produção de bens e serviços que melhorem a qualidade de vida na sociedade. Esta é a finalidade máxima da pesquisa e do aperfeiçoamento da ciência. (Simões, 1999)

A circulação da informação das conclusões obtidas nas pesquisas, em última instância, fica condicionada à textualização. Documentar os achados científicos por meio do texto escrito é a forma mais difundida de transmissão de informações através dos tempos. Em última análise, o relato da ciência é uma imagem das descobertas passível de interpretações e críticas, portanto, funciona como alimento material do progresso sociocultural, propulsor intelectual.

O texto escrito em geral (incluído o relato técnico-científico), em nossa ótica, é uma imagem visual construída a partir de uma convenção alfabética (no ocidente) e oferece oportunidades de análise e síntese semióticas que se traduzem no signo-texto. A produção deste signo, por sua complexidade (letras, sinais diacríticos, pontuação, paragrafação, capitalização, diagramação no papel etc.), implica uma competência prévia assentada sobre habilidades especiais e específicas, tais como: discriminação visual, controle motor tátil, organização proxêmica, cronêmica e cinésica.

Portanto, a leiturização e a textualização demandam a implantação de um programa educacional fundado na inteligência dos códigos e na prática efetiva e cotidiana de atos de interpretação (ou leitura) e subseqüente produção textual. Cremos que o exercício sistemático e continuado da leitura e da redação – com destaque do uso do registro formal, mas sem exclusão do uso consciente das outras variedades lingüísticas – seja uma estratégia produtiva para sairmos da crise educacional que ora vivemos.

Sujeitos capazes de ler e escrever desembaraçadamente serão competentes para promover a auto-educação e buscar a educação permanente. A competência lingüística bem desenvolvida estimula o progresso do saber que, por sua vez, favorece o surgimento de um contingente de indivíduos apetrechados, cidadãos conscientes, capazes de avaliar o sistema vigente, levantar-lhe os problemas, buscar saídas alternativas e propor novos paradigmas socioculturais, cuja conseqüência seria a restauração do equilíbrio individual e coletivo, por conseguinte, um Brasil melhor.

REFERÊNCIAS BIBLIOGRÁFICAS

BARTHES, Roland. *O Prazer do texto*, São Paulo: Cultrix, s/d.

BOUGNOUX, Daniel. *Introdução às ciências da comunicação*. Bauru/SP: EDUSC, 1999.

FERREIRA, Aurélio Buarque de Holanda. *Novo Aurélio século XXI*: o dicionário da língua portuguesa. 3. ed. Rio de Janeiro: Nova Fronteira, 1999. Versão em CD-ROM.

MORIN, Edgard. *A Cabeça bem-feita. Repensar a reforma/reformar o pensamento*. 3. ed. Rio de Janeiro: Bertrand Brasil, 2001.

________ *O método III. O conhecimento do conhecimento/1*. Mira-Sintra: Publicações Europa-América, 1996.

________ *Os Sete saberes necessários à educação do futuro*. São Paulo: Cortez/ UNESCO, 2000.

PLAZA, Julio. *Tradução intersemiótica*. São Paulo: Perspectiva, 1987.

SANTAELLA, Lucia. *A Assinatura das coisas*, Rio de Janeiro: Imago, 1992.

________ Lucia. *Matrizes da linguagem e pensamento. Sonora visual verbal*. Aplicações na hipermídia. São Paulo: Iluminuras, 2001.

________ *Produção de linguagem e ideologia*. 2. ed. rev. aum. São Paulo: Cortez 1996.

SEARLE, John R. *Os Actos de fala. Um ensaio de filosofia da linguagem*. Coimbra: Almedina, 1981.

SIMÕES, Darcilia. "A Ciência, a pesquisa, o método: implicações semióticas." In: (org.). *A produção de monografias*. 2. ed. Rio de Janeiro: Dialogarts, 1999.

ENSINO DE LÍNGUA PORTUGUESA
Entre a tradição e a enunciação

William Roberto Cereja

Faz aproximadamente três décadas que a lingüística chegou às universidades brasileiras e se integrou aos estudos de linguagem. Isso quer dizer que a absoluta maioria dos professores de língua portuguesa que estão ativos na vida profissional teve um contato, mínimo que seja, com essa área do conhecimento científico.

Entretanto, se fizermos uma retrospectiva e examinarmos o que de concreto mudou nas aulas de língua portuguesa das escolas de todo o país durante esse período, veremos que o saldo é muito pequeno. Sem alterações profundas na seleção dos conteúdos ou no modo de ensinar língua materna, talvez a principal mudança se restrinja à inclusão de meia dúzia de novos conceitos, oriundos da Lingüística e/ou da Teoria da Comunicação, que passaram a integrar os programas escolares, principalmente os do Ensino Médio, como signo, significante, significado, emissor, receptor, funções da linguagem, polissemia etc.

Não é difícil compreender as razões desse fenômeno. Ao concluir o curso de Letras, o recém-formado professor de Língua Portuguesa ingressa no mercado de trabalho e passa a integrar uma estrutura de ensino – seja na rede pública, seja na rede particular – fortemente fincada na tradição, o que significa, no tocante ao ensino de língua, especificamente, uma adesão às práticas cristalizadas de ensino de gramática.

Tanto as teorias já consagradas da lingüística quanto as mais recentes pesquisas no campo da linguagem com que o professor teve contato na universidade pouco contribuem para a sua prática escolar, posto que ele se sente intimidado ou até mesmo despreparado para, sozinho, afrontar uma tradição milenar de ensino de língua e suportar as pressões sociais de pais, diretores de escolas, concursos vestibulares etc.

De fato, a transposição de teorias científicas para o universo escolar não pode ser mecânica nem direta. Como conseqüência, dada a efemeridade e a luta das correntes científicas e ideológicas que atuam na academia, a escola naturalmente opta pelo que está consagrado pela tradição. E, no que se refere ao ensino de língua, o consagrado é a gramática normativa (em seus aspectos descritivos e prescritivos), cujas raízes remontam à Antigüidade greco-latina. Como mudar uma tradição milenar de ensino de língua?

Ao longo das três últimas décadas de estudos lingüísticos, muitos foram os modelos teóricos que se sucederam, entre eles: os da Lingüística Estrutural, do Gerativismo, da Pragmática, da Lingüística Textual, da Análise da Conversação e da Análise do Discurso.

Entre os lingüistas mais destacados, as posições quanto ao ensino de língua na escola variam de um extremo a outro. Alguns propõem pura e simplesmente o fim do ensino de gramática e sua substituição por *estudos de linguagem* – embora nunca tenha ficado clara o suficiente a diferença entre esses dois objetos de ensino nem como seria um programa escolar de estudos de linguagem (sem gramática).

Outros lingüistas, sem desprezar por completo a gramática normativa, e sem pretender oferecer um modelo teórico acabado que substitua o primeiro, questionam o rigor dos conceitos da gramática normativa ou a forma como ela vem sendo ensinada. É o que fazem, respectivamente, Mário Perini (em sua *Gramática descritiva do português*) ou Maria Helena Moura Neves. Tomando como base um ou outro tópico gramatical, formulam propostas ou exemplos de um ensino de português renovado, geralmente com vistas na dimensão semântica e/ou discursiva da língua, como vemos em livros de Rodolfo Ilari, por exemplo.

É nessa direção de estudos lingüísticos aplicados ao ensino de língua portuguesa que se situa a *Gramática e interação: uma proposta para o ensino de gramática no 1º e no 2º graus* de Luiz Carlos Travaglia, obra que representa um passo importante na discussão sobre os rumos do ensino dessa disciplina. Partindo de uma distinção entre gramática prescritiva e gramática descritiva, as duas gramáticas que chamamos genericamente de normativa, o lingüista não só admite o estudo dessas duas gramáticas no âmbito escolar (com revisão, evidentemente, da ênfase dada a cada uma delas), mas também reclama da quase ausência de outras duas, a gramática de uso e a gramática reflexiva, que não têm tido espaço na sala de aula. Para Travaglia, um estudo de língua que inclua a gramática descritiva deve tomar as categorias gramaticais não como um fim em si, mas como meio, como suporte básico para reflexões metalingüísticas de maior alcance. Há vários exemplos em sua obra de como fazer isso.

Outro trabalho que ruma na mesma direção é o ensaio "O uso de relações semânticas na análise gramatical", de Carlos Franchi, Esmeralda V. Negrão e Ana L. Müller, que discute as variações sintático-semânticas que envolvem o predicativo.

Em todas essa iniciativas, apesar das diferenças teóricas que marcam uma e outra corrente, o que se verifica de comum entre elas é o interesse em renovar o ensino de língua portuguesa, modificando, diversificando e ampliando o ponto de vista sobre o objeto, a língua. Assim, não faltam demonstrações bem-sucedidas de como trabalhar verbos, adjetivos ou processos de formação de palavras pela perspectiva semântica, do texto ou do discurso.

Os professores de português, em grande parte, ao terem contato com essas propostas, reconhecem a pertinência dela e se sentem dispostos a alterar sua prática pessoal. O problema é que, reunidas, essas propostas não chegam a constituir um programa de ensino de Língua Portuguesa, nem uma seqüência didática, até porque esse não é o propósito dos pesquisadores que as formulam.

Como conseqüência, quando a escola conta com professores atualizados e dispostos à mudança, o que se verifica em sua prática pedagógica é um tratamento diferenciado de alguns tópicos gramaticais – que passam então a ser tratados pelo ponto de vista da semântica, da pragmática, da lingüística textual ou da análise do discurso –, enquanto os demais tópicos, pelo fato de ainda não terem sido objetos de investigação, acabam sendo tratados de modo tradicional.

Em meio a avanços e recuos, a proposta tomada como bandeira pela maioria das escolas e que ganhou a adesão da maior parte dos professores de Língua Portuguesa é a de um trabalho contextualizado com a gramática, conhecido como gramática no texto.

A GRAMÁTICA NO TEXTO

A publicação dos *Parâmetros Curriculares Nacionais*, em 1997, reforçou uma tendência que já se verificava no ensino de Língua Portuguesa: a de um *ensino contextualizado* de gramática, centrado no texto.

Contudo, enquanto para os PCNS o texto deveria ser tomado como o objeto básico de ensino e como unidade de sentido, em muitas escolas o que se notava, e ainda se nota hoje, é o uso do texto como mero pretexto para o tradicional ensino da gramática da frase. Ou seja, se antes frases descontextualizadas serviam como objeto para a teoria e para os exercícios de análise gramatical, hoje, equivocadamente, apresentam-se textos dos quais são retirados fragmentos para uma abordagem lingüística que não vai além do horizonte da frase. O texto, como unidade de sentido ou como discurso, é completamente esquecido.

Perde-se, assim, a oportunidade de se fazer um trabalho de reflexão gramatical integrado à leitura, que considere o texto como unidade de sentido. Em outras palavras, um trabalho de leitura que examine de que modo a língua é utilizada em todos as suas dimensões (fonética, morfossintática, semântica, estilística) para a construção do sentido ou dos sentidos do texto Foi o que expusemos no 8º Congresso de Língua Portuguesa, realizado na PUC-SP em 2000, e que está desenvolvido no texto "Gramática: interação, texto e reflexão", em vias de publicação.

Feito dessa forma, o trabalho com a língua aproximaria os estudos de linguagem de textos reais, literários e não literários, que circulam socialmente e instrumentalizariam melhor o estudante para suas práticas discursivas, seja na condição de enunciador, seja na de enunciatário. Esse trabalho, entretanto, pode ser ainda mais amplo se se der a ele uma dimensão enunciativa.

A PERSPECTIVA ENUNCIATIVA

Durante muitos anos, a lingüística desenvolveu seus estudos tomando como referência a clássica dicotomia entre *língua* e *fala*, estabelecida por Saussure. Vendo a fala como efêmera e individual, Saussure colocou-a em segundo plano para deter-se nos estudos da língua, vista como um sistema estável de signos e regras. Os estudos de enunciados, portanto, interessavam mais como exemplos dos mecanismos existentes na língua, sejam os de funcionamento, sejam os de construção de sentido.

Estudos recentes no campo da linguagem, contudo, demonstram que a construção de sentido dos enunciados não se faz apenas a partir da significação isolada de cada um de seus componentes. Os *elementos extraverbais* da situação de produção, ou seja, da *enunciação*, também contam com um papel decisivo na construção do sentido dos enunciados.

Por essa perspectiva, pode-se dizer que cada enunciado é uma realização concreta, única e histórica. Segundo Mikhail Bakhtin, "se perdermos de vista os elementos da situação, estaremos tão pouco aptos a compreender a enunciação como se perdêssemos suas palavras mais importantes" (p. 114-5).

Vejamos uma possibilidade de abordagem enunciativa a partir de um anúncio de roupa infantil:

"Fui no shopping com a Dindinha
Ela me levou em tudo que é loja.
Todo mundo falava "que gracinha...
que bonitinha..." Só que não tinha
nada gostoso, tudo me apertava
me enforcava..."
"Se eu pudesse escolher, só usava
Lulica Baby."

Lulica Baby, a roupinha
que o seu bebê vai gostar
de vestir. Para crianças de
0 a 4 anos.

O anúncio é oportuno para ilustrar como dois modelos diferentes de análise da língua – a perspectiva normativa, da gramática tradicional, e a perspectiva enunciativa – abordariam o mesmo objeto. Para a gramática normativa que opera com noções de certo e errado, o anúncio seria um bom objeto de trabalho, pois forneceria situações interessantes para demonstrar *erros gramaticais* e promover sua *correção*.

É o caso, por exemplo, do enunciado de destaque no anúncio "Se eu pudesse escolher, eu só usava Lulica Baby." em que não se verifica a correlação de tempos verbais mais indicada pela norma padrão, segundo a qual o imperfeito do subjuntivo (*pudesse*) obrigaria ao emprego do pretérito imperfeito do indicativo: *usaria*, em lugar de *usava*.

Além disso, na parte inferior do anúncio original, em letras miúdas, há um texto reproduzido em letras maiores ao lado da imagem para melhor visualização. Esse trecho também propiciaria várias situações interessantes para a abordagem normativa, cujas observações passariam certamente pela regência dos verbos *ir* e *levar*, pelo emprego de *ter* em lugar de *haver* e pelas inúmeras marcas de oralidade, seja nas repetições de *tudo* ou do tempo verbal (o imperfeito do indicativo), seja na escolha lexical (*gostoso*, em vez de *agradável*, por exemplo) ou no emprego dos sufixos diminutivos (*gracinha, bonitinha*).

Se, entretanto, tomarmos esse texto pela perspectiva enunciativa, sob um ponto de vista que admita a existência e a pertinência de outras variedades lingüísticas além da norma padrão, a análise levaria a outras direções.

Primeiramente, é importante observar que o texto não é constituído apenas por linguagem verbal. A imagem de um bebê saudável, com menos de um ano, e vestido com roupas da marca anunciada, apóia e reforça a idéia do conforto e bem-estar reclamados pela criança, que a parte verbal do texto procura transmitir.

O que vemos no enunciado da parte de baixo do anúncio é uma pequena narrativa, no limite estabelecido pelas aspas, que conta a visita do bebê ao shopping, acompanhado pela "Dindinha", forma de tratamento informal e carinhoso de madrinha. Em 1ª pessoa, é o próprio bebê quem narra suas peripécias ("ela me levou em tudo que é loja"), abrindo espaço, em discurso direto, para as vozes de outras pessoas ("que gracinha... que bonitinha..."), ao mesmo tempo em que tece críticas ao passeio ("só que não tinha nada gostoso"), pelo fato de não estar adequadamente vestido ("tudo me apertava, me enforcava").

Fora das aspas, emerge outra voz, agora a de um adulto, que explicitamente oferece o produto anunciado ao leitor, reforçando mais uma vez a idéia principal do anúncio: o conforto das roupas anunciadas ("a roupinha que o seu bebê vai gostar de vestir").

Do ponto de vista lingüístico, o que caberia perguntar de imediato é: por que o anunciante escolheu, para a fala do bebê, uma variedade lingüística informal, com marcas de afetividade e oralidade, se o veículo em que o anúncio foi publicado (revista *Claudia*, 1998) é escrito e a variedade lingüística escolhida por esse veículo é a padrão?

Nesse momento, convém examinar outros aspectos da situação de produção: a quem se dirige o anúncio? O público dessa revista, como todos sabem, é predominantemente feminino – em grande parte composto de mulheres casadas e com filhos ou sobrinhos –, de nível sociocultural médio; portanto, um público que apresenta um perfil ideal para comprar o produto anunciado.

O anunciante, coerentemente, lança mão de estratégias de persuasão, verbais e não verbais, compatíveis com o perfil de seus interlocutores. Afinal, que mulher, tendo vivido ou não a experiência da maternidade, não se deixaria levar pela figura dócil de um bebezinho e pela narrativa de peripécias feita por ele próprio?

É evidente que um bebê com menos de um ano de vida jamais poderia produzir o texto delimitado pelas aspas, que supostamente é seu, mesmo com todas as marcas de oralidade e informalidade apresentadas. No entanto, o anunciante estabelece com o leitor um jogo discursivo em que tal fato passa a ser possível, e a escolha da variedade lingüística cumpre o papel de atribuir certo grau de verossimilhança à suposta fala do bebê.

Com algumas variações, esse jogo discursivo é semelhante ao que ocorre nas situações em que um adulto infantiliza sua linguagem, assumindo a voz da criança que ainda não é dotada de linguagem e falando por ela com outras pessoas, que por sua vez também podem responder, fazendo uso ou não do mesmo recurso (trocando letras, suprimindo sílabas etc.).

Assim, junto com a imagem do bebê, a variedade lingüística informal cumpre nesse texto a função de *estratégia persuasiva* para vender o produto. Entrando no jogo discursivo, as leitoras do anúncio são tomadas inicialmente pela afetividade, o que prepara e "amortece" o objetivo verdadeiro do anúncio, a venda de uma roupa infantil, explicitado pela voz do adulto: "Lulica Baby, a roupinha que o seu bebê vai gostar de vestir. Para crianças de 0 a 4 anos."

Levando em conta todos esses aspectos que fazem parte da enunciação, isto é, da situação concreta em que o enunciado foi produzido, podemos notar o quão estreita seria uma abordagem normativa do anúncio que se contentasse em apenas identificar e corrigir os "erros" gramaticais.

E mais, fica muito claro nesse texto o quanto é impróprio o conceito de "erro gramatical" e como a abordagem se enriquece quando incluímos o conceito de *adequação*. No anúncio, as variações em relação à modalidade escrita e formal não constituem erro; pelo contrário, elas são adequadíssimas à situação, isto é, cumprem plenamente os objetivos do enunciador de sensibilizar seu interlocutor para a compra de um produto de consumo.

Em contrapartida, inadequado seria organizar o discurso infantil de acordo com a norma padrão, pois o texto perderia em verossimilhança e, conseqüentemente, em força argumentativa, frustrando as intenções do anunciante.

O texto ainda poderia servir para alguns estudos específicos de linguagem, como a questão do aspecto verbal, a apreciação discursiva, as variedades lingüísticas, o jogo de vozes na constituição do discurso, entre outros.

Se os estudos de linguagem a partir de textos representam um avanço significativo em relação à gramática normativa, a abordagem enunciativa representa um passo a mais, uma vez que, além de examinar as escolhas lingüísticas responsáveis pela construção de sentido, examina também os elementos externos ao texto, ou seja, os elementos da situação de produção que, como vimos no caso do anúncio, interagem com os elementos internos e participam da construção do sentido global do texto.

Hoje, vivemos um momento de transição no ensino de Língua Portuguesa na escola. Os PCNS, que explicitamente defendem um enfoque enunciativo do ensino de língua, contribuíram largamente para fomentar a discussão pedagógica e estimular um espírito de renovação.

As diferentes correntes da lingüística e da análise do discurso podem prestar contribuições significativas ao ensino de língua na escola, desde que haja abertura e disposição de ambas as partes (universidade e escola) para efetivar mudanças concretas.

Neste momento de transição, não é necessário abandonar tudo o que professores e alunos historicamente vêm aprendendo de gramática. Fazemos nossas as palavras de Franchi, Negrão e Müller, que afirmam:

> Não precisamos, logo de início, abandonar tudo o que aprendemos a respeito da gramática. No trabalho de avaliação da chamada "gramática tradicional" alguns dados parecerão resultantes de uma excelente intuição sobre o sistema da língua e a estrutura sintática de muitas expressões. Outras, terão de ser corrigidas, estendidas ou melhor delimitadas.

As terminologias tradicionalmente apresentadas pela gramática normativa, por exemplo, podem inclusive ser aproveitadas (evidentemente, não sem críticas ou revisão), mas sempre como meio, e nunca como fim. O melhor caminho para a mudança do ensino de Língua Portuguesa na escola talvez seja o já escolhido por alguns estudiosos da linguagem que, em lugar da crítica radical e distanciada da realidade escolar, optaram por um diálogo com professores e alunos, partindo de seus conhecimentos lingüísticos teóricos e empíricos para saltos maiores.

REFERÊNCIAS BIBLIOGRÁFICAS

BAKHTIN, Mikhail. *Marxismo e filosofia da linguagem.* São Paulo: Hucitec, 1979.

FRANCHI, Carlos, NEGRÃO, Esmeralda V. e MÜLLER, Ana L. "O uso de relações semânticas na análise gramatical." *In*: *Linha d'água*, n. 14.

ILARI, Rodolfo. *Introdução à semântica.* São Paulo: Contexto, 2001.

——— *A lingüística e o ensino de língua portuguesa.* 4. ed. São Paulo: Martins Fontes, 1992.

NEVES, Maria Helena de Moura. *Gramática na escola.* 2. ed. São Paulo: Contexto, 1991.

PERINI, Mário. *Gramática descritiva do português.* 2. ed. São Paulo: Ática, 1996.

TRAVAGLIA, Luiz Carlos. *Gramática e interação:* uma proposta para o ensino de gramática no 1º e 2º graus. São Paulo: Cortez, 1996.

SAMBA, PALAVRA, DICIONÁRIO

Nei Lopes

As palavras têm vida, todos sabemos. E, por terem vida, me parece que de vez em quando elas gritam, pedindo que as livremos de certos significados incômodos. Foi isso que recentemente ouvi das palavras roqueiro, fanqueiro, axé, galera e artista, que a mídia e as produtoras de som aprisionaram dentro de acepções estranhas.

Comovido com seu grito, consultei um dicionário – não tão velho quanto o Cândido Figueiredo, nem tão novo quanto o Houaiss – que registrava as palavras com as seguintes descrições:

roqueiro, adj. – relativo a rocha ou roca; assentado ou fundado sobre rochas.
fanqueiro, s.m. – negociante de fazendas de algodão, linho, lã etc.
axé, s.m. – força dinâmica das divindades.
galera, s.f. – antigo navio à vela.
artista, s.2g. – pessoa que se dedica às belas-artes ou faz delas a profissão.

Diante disso, resolvi escrever uma letra que, musicada pelo jovem violonista paulistano Éverson Pessoa, resultou no seguinte samba:

DICIONÁRIO

No meu dicionário
Roqueiro é aquilo

Que fica em cima da rocha
E fanqueiro é o cara
Que vende tecido
De linho e algodão
Pra mim, sertanejo
É antes de tudo um forte
E axé é força e boa sorte
No meu dicionário,
Galera é apenas uma embarcação.

Pois é,
É preciso cuidado com o que a gente fala
A boca mais sábia é aquela que cala
E que pensa bastante antes da canção
Porque um poder bem mais alto sempre baixa a crista
Do crente que abafa, pensando que artista
É só quem se avista na televisão...
Artista foi quem decorou a Capela Sistina
Quem edificou a Muralha da China
Quem moldou os bronzes de Benin e Ilê Ifé.
Artista em meu ponto de vista é quem cria e conquista
E sabe que, mesmo em capa de revista,
Artista é artista e não é um qualquer (Zé mané)

Nessa letra, quando afirmo que é preciso ter cuidado com o que a gente fala, eu o faço baseado em minha vivência como prático e estudioso de filosofias africanas. Inclusive, no momento, estou trabalhando em uma compilação e adaptação de textos, na qual eu afirmo, entre outras coisas, sobre o poder da palavra:

1. A palavra falada, além de seu valor fundamental, possui um caráter sagrado que se associa à sua origem divina e às forças ocultas nela depositadas.
2. O conhecimento, ligado ao comportamento do homem e da comunidade, não é uma matéria abstrata que possa ser isolada da vida, ele deve implicar uma visão particular do mundo e uma presença particular nesse mundo, concebido como um todo onde todas as coisas ligam e interagem.
3. A transmissão oral de conhecimento é o veículo do poder e da força das palavras, que permanece sem efeito em um texto escrito. O conhecimento transmitido oralmente, pelo verbo atuante, tem o valor de uma iniciação, que não está no nível mental da compreensão, porém na dinâmica do comportamento. Essa iniciação é baseada em reflexos que operam no raciocínio e que são induzidos por impulsos nascidos no fundamento cultural da sociedade.

4. Da mesma forma que, no aro da criação, a palavra divina do Ser Supremo veio animar as forças cósmicas que se achavam estáticas, em repouso, assim também a palavra humana anima, põe em movimento e desperta as forças que se encontravam estáticas nas coisas.
5. A palavra, que tira do sagrado seu poder criador e operativo, está em relação direta tanto com a manutenção quanto com a ruptura da harmonia, no ser humano e no mundo que o cerca.
6. Sendo agente mágico por excelência e grande transmissora de força, a palavra não pode ser usada levianamente.
7. A palavra é sopro animado e anima o que fala, possui a virtude mágica de realizar a lei da participação. Por sua virtude intrínseca, cria aquilo a que dá nome. A palavra tem, além do poder criador, a função de preservar e destruir, é uma força fundamental que emana do próprio ente supremo. O que ele diz é.

Meu gosto pela palavra passa pelo samba, pela filosofia e já chegou também a um dicionário cuja história é interessante. Tempos atrás, eu me propus reunir em um volume a vultosa contribuição dos africanos de Angola, Congo e adjacências para o léxico do português falado no Brasil. Confiada a idéia do projeto a uma especialista da área acadêmica, buscando uma orientação, vi-me desestimulado, sob a alegação de que a tarefa era "muito complicada". Entretanto, segui em frente e, com ajuda material (informática etc.) de amigos da Universidade do Estado do Rio de Janeiro, editei em 1996, pela prefeitura da cidade, o meu *Dicionário de Banto do Brasil*. A obra provocou ciúmes na comunidade acadêmica, uns silenciando sobre ela, outros procurando desqualificá-la.

Essa desqualificação, entretanto, não contou com o aval, por exemplo, do saudoso Antônio Houaiss, que considerou a obra "notável passo à frente na pesquisa lexicográfica dos africanismos entre nós" e a incluiu na bibliografia técnica do *Dicionário Houaiss da Língua Portuguesa*, que sua equipe, dirigida pelo professor Mauro Salles Villar, concluiu. O resultado é que meu nome figura, respeitosamente, na grande obra, como apresentador de propostas etimológicas, em cerca de 240 entradas, com referências do tipo "segundo Nei Lopes", "Nei Lopes sugere, "Nei Lopes contesta", como tive a alegria de contar nos verbetes seguintes:

aiaa, angana, babá [2], baco [1], baco [2], balacobaco, balata [2], bamba [2], bamba [2], bambaré, banga [1], banga [2], bangalafumega, bangolar, bangüê, banguelê, banja, banzo, barafunda, baranga, barquice, bengo [2], benguê, bimba [1], bira, bombonjira, borocotó, borocoxô, bujamé, buzo, cacumbu, cafife, cafofo [2], cafoto [2], cafubá, cafubira, cafuca, cafuçu, cafumango, cafunar, cafuné, cafungar, cafungo, calango, caloji, calombo, camba [1], cambiá, cambondo, candombe, candongueiro, canga [1], cangá [1], cangongo, canjica, capemba, capiango, capoeira, capongo, caramutanje, cariapemba, carimbó, carimboto, cassaco, catemba, catenga, catimba, catimbau, catimbó, catinga [2], catinga [3], catita [1], catita [2], catonga, caxambu, caxaramba, caximguelê, caxingui, caxinxe, caxixi [1], caxixi [2], caxumba, cazuza, chibata, chibungo, chica [1], chimbear, cocuruto, cuba [3], cucumbi, cumbe [2], cumbé, curiango, curinga, cutruca, camundongo, dumba [2], dunga, dunguinha, embanda, embondeiro, enxacoco, farofa, fiote, fubana, fubica, fuleiro, fundanga, fungu, fuzuê, gando [1], gandu, gobo [3], gongá [1], gongá [2], gongolo, grugunzar, guaiá, guenza, guenzo, gundu, gurufim, iaiá [1], indaca, inquice, jabaculê, jagunço, jiló, jingo [2], jongo, lambaio, lero-lero, lubambo, lundu, macaco, macamba [2], maçambará, macambúzio, maçangana, machacá [1], maculelê, macuma, macumba, macungo, mafuá, malembe, malungo, mambembe, mambembo, mameta-de-inquice, magona, mangonga, mangonguê, mangonha, manipanso, mariangombe, matungo, maxambomba, miçanga, milonga, mironga, mocorongo, mondongo, muafo, muamba [1], muana, muanga, mucamba, mucura [2], muçurango, mugango, mumbebo, mumunha, muna, munanzenza, mundrunga, mundrungo, mundubi, munheca, mundele, mutamba, mutungo, muxoxo, muxurundar, muzenza, nadiamba, pito [1], pito [2], pombeiro [1], punga [1], punga [2], punga [3], quibabá, quibaca, quibuco, quibungo, quiçanje, quilombo, quimbembeques, quindim, quitungo, quitute, quizumba, rundunge, sabugo, sacana, samba, sambando, sanga, sangangu, sangororô, saramba, sinhá, sorongo [2], surumbamba, surunganga, surupango, tabanagira, tamanco, tata-de-inquice, timba, tungão, tungar [1], urucungo, vissungo, vunje, vunzar, xerém, xoxo, xunga, xurumbambo, zambê, zâmbi, zambiapunga, zamboque, zorô, zumbi [1], zumbi [2], zumbo [2].

É claro que não tenho formação em filologia nem reivindico para mim o papel de lexicólogo. Meu trabalho teve apenas a intenção de realçar a enorme importância do segmento banto na construção do arcabouço civilizatório brasileiro e, com isso, derrubar mais uma parede do edifício do racismo antiafricano que se ergue em nosso país e que se traduz, também, no monopólio da palavra que o poder hegemônico exerce, inclusive apropriando-se da cultura dos negros em seu próprio benefício.

Cantado o samba e feita a divulgação do *Dicionário de Banto do Brasil*, cuja segunda edição, revista e ampliada, já está a caminho, retorno, por fim, à filosofia africana:

> A palavra humana é como o fogo: pode criar a paz, assim como pode destruí-la. Uma só palavra inoportuna pode fazer estourar uma guerra, assim como uma simples fagulha pode provocar um incêndio.
>
> A palavra é marca distintiva da superioridade espiritual do ser humano sobre os elementos não-humanos do universo e sua senha diante das portas do Reino

invisível do Ser Supremo. E a linguagem não é apenas meio de expressão e comunicação, ela é ação. Assim, um objeto não significa o que representa e sim o que ele sugere, o que ele cria.

REFERÊNCIAS BIBLIOGRÁFICAS

ALTUNA, P. Raul Ruiz Asua. *Cultura tradicional banto*, 2. ed. Luanda: Secretariado Arquidiocesano de Pastoral, 1993.

BA, Amadou Hampaté. "A palavra, memória viva na África". In: *Correio da Unesco*, Rio, n. 10-11, p.p. 17-23.

CACCIATORE, Olga. *Dicionário de cultos afro-brasileiros*. Rio de Janeiro: Forense, 1977.

FERREIRA, Aurélio Buarque de Holanda. *Novo dicionário da língua portuguesa*. Rio de Janeiro: Nova Fronteira, 1986.

HOUAISS, Antônio. *Dicionário Houaiss da língua portuguesa*. Rio de Janeiro: Objetiva, 2001.

PRISO, Manga Bekombo. "Um produto da palavra". In: *Correio da Unesco*, jun. 1997, p.p. 25-7.

A LINGUAGEM DO PODER

Chico Alencar

Quando eu recebi o convite para participar desse Fórum, de Claudio Cezar Henriques, meu colega de turma no Colégio Marista São José, e do André Valente, eu fiquei preocupado. Mas me tranqüilizei um pouco ao saber que Nei Lopes também participaria da mesa, podendo observar que o VI Fórum não seria um evento restrito à Academia. Além disso, preocupava-me o conteúdo da palestra, mas me acalmou o fato de que me caberia aqui trabalhar aquilo com que eu lido todo dia, e isso foi ótimo porque me deu a possibilidade de refletir sobre o meu fazer e sobre o meu ambiente atual. Eu estou deputado, pois felizmente os mandatos são transitórios, apesar de alguns "estadistas" gostarem de ficar na política perenemente, enganando o povo a cada quatro anos e ganhando voto.

Abordar a linguagem do poder é tratar do poder exercido por todo mundo, em alguma situação da vida. O pai e a mãe – e não só o político – têm poder, o professor é um poderoso em muitas situações. Tem poder, portanto, aquele que ocupa funções de mando nas relações do cotidiano, o que nos deve fazer pensar sobre o sentido último do exercício desse poder. Por isso, quis abrir a nossa conversa com uma expressão genial de João Guimarães Rosa, um poderoso inventor de palavras. Quando indagado por que preferia a literatura a participar da política institucional, Guimarães Rosa, que, sendo amigo do Juscelino Kubitschek, tinha lá suas relações, respondia como bom mineiro: "Os políticos só pensam no imediato. Eu quero eternidades, aposto na ressurreição dos homens."

Acredito na reinvenção necessária da linguagem do poder em qualquer instância, em casa, na sala de aula, na dimensão política mais geral. Na verdade, a dimensão política entra na nossa vida desde o nascimento. Nós já nascemos datados, circunstanciados historicamente, condicionados. Paulo Freire afirmava que o homem que percebe o seu condicionamento é o único capaz de superá-lo. Não creio que isso seja possível definitivamente, porque não somos deuses, mas acredito que, pelo menos, fosse fundamental adquirir essa consciência de classe, de conjuntura, de situação no mundo de ser com os outros.

O pensamento de Guimarães Rosa revoluciona a linguagem do poder e conseqüentemente o próprio poder, porque afinal, como observa Nei Lopes, "a linguagem é também ação, a palavra cria e recria a realidade". Com base nisso– e esse é um ponto fundamental –, é preciso entender o poder não como um lugar que se ocupa, mas como uma relação que se cria. Este Fórum, por exemplo, traduz uma relação de poder, pois não há encontro humano sem essa relação. Deve ficar claro, neste ponto, que o poder não é intrinsecamente mal como somos tentados a achar. O que existe é poder compartilhado, poder socializado. Isso acontece mesmo naquela famosa caricatura do anarquista absolutamente radical que, náufrago, chega a uma ilha e, mesmo antes de saber se ela era habitada ou não, diz: "*Hay gobierno, soy contra*". Ele, na verdade, já estava afirmando nessa frase algum tipo de poder, sem nem ocupar um trono: o que sugere o poder como uma relação.

Ao afirmar que estou aqui com o poder, até levantei da cadeira pensando em ludibriar a filmagem do telão, mas o telão é mais poderoso. O poder da tecnologia é fantástico, e com minha atitude tentava exercer um pouco esse poder. Se sou eu quem discursa aqui por quinze minutos, e não cada um de vocês, é porque os poderosos organizadores deste evento me convidaram. O poder é, então, uma relação dinâmica entre os seres humanos e pode ser usado para a libertação, para o crescimento, para a socialização, para a harmonia, para a busca da justiça e da paz, ou para a opressão, o apequenamento, a exploração.

A história da humanidade é recentíssima e isso é possível observar numa comparação que costumo utilizar. Se observarmos o planetinha Terra, desde que esfriou e começou a ter condições de habitabilidade, e considerarmos o seu tempo de existência num conjunto do universo como um dia de 24 horas, nós, os seres humanos, teremos surgido às 23h e 55min, e ainda estaremos, então, na infância. Estamos na infância ainda, mesmo depois da linguagem, esse salto maravilhoso que o ser humano deu, do grito *primae* de sons guturais para essa comunicação diversa em várias línguas, e também da prática da escrita. Leonardo Boff afirma que se deve sempre falar em pluriverso e não mais em universo.

Nós temos predominantemente ao longo da história da humanidade uma história de luta de classes e uma linguagem de dominação – não de libertação. Num rápido panorama, destacarei alguns momentos fundamentais dessa história da luta de classe.

A apropriação privada do bem comum, que Rousseau no século XVII definiu muito bem, é um marco na história da humanidade. Foi o fundador da sociedade civil aquele que primeiro chegou em um terreno, cercando essa porção de terra e dizendo: "isso é meu"; encontrando gente suficientemente tola ou ingênua para acreditar nisso. Ora, a partir desse momento, há uma mudança e a linguagem passa a ser a da posse e a da dominação.

Esse marco na história humana surge em diversas sociedades, desde as chamadas sociedades do modo de produção asiático, mais antigas até, por exemplo, o Egito dos Faraós, as sociedades absolutistas da Europa. Mais recentemente se estabeleceu também a origem divina do poder e, com ela, todo um discurso para justificar essa dominação. A teoria do direito divino dos reis é um exemplo disso. Nas revoluções burguesas, a guilhotina funcionava, inclusive, para demonstrar que ninguém tinha sangue azul, todos eram iguais. Evidenciava-se, portanto, uma igualdade estrutural entre os seres humanos, tendo em vista a sociedade de classes que estabelece essa diferença entre os homens, por meio de um discurso justificador dessa situação.

Outro marco importante da história humana, extremamente violento: o da servidão e da vassalagem, com o qual também se cria um discurso próprio. Antes mencionei Rousseau, mas agora posso aludir ao Brasil: um dos maiores cronistas da nossa época colonial, o padre jesuíta André João Antonil, quando em referência ao Brasil colonial afirmou o seguinte:

> O ser senhor de engenho é título a que muitos aspiram, pois traz consigo o ser servido obedecido e respeitado por muitos. Aos negros restam três pês: pau, pano e pancada.

Nessa sociedade construiu-se o Brasil, uma relação de servidão, de vassalagem. Sociedade que cria nas maiorias aquilo que alguns psicanalistas denominam – ou denominavam – estrutura psíquica de vassalo. A herança da escravidão na cultura brasileira, com todo seu discurso de dominação, está presente até hoje, manifestando esses estigmas.

Ora, é óbvio que se busca o poder, inclusive por meio da linguagem, vez que o poder não é tanto um lugar que se ocupa, mas muito mais uma relação que se cria, para obter mais espaço de decisão. Esse é um elemento importante. E a boa palavra fecunda e amplia esse espaço, funcionando para obter apoio e, se possível, consenso, adesão.

No nível do universo da sala de aula, o poder do convencimento, a capacidade de produzir adesão e de formar consensos é um atributo fundamental para o educador. Se não alcançamos isso em sala de aula, estamos fracassando na nossa linguagem e no exercício democrático do nosso poder. Aí, quando fraqueja a capacidade de convencer e produzir consensos, entra a necessidade da norma, a necessidade da disciplina e do controle. O poder é para isso também, é igualmente para conquistar e preservar posições. Evidentemente, alguns tentam manter isso pela força, pelo autoritarismo puro e simples e quem quer manter a autoridade, sem a capacidade de convencimento e sem a linguagem democrática da adesão vai partir da autoridade para o autoritarismo com enorme facilidade.

Ora, a verdade é que muitas vezes, no poder propriamente dito e no poder institucional, isso é quase regra. A mentira, a dissimulação e a hipocrisia funcionam como norma, ainda que estejamos diante de uma conquista recente da humanidade – a democracia eleitoral das massas é um fenômeno do século XX. Essa democracia eleitoral de massas chegou até o Brasil, se bem que aqui em geral costuma-se vivenciar as coisas com um século de atraso. Ela, no entanto, não retirou do discurso político propriamente dito, a hipocrisia, a dissimulação e a mentira. Um exemplo recentíssimo disso, aliás emblemático, carregado de hipocrisia, mentira e dissimulação, é o de dois senadores da República. Na Roma clássica, o Senado era a mais alta casa de sabedoria dos anciãos encanecidos; no Brasil, um ponto de equilíbrio do Império e da República.

É interessante a brincadeira que Darci Ribeiro fazia com o Senado, dizendo:

> Eu já posso até morrer, foi bom ter logo esse câncer, porque tive de arrancar um pulmão fora. Com isso, já não posso ter pneumonia dupla, o que é uma vantagem. Desde que cheguei aqui no Senado, já me sinto no céu. Aquelas cadeiras azuis, aquele ar-condicionado, aqueles discursos que fazem dormir melhor do que um Mogadon, do que um Valium, as secretárias lindíssimas... O que mais posso querer, fora o bom salário de senador?

O Senado da República oferece todas essas facilidades, porque ali está a consciência suprema do país. Há poucos meses nós vimos um embate radical entre dois líderes muito expressivos de dois grandes partidos brasileiros. Um deles, Antônio Carlos Magalhães, com o poder inequívoco na sua Bahia, dizia que o seu oponente no passado lembrava muito a grande prostituta; o outro, o senador Jader Barbalho, do Pará, dizia que o oponente não passava de um incrível ladrão. A opinião pública percebia que os dois tinham razão e que o embate era, na verdade, desqualificante e desqualificado. É engraçado que, com o tempo, isso até se transforme num sinal positivo, ambos renunciaram para não serem cassados e no ano que vem, com o seu discurso sedutor, estarão disputando eleições, muito provavelmente para o Senado da República. Foi até bom terem renunciado, porque um revelou o podre do outro, e ambos se conhecem muito bem. Aliás, no Brasil, em geral, só se sabe das grandes maracutaias quando um sócio resolve brigar, quando há alguma dissensão, como a que aconteceu entre Pedro Collor de Mello e seu irmão.

Ilustra bem essa situação aquela velha máxima do Barão de Itararé, o Aparício Torelli, que dizia que, negociata é um bom negócio do qual fomos excluídos. Ora, essa linguagem do poder é a linguagem da mentira, da dissimulação e tem ainda hoje uma tremenda eficácia. Ainda sobre o caso dos senadores, é importante ressaltar que, ao afirmar que provavelmente esses dois serão senadores de novo a partir de 2003, eu estou explorando o aspecto positivo de uma consciência geral, de uma opinião pública democrática que os levou à renúncia e tem como contraponto essa debilidade ainda da nossa institucionalidade política, que é a possibilidade real e concreta de eles voltarem carregados nos braços do povo.

Como essa dissimulação é antiga, eu escolhi dois textos clássicos do século XVII que revelam muito bem isso. Destaco, em primeiro lugar, o texto do cardeal Mazarino, que foi logo depois do cardeal Richelieu, uma figura da igreja de muito poder naquela época. Esse breviário político do cardeal Mazarino era muito lido – aliás, é até hoje. Recentemente, saiu uma nova edição, prefaciada por Bolívar Lamounier, a qual – dizem –, vende demais em Brasília. Eis o texto:

> Arranja-te para que teu rosto jamais exprima nenhum sentimento particular, mas apenas uma espécie de perpétua amenidade. Outra regra: deves ter informações sobre todo o mundo, não confiar teus próprios segredos a ninguém, mas colocar toda a tua perseverança em descobrir os dos outros. Para tanto, espiona de todas as maneiras possíveis. Quando um homem é atingido por um grande desgosto, aproveita para adulá-lo e consolá-lo, é com freqüência em tais circunstâncias que ele deixará transparecer seus pensamentos mais secretos e que mais oculta.

Essa lição de oportunismo, na forma sibilina do poder, é prática cotidiana nas instâncias do poder institucional, onde funciona com mais força ainda esse tipo de conduta falsa, fingida, mentirosa, perversa, poderosa. Molière reconheceu que a hipocrisia é um vício.

O próximo texto é antológico, tendo sido colocado no informativo do meu mandato, porque eu o considero muito bom. Todos os vícios na moda são virtudes, o personagem do homem de bem é o mais fácil de interpretar em nossos dias. Qualquer hipócrita o representa com razoável perícia. E fica quase impossível saber se estamos diante de um hipócrita no papel de um homem de bem ou se conversamos com um homem de bem, que banca o hipócrita para não ser humilhado como um homem de bem. Aí se vê que a inversão, como a mentira, acaba nos tornando prisioneiros do próprio personagem que resolvemos representar por condicionamentos, por maneirismos, por interesses menores. A linguagem do poder é, portanto, muito necessária, é inerente à condição humana, já que todos exercem algum tipo de poder. Por exemplo, o irmão maior oprime a irmã menor e, se não sobra ninguém para irmã menor oprimida oprimir, ela chuta o gatinho, que pega o rato, que busca um animal menor. Há uma cadeia de poder opressivo que tem de ser revertida, mas o discurso sempre a justifica, edulcorando isso em todos os momentos, já que a palavra está também no princípio do ser humano.

A reversão dessa cadeia de opressão é, pois, o grande desafio. É fundamental que revolucionemos a prática e o discurso políticos de mil maneiras. Sem a revolução cultural, sem a transformação cultural, sem a releitura daquilo que é o nosso ambiente cultural, não há mudança nenhuma. Só política pelo voto é uma ilusão, é preciso haver um processo de uma nova consciência, e eu creio que essa revolução, em primeiro lugar, tem de atender àquilo que o Guimarães Rosa via como incompatível: exercer o poder pensando no imediato, quando na verdade ele precisa acontecer fecundado por essa visão utópica, por um projeto de dimensão mais transcendental, pois a imanência só é plena quando se percebe também a transcendência.

Uma simples aula que eu venha a dar, por exemplo, pode ser grandiosa, se eu, o professor, detentor do poder, do saber, aprendo nessa aula; se eu sinto que a partir dela a roda da História andou um pouquinho para a frente; se todos – educador e alunado – saímos melhores dali; se criamos e recriamos através da palavra, porque o ofício do educador, do professor é essencialmente um ofício de palavras. Carlos Drummond de Andrade, no poema "O Lutador" afirmou:

> (...) lutar com palavras
> é a luta mais vã.
> Entanto lutamos
> mal rompe a manhã

Mas não creio que isso é vão. Não se tivermos essa dimensão da transcendência na imanência, da coerência e da autenticidade, do falar a verdade. Às vezes alguns colegas meus da Assembléia dizem que eu sou "sincericida" – o que eu tomo como elogio.

Por fim, antes de destacar o outro texto, ressalto dois contrapontos. O primeiro é o exercício de esperança, que eu aprendi num livro chamado *Império*, de um italiano e um inglês, Antônio Negri e Michael Hartz. Esse livro, que saiu há pouco pela Record, mostra que é preciso pensar em resistir criativamente ao comando imperial, apesar do globalitarismo, do poder aparentemente incontestável do império, que não será derrubado com aviões-bomba de jeito nenhum. Pelo contrário, Bush está reforçadíssimo e também o maniqueísmo da luta Bush *versus* Bin Laden, o bem contra o mal. A resistência está ligada à formação de aparatos cooperativos de produção na comunidade, que é um contrapoder.

> Jogaram uma bomba no McDonald's do centro da cidade. Houve a valorização de um certo coronel Amêndola, da recém-criada Secretaria de Divisão Antiterror. Ele, que tem experiência de combate nas celas da subversão e que já esteve com César Maia, agora está com Garotinho. Quem fez a investigação? Agentes do FBI... que foram investigar o estrago dos criminosos... dez sanduíches e uma maquininha. Outro episódio recente aconteceu em frente ao Consulado Americano. Até a rua foi fechada, mesmo sem autorização da Câmara de Vereadores, apesar de alguns estarem dispostos a dar a autorização. Afinal, era em dólar.

O segundo é dizer que a rebelião é um projeto de amor. Francisco de Assis, há oitocentos anos, em oposição ao capitalismo nascente, propôs uma vida de alegrias, uma vida que incluía todos os seres e a natureza, os pobres e os explorados contra a vontade do poder e da corrupção. Encontramo-nos novamente na situação de Francisco, propondo contra a miséria do poder a alegria do ser, uma revolução da cooperação do *biopoder* em amor, simplicidade e também inocência, que nenhum poder controlará. Essa é a irreprimível leveza da alegria de ser comunista, palavra que está em desuso porque ficou muito marcada, muito estigmatizada e, na verdade, significa aquele que aspira a tudo em comum, que busca a comunhão. É preciso resgatar o significado das palavras, pois o discurso do poder da libertação, da cooperação, do autêntico comunismo, da comunhão e da ressurreição é o discurso do anúncio, sim, das possibilidades de um mundo novo, diferente, mas também a denúncia da situação atual, sem o que continuamos com seqüelas de hipocrisia.

> Outro dia eu vi proverbialmente um secretário de governo do Rio de Janeiro dizer que, quando a primeira dama do Estado, mencionou a vice-governadora, dizendo que ela levou dinheiro do restaurante popular, ela não estava afirmando

que roubou, mas que sumiu, que o dinheiro podia ser levado daqui para ali. Não há lingüista nem erudito que apure o sentido inscrito nesse discurso invertido. Aqui o dito é o não-dito e já ninguém pergunta se será a Benedita. No dia seguinte ninguém queria mais falar do assunto. Aqui o discurso se trunca, o sim é não, o não, talvez, o talvez, nunca. Eis o sinal dos tempos: este país produtor que, quanto mais produz, tanto mais é devedor; um país exportador que, quanto mais exporta, mais importante se torna como mau pagador. E, no entanto, há quem julgue que somos um bloco alegre do "comigo-ninguém-pode", quando somos um país de cornos mansos, cuja história vai dar bode.

Mas vamos ao texto. É um longo poema, escrito por Affonso Romano de Sant'Anna em 1981. Foi republicado em 1998, "diante de pesquisa que apontava FHC como o brasileiro que mais envergonhava o país". O cronista começa lembrando um projeto de Constituição atribuído ao historiador Capistrano de Abreu, do início do século XX: "Artigo primeiro: todo brasileiro deve ter vergonha na cara; Parágrafo único: revogam-se as disposições em contrário." E segue com os versos:

Que vergonha, meu Deus! ser brasileiro
e estar crucificado num cruzeiro
erguido num monte de corrupção.
Antes nos matavam de porrada e choque
nas celas da subversão. Agora
nos matam de vergonha e fome
exibindo estatísticas na mão.
Estão zombando de mim. Não acredito.
Debocham a viva voz e por escrito
É abrir jornal, lá vem desgosto.
Cada notícia é um vídeo-tapa no rosto.
Cada vez é mais difícil ser brasileiro.
Cada vez é mais difícil ser cavalo
desse Exu perverso
nesse desgoverno terreiro.
Nunca vi tamanho abuso.
Estou confuso, obtuso,
com a razão em parafuso:
a honestidade saiu de moda
a honra caiu de uso.
De hora em hora a coisa piora:
arruinado o passado,
comprometido o presente,
vai-se o futuro à penhora.
Valei-me Santo Cabral
onde quem partiu, repartiu
ficou com a maior parte
deixando pobre o Brasil.
Eis uma situação
totalmente pervertida
– uma nação que é rica
– consegue ficar falida,
o ouro brota em nosso peito,
mas mendigamos com a mão,
uma nação encarcerada
que doa a chave ao carcereiro
para ficar na prisão.
Cada povo tem o governo que merece?
Ou cada povo
tem os ladrões a que enriquece?
Cada povo tem os ricos que o enobrecem?
Ou cada povo tem os pulhas
que o empobrecem?
O fato é que cada vez
mais mais se entristece esse povo num rosário
de contas e promessas num sobe e desce de
prantos e preces.
C'est n'est pas un pays sérieux!
já dizia o general.
O que somos afinal?

nessa avessa calmaria
em forma de recessão
e na tempestade da fome
ensinai-me a navegação.
Este é o país do diz e do desdiz,
onde o dito é desmentido
no mesmo instante em que é dito.
Não há lingüista e erudito
que apure o sentido inscrito
nesse discurso invertido.
Aqui o discurso se trunca:
o sim é não. O não, talvez.
O talvez, nunca.
Eis o sinal dos tempos
este o país produtor
que tanto mais produz
tanto mais é devedor.
Um país exportador
que quando mais exporta
mais importante se torna
como país mau pagador.
E, no entanto, há quem julgue
que somos um bloco alegre
do "Comigo Ninguém Pode"
quando somos um país de cornos mansos
cuja história vai dar bode.
Dar bode, já que nunca deu bolo,
tão prometido pros pobres
em meio a festas e alarde
Um país-pererê? folclórico? tropical?
misturando morte e carnaval?
Um povo de degradados?
Filhos de degredados
largados no litoral?
Um povo-macunaíma
sem caráter-nacional?
Por que só nos contos de fada
os pobres fracos vencem os ricos nobres?
Por que os ricos dos países pobres
são pobres perto dos ricos
dos países ricos? Por que
os pobres ricos dos países pobres
não se aliam aos pobres dos países pobres
para enfrentar os ricos dos países ricos,
cada vez mais ricos, mesmo
quando investem nos países pobres?
Espelho, espelho meu!
há um país mais perdido que o meu?
Espelho, espelho meu!
há um governo mais omisso que o meu?
Espelho, espelho meu!
há um povo mais passivo que o meu?
E o espelho respondeu
algo que se perdeu
entre o inferno que padeço
e o desencanto do céu.

Nota

Versão escrita, com mínimas alterações, da palestra proferida no VI Fórum. A transcrição foi feita pela bolsista Maria Fernanda Magro Dionysio e a revisão por Silvia Rosa de Oliveira, ambas do Instituto de Letras da UERJ.

INTERTEXTUALIDADE
Aspecto da textualidade e fator de coerência

André Valente

O trabalho aqui apresentado, fruto de pesquisa realizada durante seis anos, é parte do livro *Texto pra que te quero*, com lançamento previsto para 2002. O estudo ressalta a importância da intertextualidade na leitura de textos e como se torna fator de coerência. Parte-se da abordagem, segundo Beaugrande/Dressler e Maria da Graça Costa Val, dos sete aspectos da textualidade. Depois de conceituações de Laurent Jenny, entre outros, a respeito de intertextualidade, faz-se uma aplicação a linguagens várias: literária, jornalística, publicitária, musical, charges e cartuns.

O fenômeno da intertextualidade pode ser considerado hoje um recurso lingüístico de largo emprego em linguagens as mais variadas. Quem o desconhece encontra dificuldades na leitura de textos – da linguagem literária e da não literária – que o incorporam. Cabe destacar que o domínio de tal recurso permite a compreensão plena da mensagem e, conseqüentemente, a verdadeira fruição dela. Vale dizer, ainda, que o conhecimento e o uso criativo do mesmo recurso tornam mais competente, lingüisticamente, o produtor de textos. Assim o fez Eno Teodoro Wanke, ao lembrar e brincar com a referência às funções sintáticas a partir de passagem religiosa: "No princípio era o verbo. Depois, veio o sujeito e os outros predicados: os objetos, os adjuntos, os complementos, os agentes, essas coisas. E Deus ficou contente. Era a primeira oração."

Na última década, os estudos lingüísticos privilegiaram, na investigação do texto, as noções de coerência e coesão. Puseram em xeque, então, uma visão reducionista que fragmentava o texto com ênfase para a classificação de orações e análise de seus termos.

A nova abordagem encontrou suporte técnico na Lingüística Textual (LT) e na Análise do Discurso (AD). Dentre os vários trabalhos produzidos, destacam-se o de Beaugrande & Dressler, o de Halliday & Hasan e o de Charolles – que serviram de base aos elaborados no Brasil por Koch, Fávero, Fiorin, Travaglia e Costa Val, entre outros.

Destaco algumas considerações de Halliday & Hasan sobre o termo "texto", fragmentos que traduzi da obra *Cohesion in English:*

> A palavra texto é usada em lingüística para referir-se a qualquer passagem, falada ou escrita, de qualquer tamanho, que realmente forma um todo unificado. Nós sabemos, como regra geral, quando alguma passagem de nossa própria língua constitui um texto ou não. Isto não significa que nunca possa haver alguma dúvida. A diferença entre um texto e uma coleção de frases desconexas é, em última análise, uma questão de grau, e sempre pode haver instâncias sobre as quais nós temos dúvidas... Mas isso não invalida a observação geral de que somos sensíveis à diferença entre o que é texto e o que não é.

Um texto é melhor visto como uma unidade SEMÂNTICA: uma unidade não de forma mas de significado. Portanto, está relacionado a uma oração ou frase não pelo tamanho mas pela REALIZAÇÃO, o código de um sistema simbólico é outro/diferente. Um texto não é constituído de frases, ele é REALIZADO POR, ou codificado em frases. Se nós assim o entendermos, não esperaremos encontrar o mesmo tipo de integração ESTRUTURAL entre as partes de um texto como encontramos entre as partes de uma frase ou oração. A unidade de um texto é uma unidade de tipo diferente.

A LT busca, desde início, definir texto e textualidade: o conceito desta é visto como o conjunto de características que fazem com que um texto seja um texto, e não apenas um amontoado de frases; o daquele como uma unidade lingüística concreta em uma dada situação de interação comunicativa.

Os princípios de coerência e coesão são vistos como "unidade de sentido do texto" e "ligação das idéias do texto", respectivamente. No seu clássico estudo *Comunicação em prosa moderna*, extraordinária e ainda atualíssima obra sobre produção textual, Othon Moacyr Garcia diz-no que coerência "é o que está junto ou ligado; consiste em ordenar e interligar as idéias de maneira clara e lógica e de acordo com um plano definido".

Em obra mais recente, Maria da Graça Costa Val afirma-nos que a coesão "é a manifestação lingüística da coerência; advém da maneira como os conceitos e relações subjacentes são expressos na superfície textual". "Os fatores de coesão dão conta da estruturação da seqüência superficial do texto e os de coerência dão conta do processamento cognitivo do mesmo", segundo Leonor Lopes Fávero, que faz a seguinte síntese:

COESÃO – nível microtextual; ligação das idéias do texto;
COERÊNCIA – nível macrotextual; unidade de sentido de texto.

Para a boa compreensão de um texto, devem-se considerar três aspectos: o pragmático, que se refere ao seu funcionamento enquanto atuação informacional e comunicativa; o semântico-conceitual, relativo à sua coerência; e o formal, concernente à sua coesão.

OUTROS ASPECTOS DA TEXTUALIDADE

Beaugrande & Dressler apresentam os sete princípios da textualidade. Além da coerência e da coesão, destacam ainda: a aceitabilidade, a informatividade, a intencionalidade, a intertextualidade e a situacionalidade. Os dois primeiros referem-se aos elementos lingüísticos e conceituais do texto; os cinco últimos, ao aspecto pragmático do processo comunicativo.

A *aceitabilidade* está relacionada à atitude do receptor frente aos textos, se têm relevância ou utilidade para ele. Tal princípio depende da *intencionalidade*, relacionada à atitude do autor que busca apresentar um texto coerente e coesivo. O remetente tenta criar um texto que tenha sentido e o destinatário o recebe como algo com sentido.

Há quem considere que não existe texto incoerente, uma vez que, pelo princípio da cooperação, o receptor esforça-se para dar um sentido ao texto e tenta encontrar coerência nele.

O princípio da *informatividade* mostra até que ponto uma informação é nova ou não no texto. Tanto o excesso como a escassez de informações novas podem prejudicar o entendimento do texto. Cabe destacar que *nova* é a informação não recuperável no texto e que constitui um *dado* a que pode ser recuperada. Facilita a compreensão do texto o *conhecimento partilhado*, o conhecimento de mundo, com algum grau de similaridade, do remetente e do destinatário.

A *intertextualidade* refere-se às citações de outros textos feitas pelo autor do texto, que, conscientemente, intenta fazer o destinatário perceber as conexões semânticas entre o texto por ele produzido e outro(s) texto(s) anteriormente produzido(s).

A intertextualidade – ou intertexto – é recurso bastante utilizado atualmente nos meios de comunicação, mas sempre esteve presente na literatura e foi sistematizada na teoria da literatura, como lembra Samir Meserani:

> *Intertextualidade* é uma expressão do léxico atual da teoria da literatura, criada pela semioticista Júlia Kristeva, para designar o fenômeno da relação dialógica entre textos. As primeiras formulações sobre esta relação, em termos da imanência do texto e não de influências marcadas extratextualmente, vêm de dois ensaios pioneiros de autores ligados ao formalismo russo. O primeiro, 'Dostoievsky e Gogol: contribuição à teoria da paródia', de J. Tynianov, foi publicado em 1921. Posteriormente, em 1929, surge 'Problemas da poética de Dostoiévsky', de M. Bakthin, a quem se devem as expressões *dialogismo e polifonia* transpostas para o campo da crítica e da poética literárias. (p. 63)

De minha parte, acrescento, com base em trabalho de Laurent Jenny, que a intertextualidade pode ser: a) interna – quando o autor cita a si próprio; b) externa – quando cita outro(s) autor(es).

A externa subdivide-se em: explícita – citação na íntegra de uma frase, um verso, um fragmento de texto; implícita – citação parcial, modificada.

Exemplos:

(1) "Muito gogó e pouco trabalho, os males do governo são." (Elio Gaspari, *Folha de S. Paulo*: 30.05.99). É um caso de intertextualidade externa e implícita, pois Gaspari alude à passagem de Lima Barreto em *Policarpo Quaresma*: "Muita saúva e pouca saúde, os males do Brasil são."

(2) Anúncio da Vila Romana: "A concorrência que nos desculpe, mas beleza e preço baixo são fundamentais. Aumente suas chances." É intertextualidade externa e implícita, com referência aos versos de Vinicius de Morais: "As feias que me desculpem, mas beleza é fundamental".

O estudo de Laurent Jenny privilegia a linguagem literária, mas é aplicável a linguagens várias (jornalística, publicitária, cinematográfica etc). Os meios de comunicação têm utilizado, em grande escala, o recurso da intertextualidade ou intertexto. O autor deve ser criterioso na sua utilização, pois

> (...) a intertextualidade designa não uma soma confusa e misteriosa de influências, mas o trabalho de transformação e assimilação de vários textos, operado por um texto centralizador, que detém o comando do sentido. (L. Jenny, 1979: 14)

A *situacionalidade* refere-se a fatores que dão relevância a um texto numa dada situação comunicativa. O texto vincula-se às circunstâncias em que interagimos com ele e sua configuração aponta a utilidade e a pertinência dos nossos objetivos.

OUTRAS CONSIDERAÇÕES SOBRE INTERTEXTUALIDADE

Entendo que a intertextualidade externa prevalece sobre a interna, uma vez que esta pode ser demonstração de vaidade ou cabotinismo. Passa a ter maior valor quando o autor sinaliza mudança de rumo na sua obra, como fez Chico Buarque de Holanda ao cantar que "Essa moça tá diferente", referindo-se à mudança sofrida pela "moça triste que via a banda passar". Dela também se valeu Drummond, em *Sentimento do mundo*, quando registrou: "Não, meu coração não é maior que o mundo/ É muito menor." Dissera, dez anos antes em *Alguma Poesia*: "Mundo mundo, vasto mundo/ Mais vasto é o meu coração."

A intertextualidade externa implícita pode ser considerada mais sofisticada que a explícita, se considerarmos que exige muito mais do leitor no jogo intertextual, pressupondo maior grau de informatividade, mais "conhecimento de mundo": "mundo partilhado". Constitui fator importante para a coerência do texto, pois o leitor, não possuindo as referências ou não identificando as citações, pode encontrar dificuldades para a decodificação da mensagem.

Quando o autor utiliza a intertextualidade, busca uma espécie de cumplicidade com o leitor para integrá-lo à construção da mensagem. A respeito dessa prática, diz Elisa Guimarães:

> As práticas intertextuais inscrevem o texto novo num campo intelectual já conhecido do leitor, com quem estabelecem uma espécie de conivência, pela reutilização de material que remete a um "já escrito" que predetermina o texto e lhe assegura a previsibilidade – desde a simples reminiscência até a citação. (p. 26)

Laurent Jenny, sobre o estatuto da palavra "intertextual", afirma:

> Sejam quais forem os textos assimilados, o estatuto do discurso intertextual é assim comparável ao duma superpalavra, na medida em que os constituintes

deste discurso já não são palavras, mas sim coisas já ditas, já organizadas, fragmentos textuais. A intertextualidade é a soma dos textos existentes. (p. 21)

Ao que se pode acrescentar o que Paul Zumthor diz sobre texto e intertextualidade:

> Cada texto é intertexto, zona de união onde se cruzam duas séries textuais: o que eu chamaria, à falta de melhor, a **menção** e a **dicção**. Menção: o contexto lato constituído pela situação de enunciação e por tudo o que, na ordem sócio-histórica, a determina. Dicção: o contexto estreito das frases que precedem o enunciado e se lhe seguem. (p. 119)

Ao tratarem do verbete "intertextualidade", A. J. Greimas e J. Courtés destacam que o conceito, introduzido pelo semioticista russo Bakthin, despertou no Ocidente grande interesse. Alertam, no entanto, para o seguinte fato:

> A imprecisão desse conceito deu margem, entretanto, a extrapolações diversas, indo ora até a descoberta de uma intertextualidade no interior de um mesmo texto (em razão das transformações de conteúdo que nele se produzem), ora revestindo com um vocabulário renovado as velhas influências (no estudo das citações, com ou sem aspas, por exemplo). (p. 242)

Esses limites estão mencionados por Peônia Guedes em seu estudo sobre os romances de Margaret Drabble, quando dedica um capítulo à questão da intertextualidade, a tessitura dos textos. No que se refere à relação leitor/autor, ela observa que:

> Embora muitos teóricos da intertextualidade discordem sobre a questão da relevância do autor e/ou leitor para o processo intertextual, este estudo considera que os dois eixos da intertextualidade – textos entrando através do autor e textos entrando através dos leitores – são importantes em discussões sobre a questão. (p. 39)

Maria Teresa Gonçalves Pereira ressalta a presença da intertextualidade fora dos textos literários e diz:

> Ela está também nas pequenas intervenções do dia-a-dia, em conversas ou situações informais, títulos de obras de meios de comunicação diversos. Aparece para pontuar, esclarecer, caracterizar melhor determinada situação. (p. 284)

Ao mostrar que a intertextualidade é fator importante para a legibilidade, Gerard Vigner destaca que tal condição extrapola a linguagem literária:

Afirma-se aqui a importância do fenômeno da intertextualidade como fator essencial da legibilidade do texto literário e, a nosso ver, de todos os outros textos. O texto não é mais considerado só nas suas relações com um referente extratextual, mas primeiro na relação estabelecida com outros textos. (*apud* Charolles, p. 32)

O tema da intertextualidade também interessa à prática escolar. Samir Meserani lembra que se privilegiava o texto literário e havia uma abordagem ingênua de influências sofridas pelo autor. Pontua que "o fenômeno da redação textual ganha dimensões realmente novas a partir da análise que Bakthin faz da obra de Dostoievsky", surgindo o conceito de polifonia, metáfora musical trazida para a reflexão literária. Posteriormente, passa-se ao conceito de dialogismo. Chega-se, adiante, aos conceitos de "literatura carnavalizada" e "carnavalização". Bakthin também trabalha os conceitos de "estilização" e "paródia" que nos interessam para análises com base na intertextualidade. A primeira é convergente/concordante; a segunda, divergente/discordante.

Affonso Romano de Sant'Anna propôs a comparação entre paródia e paráfrase, entendida esta como "dizer-se a mesma coisa com outras palavras", ou seja, fazer-se a reescritura de um texto. A exemplificação de Affonso Romano, a partir da famosa *Canção do exílio*, de Gonçalves Dias, ilustra bem as semelhanças e as diferenças.

Paráfrase	**Estilização**	**Paródia**
Europa, França e Bahia	Um dia depois do outro	Canto de regresso à pátria
Meus olhos brasileiros se fecham saudosos Minha boca procura a *Canção do Exílio.* Como era mesmo a *Canção do Exílio*? Eu tão esquecido de minha terra... Ai terra que tem palmeiras Onde canta o sabiá.	Esta saudade que fere mais do que as outras quiçá, Sem exílio nem palmeira onde cante um sabiá...	Minha terra tem palmeiras onde gorgeia o mar os passarinhos daqui não cantam como os de lá.
Carlos Drummond de Andrade	*Cassiano Ricardo*	*Oswald de Andrade*

ANÁLISE DO *CORPUS*

Com base nas considerações anteriores, seguem-se comentários acerca de textos, literário e não literário. Começo pelo final, exemplificando com a estilização do poema mais intertextualizado da literatura brasileira. No primeiro caso, o inédito poema de Ferreira Gullar, publicado pelo *Jornal do Brasil*:

Minha Amada Tem Palmeiras

Onde cantam passarinhos
e as aves que ali gorgeiam
em seus seios fazem ninhos
Ao brincarmos sós à noite
nem me dou conta de mim:
seu corpo branco na noite
luze mais do que o jasmim
Minha amada tem palmeiras
tem regatos tem cascata
e as aves que ali gorgeiam
são como flautas de prata
Não permita Deus que eu
viva
perdido noutros caminhos
sem gozar das alegrias
que se escondem em seus
carinhos
sem me perder nas
palmeiras
onde cantam passarinhos

"Nova canção do exílio", outro poema inédito
para *Cláudia*, feito por Gullar em 1997

Em seguida, a paródia de Millôr Fernandes do poema de Manuel Bandeira, "Vou-me embora pra Pasárgada":

Que o Manuel Bandeira me perdoe, mas...
VOU-ME EMBORA DE PASÁRGADA!

Vou-me embora de Pasárgada
Sou inimigo do rei
Não tenho nada que quero
Não tenho e nunca terei
Vou-me embora de Pasárgada
Aqui eu não sou feliz
A existência é tão dura
As elites tão senis
Que Joana, a louca da Espanha
Ainda é mais coerente
Do que os donos do país.

A gente só faz ginástica
Nos velhos trens da central

Se quer comer todo dia
A polícia baixa o pau
E como já estou cansado
Sem esperança num país
Em que tudo nos revolta
Já comprei ida sem volta
Pra outro qualquer lugar
Aqui não quero ficar.
Vou-me embora de Pasárgada.
Pasárgada já não tem nada
Nem mesmo recordação
Nem a fome e a doença
Impedem a concepção
Telefone não telefona
A droga é falsificada
E prostitutas aidéticas
Se fingem de namoradas
E se hoje acordei alegre
Não pensem que eu vou ficar
Nosso presente já era
Nosso passado já foi.
Dou boiada pra ir embora
Pra ficar só dou um boi
Sou inimigo do rei
Não tenho nada na vida
Não tenho e nunca terei
Vou-me embora de Pasárgada.

Há intertextualidades facilmente identificáveis (referências a grandes sucessos musicais, cinematográficos ou televisivos) e existem outras mais complexas, difíceis de serem identificadas, principalmente as citações literárias mais sofisticadas. Assim, o anúncio (*O Globo:* 5.2.97) da lanchonete Balada Sumos (Leblon, Rio de Janeiro), com promoção especial para sucos, vitaminas e sanduíches, tinha como chamada: "descobri que te amo demais".

Fica fácil para o leitor identificar o grande sucesso na voz de Zeca Pagodinho. Já a charge de Cláudio Paiva (*Jornal do Brasil*: 12.4.01), com base na visita do representante da ONU às nossas delegacias policiais, tem como referência um texto mais difícil de ser identificado, "Poema em linha reta", de Fernando Pessoa, cujo início é: "Nunca conheci quem tivesse levado porrada./ Todos os meus conhecidos têm sido campeões em tudo."

CLÁUDIO PAIVA

Tanto no anúncio como na charge, há intertextualidade externa explícita. O veículo ou a linguagem pode tornar mais acessível a mensagem.

Chico Caruso usou a intertextualidade externa implícita na charge (*O Globo,* 18.5.00) em que Antônio Carlos Magalhães se contempla ao espelho e diz: "Espelho meu, existe alguém mais ACM do que eu?"

Chico Caruso, ao se referir à frase da personagem – a Rainha Malvada, de "Branca de Neve e os sete anões" –, ironiza as atitudes absolutistas de ACM.

O mesmo tipo de intertextualidade é usado por Chico Caruso (*O Globo*, 15.9.01) para denunciar os conflitos no Oriente Médio e o papelão dos Estados Unidos. Recorre o autor ao famoso ditado popular.

CHICO

- E isso aí: quem tem Bush, tem medo!

Jaguar explora no seu cartum (*O Dia*, 28.9.01) a campanha contra o uso de drogas, cujo slogan – criado por Ziraldo – era "A droga é uma merda". Jaguar inverte o discurso combinando-o com o neologismo semântico "esgotada" (relativo a "esgoto" e não, a "esgotar")

A linguagem jornalística utiliza, mais em manchetes, o recurso da intertextualidade. Com freqüência, remete a ditados populares. Aqui a referência é feita a "quem não tem cão caça com gato" para realçar as limitações dos taxistas brasileiros, comparados aos "ricos" taxistas americanos.

Quem não tem câmera se defende com porrete

Taxistas do Rio invejam colegas dos EUA que ganharão R$ 10 milhões para frear violência

O pensamento do dia
(quer dizer do Globo)

"As feias que me desculpem, mas a beleza é fundamentalista"

Vinicius de Mulhaes, o Profetinha

Ainda no texto jornalístico, o recurso é bastante utilizado pelos humanistas, como Agamenon em *O Globo* (22.9.01), citando Vinicius de Morais "as feias que me desculpem, mas beleza é fundamental".

E o clássico "Amélia" (Ataulfo Alves/Mário Lago), invertendo o papel de "mulher passiva" para "mulher ativa", para destacar as denúncias de Nicéa contra Pita.

> **AGAMENON**
> Nicéa que era mulher de verdade.

Millôr Fernandes erotiza a linguagem ao misturar política e sexo, explorando a língua (epa!) portuguesa (?) pela aproximação dos significantes "Viagra" e "Guevara".

> **GUEVARA:** "Hay que endurecer pero sin perder la ternura, jamás."
> **VIAGRA:** "Hay que enternecer, pero sin perder la dureza, jamás."
>
> PS. Vocês perceberam que *Viagra* é quase um anagrama de *Guevara*?
> *Millôr, O Dia: 16.4.98*

O trabalho de Paulo Caruso critica a exploração da miséria humana, própria do "mundo cão", ao satirizar o programa do Faustão que levara um garoto deficiente, Latininho, para imitar o cantor chamado Latino. Caruso personifica o cão e animaliza o ser humano.

PAULO CARUSO

O anúncio publicado no *Jornal do Brasil* de 17.7.99 nos lembra a canção de Vinicius de Morais e Toquinho, integrante de um especial da TV Globo dedicado às crianças.

A linguagem da propaganda volta a citar Vinicius, não o letrista da MPB mas o poeta da literatura, no anúncio abaixo:

Além da intertextualidade verbal, com os versos iniciais do "Poema enjoadinho", de Vinicius, "Filhos... Filhos? / Melhor não tê-los! / Mas se não os temos / Como sabê-los?", percebe-se a referência não verbal à famosa cena do vestido de Marilyn Monroe em *O pecado mora ao lado*.

Aroeira tem sua versão para a convulsão sofrida por Ronaldinho na Copa do Mundo de 1998. Falou-se em intervenção da Nike, em suborno dos jogadores e em envenenamento da comida. A versão mais corrente foi que Ronaldinho "amarelou". Aroeira chegou a declarar que ninguém passa, impunemente, pela experiência de ter Roberto Carlos como companheiro de quarto e nos dá a sua versão citando o anúncio do chinelo Rider protagonizado por Roberto Carlos. No lugar da sensual espanhola que aparecia na sacada do sobrado ao final do anúncio...

O trabalho de Paulo Caruso (*Jornal do Brasil*: 21.4.96) nos remete a um dos ícones mais utilizados na cultura ocidental, a imagem de Cristo crucificado. No caso, a referência é feita aos sem-terra massacrados no Pará, massacre de repercussão internacional. O autor explora, ainda, a semelhança entre os significantes INRI (Iesus Nazarenus Rex Iudeorum) e INCRA (Instituto Nacional de Coordenação de Reforma Agrária).

Nas letras de música, a intertextualidade também se fez presente como nos demonstram, entre outros, Caetano Veloso em "Livros" no verso "Tropeçava nos astros distraída", homenageando o verso "Tu pisavas nos astros distraída", da canção "Chão de estrelas", de Sílvio Caldas e Orestes Barbosa.

A canção "Pela Internet", de Gilberto Gil, homenageia, já a partir do título, a canção "Pelo telefone" de Donga. Os versos finais de Gilberto Gil, "que o chefe da polícia carioca avisa pelo celular/ que lá na Praça Onze tem um videopôquer para se jogar", remetem-nos aos versos iniciais as canção de Donga, "o chefe da polícia,/ pelo telefone, manda me avisar/ que na carioca tem uma roleta para se jogar".

Em "Justiça Gratuita", um dos mais importantes compositores do samba carioca de raiz, Nei Lopes, debocha do "juridiquês" que grassa por aí. O primeiro verso da estrofe inicial é homenagem ao grande sucesso de Martinho da Vila.

JUSTIÇA GRATUITA

Felicidade passou no vestibular
E agora tá ruim de aturar.
Mudou-se pra Faculdade de Direito
E só fala com a gente de um jeito
Cheio de preliminar (é de amargar)
Casal abriu, ela diz que é divórcio
Parceria é litisconsórcio

Sacanagem é libidinagem e atentado ao pudor
Só fala cheia de subterfúgios
Nego morreu, ela diz que é de-cujus
Não agüento mais essa Felicidade
Doutor Defensor
(Só mesmo um desembargador)

A conclusão retoma o início da exemplificação, já que "No princípio era o verbo, e o verbo estava com Deus, e o verbo era Deus" (João, 1:1). O poeta Manoel de Barros, em "Livro das Ignorações", retoma a mesma passagem e faz metapoesia para enfatizar as criações poéticas, o fazer literário.

VII

No descomeço era o verbo.
Só depois é que veio o delírio do verbo.
O delírio do verbo estava no começo, lá onde a
criança diz: *Eu escuto a voz dos passarinhos.*
A criança não sabe que o verbo escutar não funciona
para cor, mas para som.
Então se a criança muda a função de um verbo, ele
delira.
E pois.
Em poesia que é voz de poeta, que é a voz de fazer
nascimentos –
O verbo tem que pegar delírio.

Se aceitamos que um texto não é um sistema fechado, não é auto-suficiente, podemos reconhecer que o escritor (o produtor de texto), que, também – ou antes de tudo – é leitor, vem carregado de influências várias, de múltiplas citações. Nós, autores, somos resultado de várias leituras. De alguma forma, tudo já foi dito; cabe a nós outros saber redizer. Que tenhamos competência lingüística – e intertextual – para fazê-lo com "engenho e arte".

REFERÊNCIAS BIBLIOGRÁFICAS

BEAUGRANDE, R. de & DRESSLER, W. V. *Introduction to Text Linguistics*. Londres: Longman, 1981.

CHAROLLES, Michel. "Introdução aos problemas da coerência dos textos". *In*: GALVES, C. *et al.* (org.). *O texto: leitura e escrita*. Campinas: Pontes, 1997.

COSTA VAL, Maria da Graça. *Redação e textualidade*. São Paulo: Martins Fontes, 1991.

——— "Repensando a textualidade". *In*: AZEREDO, José Carlos de (org.). *Língua Portuguesa em debate*. Petrópolis: Vozes, 2000, p.p. 34-51.

FÁVERO, Leonor L. *Coesão e coerência textuais*. São Paulo: Ática, 1991.

——— & KOCH, Ingedore V. *Lingüística textual:* introdução. São Paulo: Cortez, 1983.

FIORIN, José L. "Teorias do texto e ensino: a coerência". In: VALENTE, André. *língua, língüística e Literatura:* uma integração para o ensino. Rio de Janeiro: EDUERJ, 1998, p.p. 209-27.

GARCIA, Othon M. *Comunicação em prosa moderna*. Rio de Janeiro: Fundação Getúlio Vargas, 1977.

GUEDES, Peônia Viana. *Em busca da identidade feminina:* os romances de Margaret Drabble. Rio de Janeiro: Sete Letras, 1997.

GUIMARÃES, Elisa. *A articulação do texto*. São Paulo: Ática. 1997.

GREIMAS, A. J. & COURTÉS, J. *Dicionário de semiótica*. São Paulo: Cultrix, 1979.

HALLIDAY, M. A. K. & HASAN, R. *Cohesion in English*. Londres: Longman, 1976.

KOCH, Ingedore V. *O texto e a criação dos sentidos*. São Paulo: Contexto, 1997.

JENNY, Laurent. "A estratégia da forma". *In*: *Poétique*. Coimbra: Livraria Almedina, n. 27, 1979.

MESERANI, Samir. *O intertexto escolar*. São Paulo: Cortez, 1995.

PEREIRA, Maria Teresa Gonçalves. "Leitura e intertextualidade: o cruzamento de teorias e práticas textuais". *In*: VALENTE, André (org.). *língua, lingüística e Literatura*. Rio de Janeiro: Eduerj, 1997, p.p. 279-91.

SANT'ANNA, Affonso Romano. *Paródia, paráfrase & cia*. São Paulo: Ática, 1998.

VALENTE, André. *A linguagem nossa de cada dia*. Petrópolis: Vozes, 1997.

ZUMTHOR, Paul. *Performance, recepção, leitura*. São Paulo: EDUC, 1999.

DICIONÁRIO HOUAISS
Léxico e atualidade

Mauro de Salles Villar

O primeiro dicionário de que se tem notícia foi feito há mais de 4 mil anos, no tempo em que os amoritas dominavam a Babilônia e a Mesopotâmia, e no Egito o Médio Império florescia. A biblioteca em que foi encontrado pertencia aos reis de Ebla, cidade bíblica cujo fastígio se deu na Idade do Bronze, e que, destruída pelos hititas em 1600 a.C., só em 1968 seria redescoberta no Norte da Síria. A biblioteca é formada por cerca de 17 mil tabletes de argila e fragmentos, e o dicionário, bilíngüe, eblaíta-sumeriano, foi compilado entre 2350 e 2300 a.C.

Os gregos, a partir do século I de nossa era, fizeram dicionários, assim como houve lexicógrafos escolásticos durante a Idade Média. Mas qual a afinidade dos primitivos dicionários com os atuais. Como nasceram os dicionários modernos?

Sua gênese está ligada a dois fenômenos. Em primeiro lugar, ao estabelecimento dos romanços como línguas nacionais, processo que se inicia seguramente já no fim do século IV, com a fixação posterior de sua gramática e seu levantamento lexical em relação ao latim. Em segundo lugar, com a prática das chamadas anotações interlineares (*glosae*) nos cimélios medievais a partir do século VII, glosas essas que acabaram por grupar-se no final dos livros e posteriormente tornaram-se livros autônomos (*glosarii*). Os primeiros dicionários dessa nova fase, assim como acontecia com a maior parte dos da Antiguidade, eram bilíngües, geralmente confrontando o latim com as línguas vernáculas. Seu público-alvo eram, não só os estudantes, mas viajantes, comerciantes, evangelizadores, diplomatas etc.

O primeiro dicionário do português é considerado o do bacharel formado em Cânones e poeta Jerônimo Cardoso – uma obra bilíngüe: *Hieronymi Cardosi Lamacensis Dictionarium ex Lusitanico in latinum sermonem. Ulissipone: Ex offic. Joannis Alvari* 1562. Houve antes do seu aparecimento alguns glossários, mas pequenas obras, pouco importantes. Cardoso foi professor de Humanidades na Universidade, quando esta tinha sede em Lisboa e morreu nessa cidade em 1569. Este seu famoso dicionário teve diversas edições, até 1694.

Vejamos, porém, de que maneira se consegue construir um novo dicionário, diferente dos demais existentes na língua. Que problemas e lacunas mencionáveis nessas obras seria preciso resolver e de que modo? Que aprimoramentos e inclusões efetuar, sem torná-lo irrealizável no tempo imposto para a sua elaboração? Com que grupo de lexicógrafos e colaboradores generalistas e especialistas contar para levar a cabo a obra, evitando tornar a sua produção demasiado dispendiosa nem incontrolável o seu fluxo de criação? Que organização estrutural dar a esse grupo para tal fim? Que consecuções técnicas inovadoras de dicionários estrangeiros contemporâneos considerar para eventual incorporação? Que contribuição metodológica, no cotejo com os dicionários existentes, poderia ser ensaiada por nós? Seria isso possível?

Pressupostos desse gênero, dentre inúmeros outros aventados antes do início do trabalho de elaboração do *Dicionário Houaiss* e durante o seu processo inicial, balizaram o estabelecimento do plano técnico a adotar pela equipe lexicográfica.

FUNDAMENTOS

Quatro fundamentos estabeleceram-se para o trabalho a desenvolver:

1. O levantamento, por meio de técnicas de coleta mistas, de uma nominata o mais abrangente possível, mas de volume compatível com um dicionário de língua geral, com a preocupação de incluir outras realizações do português que não apenas as do eixo Portugal-Brasil;
2. O arrolamento e análise minuciosos dos elementos mórficos da língua como base para o estabelecimento de grandes famílias lexicais com um étimo remoto comum;

3. Um máximo esforço de datação, que funcionasse como abonação da unidade léxica definida e desse confiabilidade à organização de suas acepções dentro dos verbetes; e
4. Um aprofundamento do estudo etimológico de cada unidade, com o fito de ancorar as definições dos verbetes.

FORMAÇÃO DA NOMINATA

A primeira fase da elaboração da obra foi fundamentalmente de coleta de dados para a estruturação dessas quatro ordens, mas não apenas isso, por ser necessário dar também início à redação do dicionário. A base documental sobre a qual foi elaborado originou-se de pesquisas em grande número de fontes, em que se incluíram obras literárias, científicas, técnicas, didáticas, periódicos de informação geral e de entretenimento etc., grande número dos quais citados nas bibliografias do dicionário, do que resultaram extensos fichários, quer digitados, quer fruto de leituras automáticas com dispositivos de varredura eletrônica.

A consulta metódica a todos os dicionários mais importantes da língua e a léxicos estrangeiros foi igualmente realizada, para evitar lacunas importantes e para se ter idéia do universo geral sobre o qual iríamos trabalhar.

A nominata estabelecida enriqueceu-se com inclusões enviadas pelos colaboradores estrangeiros, resultando numa nomenclatura, tanto quanto possível, variada, que compreende porções representativas do português formal e do informal, a língua literária, vocábulos das terminologias, assim como dialetismos brasileiros e portugueses. Registraram-se e definiram-se igualmente certo número de palavras e locuções dos crioulos orientais e africanos de origem portuguesa, e diversos vocábulos de outros idiomas – por exemplo do chinês e de algumas línguas africanas –, incorporadas de certa forma ao nosso léxico por se registrarem em obras literárias cujo meio de expressão foi o português.

ELEMENTOS MÓRFICOS

No que tange aos elementos mórficos, o grupo chefiado diretamente por Antônio Houaiss procurou arrolar, do modo mais exaustivo possível, o seu universo na língua: prefixos, sufixos, infixos, vogais e consoantes de ligação, outros grafemas, desinências, e certos radicais que denominamos *elementos de composição antepositivos*, *interpositivos* e *pospositivos*. Há, por fim, aqueles a que chamamos *terminações* – partículas verbais pospositivas, levantadas após a verificação dos paradigmas em torno de que tais elementos se grupam. O objetivo disso foi possibilitar a identificação dos padrões de alteração gráficos, históricos, semânticos e/ou morfológicos ocorridos em cada grupo. (No bojo de tais verbetes, no dicionário, aproveitamos para esclarecer também particularidades de conjugação verbal).

O que nos moveu a aprofundar esta questão foi a sua utilidade imediata para esclarecer certo número de questões suscitadas pelos consulentes – por exemplo, a razão de uma forma, de um significado, quando o elemento se integrou ao acervo da língua, de onde proveio, que família de unidades gerou, qual o motivo de certa forma ser preconizada como preferencial em relação a outra etc. O dicionário empenhou-se em registrar o já conhecido sobre o assunto e acrescentar-lhe, todas as vezes que possível, algo além, resultando desse trabalho um conjunto específico de 13.295 unidades, transformadas em verbetes da nominata geral que incluem exemplários com dezenas ou mesmo centenas de palavras entreligadas, visibilizando a rede abrangente de famílias dentro da língua.

Tal prática possibilitou que a etimologia mergulhasse sobre o étimo imediato de cada palavra, bastando, depois, referir o elemento mórfico que lhe servia de étimo remoto, sem a necessidade de repetir em cada verbete os dados comuns da família à qual a palavra definida pertence.

DATAÇÃO

O trabalho de datação, terceiro fundamento, baseou-se em meticulosa técnica e extensa bibliografia. Assinalou o ano ou o século do primeiro registro encontrado no português de cerca de metade das unidades léxicas averbadas como entradas no dicionário. Tal fato, aliado à datação suplementar de acepções e sintagmas locucionais dentro dos verbetes, possibilitou que, pela primeira vez na língua, se pudesse procurar organizar a estrutura de cada verbete, não aleatoriamente, mas a partir da sua acepção mais antiga, tentando, então, sugerir ou esclarecer que tipo de derivação semântica ocorrera para que se tivesse verificado o surgimento do segundo e demais sentidos da palavra.

ETIMOLOGIA

No campo da etimologia, buscou-se indicar, de modo conciso, o étimo próximo dos vocábulos do português e, sempre que possível, também o remoto, apontando ainda os elementos mórficos que os constituem e inter-relacionam. Chamamos *étimo próximo* à forma de que provém diretamente uma palavra. Os *étimos remotos* são representados pelos radicais ou outros elementos mórficos a que historicamente se prende a palavra.

Adotaram-se na etimologia algumas diretrizes depreendidas, direta ou indiretamente, do tratamento dos elementos mórficos, destacando-se, entre elas:

1. A manutenção do princípio do encadeamento derivacional hierarquizado (por exemplo, no tratamento do verbete ²rota e dos derivados roteiro, roteirista etc.).
2. O registro da alomorfia no radical, com indicação ou recuperação das variações de sua forma, quando a ele se juntam sufixos e prefixos.
3. A adoção de meios concisos e inter-relacionados de apresentação das informações etimológicas, sempre que possível com uso de remissão aos elementos de composição.
4. A preferência, na remissão aos elementos de composição, pelos elementos que contêm informações mais completas e inter-relacionam um maior número de entradas.
5. No caso da existência de relativa disparidade entre as informações etimológicas de verbetes, inseriram-se, em algumas palavras, comentários e observações complementares.

Os vocábulos de outras línguas mencionadas na etimologia ou são representados de acordo com a tradição gráfica dicionarizada da língua estrangeira ou, no caso de línguas como o árabe, o tupi, o ioruba e outras, cujos registros nas fontes consultadas revelam oscilações e flutuações, são grafados de acordo com o nosso QUADRO DE TRANSLITERAÇÃO DE VOGAIS E DE CONSOANTES que faz parte do *Detalhamento dos verbetes e outras informações técnicas* – um dos itens iniciais do dicionário.

Na etimologia de vocábulos provenientes de outras línguas que não o latim e o grego, registrou-se o étimo próximo, com inserção, entre parênteses, da data de sua primeira ocorrência na língua estrangeira (se a data se encontra consignada nas fontes consultadas), e, quando possível ou necessário, o étimo remoto.

Na etimologia de termos técnicos especialmente dos séculos XVIII, XIX e XX que têm origem em outras línguas ocidentais, indicou-se o étimo próximo na língua de origem e, em seguida, com o objetivo de associá-los aos constituintes vernáculos, fez-se, após ponto-e-vírgula, a remissão aos elementos mórficos dicionarizados, precedidos de "ver".

Alternativamente, fez-se remissão diretamente aos elementos mórficos dicionarizados, unidos por um sinal de mais (+), indicando, em seguida, a forma na língua estrangeira de origem.

Além das informações referentes ao que se convencionou chamar de étimo próximo e de étimo remoto, ocorrem ocasionais comentários e observações relativos à história ou ao emprego do vocábulo ou, ainda, a relações entre vocábulos portugueses ou entre vocábulos portugueses e formas de outras línguas.

Comentários e notas explicativas acerca de variantes foram inseridos no campo da etimologia, caso tal coisa se justificasse, independentemente de haver registro da variante em campo próprio.

Na parte final, encontram-se informações complementares referentes à datação, dentre as quais saliento o registro de grafias históricas documentadas e datadas, que, por natureza, igualmente se prendem aos dados do campo da etimologia. As formas históricas são registradas com a data em que ocorreram.

Em alguns casos, comentários acerca de variações históricas de formas do português são um recurso que permite relacionar verbetes nos quais se registram, separadamente, as formas históricas datadas e documentadas que lhes correspondem.

Entradas de palavras compostas ou de compostos gramaticais não trazem informações etimológicas no *Dicionário Houaiss*, uma vez que os dados já se encontram nas entradas dos constituintes e são, portanto, recuperáveis.

ORTOÉPIA E PALAVRAS ESTRANGEIRAS

No campo da ortoépia, o *Dicionário Houaiss* fornece indicação normativa do timbre das vogais tônicas fechadas *e* e *o*, quando já não expressamente acentuadas com sinal diacrítico; indica igualmente hiatos e o som da letra *x*, no caso de valer /cs/ ou /z/. Se houver mais de uma pronúncia possível para determinada palavra, o campo refere-o. Para melhor elucidação do leitor, indica-se, por vezes, também o som de vogais tônicas de timbre aberto (não acentuadas com diacrítico), especialmente quando se trata de vocábulos terminológicos ou não muito correntes ou naqueles em que incide erro habitual de prolação. O mesmo para caracterizar homônimos homógrafos não homófonos.

Quando se trata de palavra estrangeira, o dicionário registra a sua transcrição fonética, mas como indicação puramente informativa. Utilizou-se para esse fim o *Alfabeto Fonético Internacional*, mas com uma transcrição fonética ampla, só distinguindo sons próximos, como os vários tipos de R, quando, em dada língua, servem para distinguir o significado das palavras (por exemplo, como no caso dos erres de ca*r*o e ca*rr*o em espanhol ou português). Há um pequeno número de palavras estrangeiras cuja transcrição o dicionário não traz, por não tê-las obtido em tempo útil para a primeira edição.

Quanto aos diacríticos, indicamos acentos de *intensidade*, o acento *melódico* (por exemplo, o do japonês foi representado sobrepondo à palavra uma linha horizontal a indicar se a curva melódica se mantém no mesmo nível ao longo do vocábulo – por exemplo, em **kana** –, ou se, ao contrário, decai a partir de certo ponto – **aikido**). No norueguês, o tipo de acento vem indicado pelos algarismos alceados: ^{1}(tom simples, grave) ou ^{2}(tom composto, que apresenta uma modulação descendente a partir de um nível agudo). Quanto ao tom *lexical*: nas línguas tonais, este é representado seja por um acento gráfico agudo (tom alto) ou grave (tom baixo, exemplo /bà:t/, do tailandês), seja por um algarismo alceado junto à sílaba em que ocorre. No mandarim (*putonghua*) há quatro tons possíveis: o tom^{1} corresponde a uma nota aguda e uniforme, o tom^{2} a uma modulação melódica ascendente a partir de um nível médio, o tom^{3} a uma modulação descendente-ascendente a partir de um tom baixo, e o tom^{4} a uma modulação descendente a partir de um tom alto. No que respeita à *duração*, foram empregados dois-pontos (:) após uma vogal indicando ser longa, isto é, ter duração maior do que aquela padrão das vogais na língua; mas o uso desse diacrítico restringiu-se às línguas em que a duração é distintiva.

NOMINATA E CORPO DAS DEFINIÇÕES

A composição da nominata, como ficou dito acima, contempla o português literário, parte do português informal, palavras de terminologia de ciências e técnicas, os citados elementos mórficos e material agregado dos crioulos de origem portuguesa, além de palavras de outras línguas, levadas em conta já pela importância percentual de seu emprego em nossa língua nos dias de hoje, já por constarem de obras literárias e científicas de expressão portuguesa.

Foi preocupação nossa definir efetivamente os conceitos das palavras analisadas, em lugar de lançar mão da prática da simples sinonimização, que resulta as mais vezes em vagas inexatidões. É que os vocábulos escolhidos como sinônimos para tal finalidade têm, freqüentemente, mais de um sentido, não sendo referido aquele afim da palavra a definir. Deixa-se, com isso, o processo da decodificação semântica para a competência lingüística do consulente – exatamente aquele cuja dúvida o levou a recorrer ao dicionário. Por outro lado, as afinidades entre a unidade léxica a definir e o sinônimo escolhido podem existir no plano da denotação, mas praticamente nunca no da conotação. Por tudo isso, embora algumas definições tivessem resultado em textos mais longos, nossos redatores foram instados a evitar a armadilha da sinonimização e a procurar descrever os reais sentidos das palavras na língua.

No campo das definições, o dicionário sinaliza com uma *rubrica temática* (abreviação) a área do saber ou do fazer humano a que pertence a unidade léxica definida ou determinada acepção sua (por exemplo, anestesiologia, etnologia, música, carpintaria, artes gráficas, fotografia, indústria têxtil etc.). Indica, sempre que possível, a derivação semântica de uma acepção em relação a outra, e localiza, por país ou regionalmente, os dialetismos vocabulares e semânticos que registra, como informação sobre os supostos limites geográficos da utilização de determinada unidade léxica ou acepção sua.

O *Dicionário Houaiss* não registra entradas de adjetivos femininos, salvo raríssimas exceções, geralmente transcritas por alguma excepcionalidade, por seu caráter inusitado ou outra razão especial. Os adjetivos só entram pela forma masculina, uma vez que fazê-lo no feminino seria engessar o seu uso como qualificativo apenas de substantivos femininos, o que não sucede em verdade: qualquer deles poderia ser empregado também com substantivos masculinos.

NÍVEL DE USO

O dicionário procura indicar a faixa lingüística de expressão em que a palavra ou a acepção averbada se emprega, qualificando-as em 12 níveis: sentido absoluto, linguagem formal, linguagem informal, jargão da droga, linguagem policial ou de delinqüentes ou criminosos, tabuísmos, uso impróprio, linguagem eufêmica, linguagem pejorativa, ironia, palavra ou acepção jocosa e linguagem hiperbólica.

Dentro do rótulo *linguagem informal* incluíram-se genericamente as palavras, locuções ou acepções classificadas em outras fontes como popularismos, plebeísmos, gíria, calão, linguagem familiar e linguagem infantil – apenas nesse último caso informando ao leitor, em nota no campo do USO do verbete, tratar-se de tal variedade, por ser fenômeno mais específico dentro desse quadro.

REGISTRO DIACRÔNICO

Conta-se entre os elementos periféricos dos verbetes o registro diacrônico das palavras ou acepções, vale dizer, a sua vigência cronológica. Nessa categorização incluíram-se as indicações de arcaísmo, de vocábulo antigo na língua, de vocábulo obsoleto ou obsolescente e a de arqueologia verbal. Classificaram-se de *arcaísmos* as palavras ou variantes do português medieval até o português camoniano, no caso de o seu emprego se haver extinguido dentro desse âmbito temporal. Como *antigos* foram qualificados os vocábulos, locuções, expressões e acepções da língua do século XVI ao XIX, mas já não empregados no século XX desde o seu início. *Obsoletos* e *obsolescentes* são termos que classificam vocábulos, locuções ou acepções que deixaram de ser empregados já dentro do século XX, ou cujo uso se acha em processo de marginalização. *Arqueologia verbal* é categoria atribuída a palavras e acepções (não vivas na língua) resgatadas dos vocabulários de línguas antigas (esp. latim e grego), depois de se adaptarem a sua fonética e grafia aos modelos atuais. (Usam-se, por exemplo, na descrição de cenas ambientadas num passado mais ou menos distante, em textos de história e literatura sobre povos e civilizações antigas etc.)

ALGUMAS CARACTERÍSTICAS DA TERMINOLOGIA REGISTRADA

No que tange à etnologia brasileira, os designativos de grupos indígenas, atuais ou extintos, localizados em nosso território, assim como o de suas respectivas línguas ou grupos de línguas (famílias ou troncos) foram colhidos em obras contemporâneas das literaturas antropológica e lingüística cujos títulos se encontram relacionados, no fim do dicionário, entre a bibliografia geral compulsada. Outra fonte foram documentos da Fundação Nacional do Índio (FUNAI). A opção da forma com que os *etnônimos brasílicos* e seus termos lingüísticos correlatos foram registrados seguiu a ortografia mais freqüentemente encontrada nas citadas fontes. Muitos grupos indígenas e lingüísticos, porém, deixaram de ser incluídos por insuficiência de informação na literatura especializada. Tampouco foram cobertas exaustivamente as variantes ortográficas dos etnônimos registrados e as denominações referentes a subgrupos nomeados a partir de grupos maiores, grupos clânicos ou grupos dialetais. A extensão e variedade de tais registros, que é bastante considerável, extrapola o âmbito do projeto de averbação lingüística de dicionários de língua geral.

No que respeita à Biologia, os gêneros científicos não se registraram em latim, com inicial maiúscula e em itálico, mas sim em sua forma aportuguesada, utilizando a fórmula "design. comum às plantas (ou às formigas ou às bactérias...) do gênero *Tal*". Salvo raros casos, não se fez constar dos nomes das espécies botânicas a assinatura abreviada de seu classificador (ou classificadores). Tal padrão leigo de tratamento foi adotado por se tratar de verbetes de um dicionário de língua geral, não de um dicionário especializado. Evitou-se registrar termos que designem categorias ou subcategorias taxonômicas abaixo da categoria de família, excetuando gêneros. Exemplos: subfamílias, tribos, subtribos, seções, subseções etc. Embora vários deles estejam registrados no *Vocabulário ortográfico* da Academia Brasileira de Letras e no exemplário de nossos verbetes de elementos de composição, seu uso, em latim, é praticamente restrito a áreas de especialização. Os verbetes de botânica relativos a gêneros e categorias superiores de plantas vasculares (angiospermas, gimnospermas e pteridófitas), que na maioria dos dicionários de língua portuguesa baseiam-se no sistema de classificação de A. Engler, foram atualizados segundo o dicionário de D. J. Mabberley: *The Plant-Book*, (1997), que segue fundamentalmente o sistema de classificação de A. Cronquist: *An integrated system of classification of flowering plants*, 1981, com modificações de K. Kubitzki: *The Families and Genera of Vascular Plants* (1990-).

Especificamente na Zoologia, as acepções de termos relacionados com a classificação zoológica refletem, no nosso dicionário, a diversidade histórica dos métodos de ordenação existentes. Sendo matéria de viva controvérsia os pontos de vista e tendências das mais modernas escolas taxonômicas de classificação zoológica (por exemplo, a cladística, a fenética, a taxonomia sintética etc.), escassamente as usamos em nossas definições. Outro fato que nos levou a esta decisão foi que grande número de termos por elas utilizados ainda não se incorporou à língua portuguesa.

Na denominação dos grupos superiores dos escalões taxonômicos, ou seja, classe, ordem, família, optou-se pelo uso de uma classificação zoológica mais tradicional, em curso desde o início do século XX, para facilitar a associação entre os termos aqui elaborados e aqueles contidos na maioria das obras de referência da zoologia e do estudo de ciências naturais no Brasil e em Portugal.

No que respeita às áreas da química, físioquímica e farmácia, seus substantivos receberam uma descrição geral (classe, tipo, fórmula molecular etc.), seguida de informações sobre sua origem (se vegetal, animal, seu gênero). Incluíram-se ainda dados sobre suas aplicações e usos, e sinônimos, se existentes. Quando se tratou de substâncias, a sinonímia não incluiu a nomenclatura da IUPAC (International Union of Pure and Applied Chemistry), restringindo-se às diversas nomenclaturas ditas "vulgares". Não se informou também a origem de substâncias sintéticas – reagentes, nome das reações etc. Para evitar a concentração das locuções ligadas a ácidos num só verbete, o dicionário deu-lhes entrada, tirante raras exceções, pelo seu adjetivo (por exemplo, *lisérgico* por *ácido lisérgico*, *acetílico* por *ácido acetílico*), utilizando a possibilidade que a língua faculta de redução de uma locução a um de seus termos, mesmo que adjetivo (por exemplo, *mútua* por *sociedade mútua*, *tríplice* por *vacina tríplice*, *arranque* por *motor de arranque* etc.). Em tais verbetes, os ácidos foram classificados como adjetivos e substantivos; neles incluiu-se a sua fórmula molecular e explicitaram-se os seus usos e aplicações. Os elementos químicos foram descritos pelo número atômico, símbolo, família em alguns casos e usos, a que se acrescentaram algumas informações enciclopédicas (entre colchetes) e dados históricos, tais como ano de sua descoberta e o nome do descobridor, freqüentemente inseridos na etimologia. Todos os verbetes de elementos remetem para a TABELA PERIÓDICA comum, o que eliminou a necessidade de descrição dentro dos verbetes de sua posição relativa (grupo e período).

No que concerne à anatomia, a Terminologia Anatômica (São Paulo, 2001) alterou diversos termos da sua nomenclatura e o *Dicionário Houaiss* registra a nova forma oficial, tanto como a anterior, remissivamente e com explicação do fato (rótula/patela; aparelho digestivo/sistema digestório etc.).

PLURAL, LOCUÇÕES E FRASEOLOGIA

Os plurais com sentido próprio, assim como as locuções e a fraseologia, no *Dicionário Houaiss*, vêm embutidos dentro dos verbetes. A ordenação das locuções e da fraseologia seguiu as normas estabelecidas no *Diccionario de la lengua española*, da Real Academia.

CAMPOS FINAIS DOS VERBETES

O dicionário incorpora aos verbetes diversas informações periféricas, além da datação, ortoépia ou transcrição fonética, classificação gramatical etc. Em campos específicos, ao fim dos verbetes e separados por ícones coloridos, informa sobre gramática, emprego do vocábulo, homônimos, parônimos, e também faculta sinonímias e antonímias quer da unidade léxica como um todo, quer de determinadas acepções suas. Incorpora ainda coletivos e vozes de animais, quando é o caso.

O campo derradeiro é o da onomasiologia. Todo o dicionário desenvolveu-se, como qualquer outro léxico semasiológico, das unidades léxicas à sua definição. Agora, nesse último segmento da estrutura do verbete, invertemos parte da informação prestada nos elementos de composição sobre o significado destes, facultando ao leitor a possibilidade de conhecer os prefixos, sufixos e elementos antepositivos e pospositivos correspondentes à noção que a cabeça do verbete encerra, com o que pode criar-se corretamente grande número de neologismos na língua.

Não existe, por exemplo, no português, uma palavra única que signifique "da cor da romã". Bastaria, então, ir aos verbetes **cor** e **romã** do dicionário, para encontrar, no seu campo final (⇦ NOÇÃO DE), a relação de elementos utilizáveis no início e no fim da nova palavra com as noções de "cor" e "romã". Unindo, assim, o antepositivo *punic-* com o pospositivo *–cromo*, criar-se-ia com correção um adjetivo neológico significante da noção de "da cor da romã": **punicromo**.

ASPECTOS GRÁFICOS

Sob o ponto de vista gráfico, o projeto visou limpar dos textos todos os sinais supérfluos, pontos sobejos, maiúsculas em excesso e demais elementos que desequilibram visualmente a composição, tornando-a instável e excessivamente movimentada. Pelo mesmo motivo, aprumou as colunas, evitando os endentados e ampliou o espaço interlinear, lançando mão de uma família de tipos criada especialmente pelo desenhista industrial Rodolfo Capeto para o dicionário, registrada como *tipologia Houaiss*, e que será, daqui por diante, utilizada nas obras a serem publicadas pelo Instituto Houaiss de Lexicografia. Trata-se de um tipo que minimiza as serifas e espessa as hastes, comunicando modernidade e dotando de excelente legibilidade os textos. O aspecto resultante da página é limpo e agradável, estimulante à leitura, apesar da complexidade de informações que se somam dentro dos verbetes. Uma família de ícones coloridos separa os campos dos verbetes de modo eficaz, simplificando a tarefa de encontrar o que se procura neles.

UM HISTÓRICO

O *Dicionário Houaiss* resultou de um trabalho iniciado em fevereiro de 1986 e terminado em dezembro de 2000, no qual trabalharam 35 lexicógrafos, entre redatores generalistas e redatores especializados em alguma área específica, e mais 43 colaboradores especialistas externos, não raro interligados em tempo real pela rede informática do banco de dados do Instituto Antônio Houaiss. Contou, ainda, com a cooperação de colaboradores de Portugal, São Tomé e Príncipe, Guiné-Bissau, Cabo Verde, Angola e Moçambique.

Diante de massa tão grande de dados inter-relacionados, o uso de fichas ou meios semelhantes para construir um banco de dados sobre a língua como o nosso exigiria de 15 a 20 anos de trabalho efetivo para se completar e com uma eventual incidência considerável de erros. O programa de computação que usamos transformou cada item de informação num algoritmo, depositando-o na base de dados e relacionando-o com todas as outras informações a ele pertinentes ou afins, de modo que, eletronicamente, cada verbete – e o dicionário inteiro – puderam reconstituir-se com alguns simples toques de dedos, com enorme garantia de correção e sem episódios de extravio de textos. A informática foi o meio eficaz que nos possibilitou levar a cabo a tarefa no tempo azado – um recorde para um dicionário das proporções alcançadas. O programa informático foi inteiramente desenvolvido para nosso uso em Visual Basic 5.0; o sistema operacional é Windows NT 3.51 e a base de dados utiliza o Caché 5, um desenvolvimento do Open M. Nas estações de trabalho, cada lexicógrafo trabalhou em Windows 95, numa máscara de múltiplas funções que surgia na tela do seu monitor. Trabalhou também interligado com todos os outros redatores da rede.

Do trabalho geral de coleta e de redação dos grupos especializados e dos lexicógrafos generalistas, resultou uma obra de cerca de 228.500 unidades léxicas, que não se atém sincronicamente a determinada faixa cronológica ou geográfica da língua. Versa diacronicamente sobre fenômenos especialmente do português contemporâneo do Brasil e de Portugal, mas ainda, embora de forma seletiva, sobre vocábulos da língua antiga e da arcaica, cuja averbação se justifica, por exemplo, pelo percentual de sua ocorrência na história da literatura ou por terem tido registro pregresso nos mais importantes dicionários do português.

O nosso dicionário levou 15 anos para ser realizado, de fevereiro de 1986 a dezembro de 2000, mas apenas dez de trabalho efetivo, pois em 1992 sua elaboração interrompeu-se durante cinco anos por carência de financiamentos.

A segunda fase do trabalho de feitura do dicionário foi de conferência do material coligido e redigido, sua padronização, fusão, completamento das lacunas e o estabelecimento da feição final da obra. Nessa fase foram também incorporados aos textos mais informações úteis aos consulentes, como as rubricas temáticas nas acepções, dados sobre regionalismo, nível de uso, estatística de emprego e registro diacrônico das acepções, coletivos, notas de gramática e uso das palavras, os informes onomasiológicos etc.

A equipe que se uniu em torno de Antônio Houaiss para elaborar o seu dicionário aspirou que de alguma forma este pudesse ombrear-se a alguns bons paradigmas contemporâneos existentes no mundo. Apesar da necessária cautela que é preciso manter em tais casos e da imperativa humildade que se deve guardar quanto aos resultados obtidos, alegra-nos imaginar ter sido útil tal esforço coletivo na tentativa de substancializar a maior parte das propostas metodológicas inicialmente postuladas, e pensar que talvez tenhamos conseguido criar uma obra próximo do que foi sonhado: um espaço de conscientização ecumênica da língua que não deixasse de se empenhar em atingir um novo patamar em nossa lexicografia.

O *Dicionário Houaiss*, editado em forma de livro, também está disposto em suportes eletrônicos como o CD-ROM, a internet etc. desde o início de 2002 no Brasil. Contará ainda com uma versão na ortografia e norma lingüística oficiais em Portugal, a ser publicada, em seis volumes, a partir dos primeiros meses do ano 2002, pela Editora Círculo de Leitores.

A INTERLÍNGUA DA TRADUÇÃO
Um fator de risco?

Francis Henrik Aubert

Em ocasiões que se apresentam recorrentes, no tempo e no espaço, o debate cultural adota como temário as potenciais perturbações que o idioma vernáculo estaria ou poderia estar sofrendo, e os riscos para a própria identidade cultural da comunidade formada por seus falantes que tais perturbações representam. No caso brasileiro, o episódio mais recente foi provocado pelo projeto de lei 1.676/99, do Deputado Federal Aldo Rebelo.

É desnecessário aprofundar, aqui, as múltiplas críticas feitas ao diploma legal proposto: (a) suas incongruências internas; (b) a evidente precariedade de sua fundamentação científica; (c) sua postura paradoxalmente excludente, ao promover o apagamento do real multilingüismo brasileiro, para citar os pontos mais evidentes. A despeito de suas fraquezas, porém, é inegável que o projeto – já em fase avançada de tramitação pelas diversas comissões permanentes da Câmara dos Deputados – parte de duas constatações relevantes: (a) a influência marcante do inglês, que é o foco desse trabalho; e (b) a ausência de uma política explícita de promoção do(s) vernáculo(s): o português brasileiro encontra-se, hoje, em múltiplos setores de utilização (e não apenas no comércio de luxo), sob forte influência da língua inglesa, tal como, em épocas que já começam a se afigurar remotas, esteve sob clara influência francesa e, antes desta, da castelhana, e assim, sucessivamente, em progressão temporal inversa. Para não mascarar a real complexidade da história da língua portuguesa, lembre-se apenas que esta também já foi – e, em determinadas regiões, ainda é – um idioma invasor.

Os contatos entre povos, línguas e culturas são tão antigos quanto o próprio multiculturalismo da espécie humana. Estamos, portanto, não diante de uma evolução recente, e sim diante de uma constante lingüística e cultural. De cada contato, individual e coletivamente efetivado, resulta, mesmo que em situação de conflito, uma interface, uma busca mínima de denominadores, pré-existentes ou criados para a ocasião (portanto, comuns ou tornados comuns), para que a interação proporcionada pelo contato possa ir adiante. Lingüisticamente, tal busca e criação resulta ou em recorrer ao repositório de virtualidades ou em transferências interlinguais, mais ou menos aclimatadas. Em ambos os casos, o resultado se faz perceptível em manifestações aparentes ou efetivas de interlíngua; ou seja, de formas lingüísticas que portam marcas da interação ocorrida.

O fenômeno não é, portanto, novo, nem, na atualidade, desproporcional à própria intensidade dos contatos, reconhecidamente mais abrangente e mais instantânea do que em épocas passadas. Em alguns aspectos, caberia mesmo dizer que é menos intensa do que em momentos históricos anteriores, posto que, a despeito do fluxo contínuo de contatos, no que tange especificamente à relação inglês/português brasileiro, esta não se realize em função de uma proximidade demográfica, e sim cultural, científica e comercial, privilegiando, pois, determinadas esferas do fazer e do saber-fazer humano, não sendo extensivo a toda a gama das situações discursivas. O "efeito *Greenville*" é, ainda, uma ficção noveleira, não uma realidade tangível e mensurável.

Na ótica específica da tradução, porém, podemos afirmar, sem qualquer margem de erro, que a intensidade dos contatos e das trocas conheceu uma evolução exponencial ao longo dos últimos 50 anos, tanto em números absolutos quanto em escopo. Como atividade lingüística e de comunicação social que é, a tradução encontra-se no cerne dos contatos interlingüísticos e interculturais. É, na verdade, uma de suas principais manifestações e um de seus principais instrumentos; inevitavelmente – pois é da própria natureza (e, por vezes, da intencionalidade) do contato que estamos discutindo – a tradução gera, entre outros efeitos, uma perturbação nas ordens lingüística e cultural estabelecidas.

Entre as perturbações mais evidentes (mais visíveis), destacam-se as de ordem lexical e morfossintática, embora todos os planos lingüísticos, textuais e pragmáticos sejam potencialmente afetados.

O léxico é, por definição, a estrutura mais flexível de qualquer sistema lingüístico, por constituir um inventário aberto e sempre renovável. É assim que a tradução, direta ou indiretamente, abre a via para a inserção de novos itens lexicais no repertório da língua portuguesa, como na informática, da qual tiramos o exemplo de deletar, na realidade um empréstimo do latim clássico, circunstancialmente vindo ao português por intermédio do vocabulário específico de tecnologia desenvolvida em país de língua inglesa, de vez que, pelos caminhos evolutivos do latim vulgar, o português já dispõe do verbo delir. Há, porém, novos itens em outras áreas: na administração pública (seguridade social), nas finanças (*hedge*), no turismo (milhagem), na linguagem jurídica (procurador de fato, notário), na medicina (*AIDS*). Alguns desses termos já encontraram ancoragem razoavelmente permanente no português brasileiro contemporâneo. Outros, como "procurador de fato" (do inglês *attorney-in-fact*), em lugar de "bastante procurador", e "notário" (do inglês *notary public*, ou do francês *notaire*), em lugar de "tabelião", são típicos fenômenos da interlíngua da tradução, embora quanto a "notário" se deva dizer que sua estabilização se deu na linguagem dos consulados brasileiros na América do Norte, mas não nos do Velho Mundo.

Na linguagem jurídica, marcada não apenas por seus termos especiais como também por sua fraseologia característica, a interlíngua tradutória vem deitando algumas marcas mais fortes, como na forma redundante "inclusive, sem limitação", ao invés de simplesmente *inclusive* (que, em português contemporâneo, traz já implícita a idéia de lista não exaustiva), decalque da fraseologia consagrada na linguagem jurídica estadunidense (e principalmente, na linguagem contratual): *including but not limited to.*

A morfossintaxe é reconhecidamente mais infensa às influências externas. Estas, no entanto, podem, em circunstâncias favoráveis, ativar estruturas latentes no próprio sistema, embora inusitados na norma (no sentido de Coseriu), como se observa atualmente na generalização do futuro composto progressivo ("vou estar encaminhando", e construções similares).

Finalmente, a gramática textual e, por extensão, os gêneros textuais constituem, um pouco como o léxico, estruturas relativamente abertas na maioria das culturas neo-latinas e anglo-germânicas. Os contatos comerciais, financeiros e culturais *lato sensu* tendem, assim, a gerar perturbações e formas híbridas, desde as versões brasileiras das *situation comedies* da televisão norte-americana até a estrutura textual de convênios acadêmicos, contratos comerciais e editais de concorrência internacional. Considere, por exemplo:

Modelo “internacionalizado”	Modelo original
CONVÊNIO ACADÊMICO INTERNACIONAL PARA O INTERCÂMBIO DE ESTUDANTES DE GRADUAÇÃO Firmam o presente Convênio Acadêmico Internacional: 1. .... (“NNN”), neste ato representado por seu Reitor, Prof. Dr. ....; e 2. .... (“IES”), neste ato representado por seu Reitor, Prof. Dr. .... PREÂMBULO CONSIDERANDO que a NNN e a USP (conjuntamente, as “Partes” e, individualmente, uma “Parte”) pretendem promover o intercâmbio de estudantes de seus respectivos cursos de graduação, com base na percepção de que tal intercâmbio beneficiará a consecução de suas missões acadêmicas; CONSIDERANDO que as Partes desejam proporcionar um quadro apropriado de normas, regulamentos e procedimentos que deverão reger tal intercâmbio; CONSIDERANDO... [inserir quaisquer outras considerações preliminares relevantes para os propósitos do convênio em questão], AS PARTES QUALIFICADAS SUPRA, em vista dos seus entendimentos mútuos sobre a questão, têm entre si justo e acordado o que segue:	CONVÊNIO ACADÊMICO INTERNACIONAL PARA RECONHECIMENTO MÚTUO DE ESTUDOS DE GRADUAÇÃO. Convênio que celebram a .... e a Universidade de São Paulo, visando a cooperação acadêmica para fins de intercâmbio de estudantes, de acordo com a Resolução YYY nº 4605. Pelo presente convênio, de um lado a Universidade ...., representada por seu Reitor ...., e de outro lado a Universidade de ....,, autarquia estadual de regime especial, com sede na Rua da Reitoria, 109, ..., ..., adiante denominada “IES”, neste ato representada pelo Magnífico Reitor, Prof. Dr. ...., têm entre si justo e acertado o que segue, de acordo com as cláusulas e condições abaixo:

No quadro precedente, transparece que o tradutor se vê permanentemente diante de um dilema; dilema esse que, é óbvio, poderá tornar-se mais ou menos agudo a depender da densidade das marcas culturais ou do peso relativo do estilo de autor para os propósitos da tradução. Na execução do ato tradutório, depara-se o tradutor, simultaneamente, com a expectativa de uma hipotética “fidelidade” ao original e a cobrança de um texto que flua bem na língua-alvo. Essas são demandas essencialmente contraditórias, que exigem uma negociação intensa, na recomposição do micro e do macrotextos, nos planos frástico e transfrástico. O resultado final, a mais das vezes, não atenderá de forma plena nem a uma nem a outra expectativa; no entanto, o que atender à chamada "fidelidade" fatalmente resultará em alguma "perturbação" da ordem constituída.

É bom que se diga que o tradutor nem sempre tem essa escolha. Um caso típico é o da tradução de demonstrativos financeiros, sempre elaborados de conformidade com a legislação do país sede da entidade. O que é oferecido à tradução é o produto dessa elaboração, jurídica e conceitualmente vinculada aos chamados Princípios Contábeis Geralmente Aceitos no país em questão – GAAP é a sigla internacionalmente utilizada. Não é da competência do tradutor converter o demonstrativo financeiro estrangeiro em um demonstrativo financeiro adequado aos Princípios Contábeis e à legislação da língua/cultura-alvo. Nestes casos, portanto, o tradutor não pode e não deve abster-se de "perturbar" a ordem lingüística e textual vigente.

O que ocorre na tradução de demonstrativos repete-se, de forma mais generalizada, na tradução comumente designada "juramentada". Constitui pressuposto dessa modalidade de tradução relatar, na língua-alvo, o que consta do texto na língua-fonte, mais do que buscar possíveis equivalentes. Assim, por exemplo, o conceito de "escola média" poderá ser vertido para o inglês como *secondary school* (forma neutra), nunca ser adaptada para *senior high school*, que remete a uma realidade específica da cultura de chegada, não à realidade da cultura de partida que se procura retratar. Da mesma forma, um divórcio norueguês não pode, na tradução, ter "transitado em julgado", ainda que seja um divórcio definitivo, porque, nos casos de divórcio consensual, a concessão é feita por um ato administrativo do governador da província de residência do casal, sem qualquer vínculo com o Sistema Judiciário do país. Evidentemente, na prática tradutória, a postura "estrangeirizadora" da tradução juramentada é matizada e mitigada de múltiplas maneiras.

No sentido inverso, se evitar o risco de perturbação lingüístico-discursiva e cultural for um desiderato, restaria a alternativa de se adotar a estratégia originariamente defendida pela escola francesa (séc. XVII em diante), a chamada teoria das *belles infidèles*. Para usar uma linguagem um pouco mais contemporânea e local, seria a teoria "antropofágica" da tradução, no sentido oswaldiano do termo; ou, nos termos propostos por Venuti, uma tradução "domesticadora", em que as marcas de alteridade lingüística, estilística e cultural seriam suavizadas ou mesmo eliminadas.

Tal opção, porém, traz consigo alguns problemas graves: como a própria terminologia contemporânea sugere, o que na relação com uma cultura dominante pode constituir um mecanismo cultural de defesa (antropofagia), na relação com uma cultura dominada ou neutra pode redundar em um processo de apagamento, de tirania cultural, de incompreensão deliberada, de mera negação do outro (conforme denunciado pelo próprio Venuti). Ainda, mesmo na relação com a cultura dominante, a postura assimilativa gera um mascaramento, pois, ao tornar menos explícita a diferença, mas sem poder para neutralizar as demais variáveis econômicas, ideológicas e geo-políticas, impede a percepção da alteridade. Assim, se quiséssemos, por hipótese, assumir uma linha de defesa da "cultura nacional" (o que quer que se queira dizer por isso), a tradução assimilativa representaria um risco, na medida em que, ao proceder ao ocultamento da alteridade, poderá induzir a "baixar a guarda".

Um outro aspecto, mais da essência da tradução, deve ser levado em conta nesta discussão. A tradução só se faz porque, anteriormente, existe a diferença. A tradução, por sua vez, só é eficaz se ela se faz diferente. Há, portanto, uma diferença na origem e uma diferença que se instaura no processo tradutório. A primeira diferença, a que precede e justifica o ato tradutório, releva da relação entre a língua/cultura-fonte e a língua/cultura-alvo. O processo de diferenciação que se desdobra no ato tradutório diz respeito às transformações a que se submete o texto original, pois, não fossem essas transformações, não haveria tradução. Logo, a tradução, em ambos os sentidos, instaura-se na diferença, é diferença. Há, assim, e inevitavelmente, não uma única, e sim uma dupla perturbação: perturba-se a ordem lingüístico-cultural do espaço de recepção; perturba-se, igualmente, a organicidade lingüístico-cultural do texto de partida. As interferências, as diversas manifestações de interlíngua são, portanto, da própria natureza desse ato comunicativo que é a tradução, não uma eventual deficiência de seus operadores e/ou de seus usuários.

Visto nesta ótica, as interferências e a interlíngua não redundam necessariamente em efeitos culturalmente negativos. Certos empréstimos permitem à língua receptora consignar no léxico, por exemplo, especificações semânticas mais sutis, como aquela que se observa, na linguagem da informática, entre o sentido de "deletar" (remover, com possibilidade de recuperação) e o de "apagar" (remover, sem possibilidade de recuperação). A atual influência do inglês em outras linguagens de especialidade tem, entre outros efeitos, o de re-ativar recursos dormentes de composição lexical, como em "drogadição". Finalmente, como o português brasileiro não é propriamente um idioma minoritário, em risco de extinção demográfica e cultural, atuam hoje, como em qualquer outro período histórico, os mecanismos de absorção e transformação (novamente, um processo designável como antropofágico), como se evidencia nos termos que, embora apresentem um significante grafo-fonológico de aparência anglo-saxônica, constituem, na verdade, termos específicos da língua portuguesa do Brasil, tais como outdoor (em lugar de *billboard*), smoking (em lugar de *tuxedo*), shopping (em lugar de *mall*), office-boy (em lugar de *messenger*), e assim por diante, para não mencionar o surpreendente "X-queijo" ofertado em alguns estabelecimentos comerciais pelo país afora.

Assim, e retomando o ponto de partida – a propalada necessidade de empreender uma "defesa" do vernáculo – quero sugerir que estamos diante de uma problematização falsa. O vernáculo não corre perigo. A "perturbação" da ordem lingüística é inerente à dinâmica das línguas, tanto por processos internos quanto decorrentes dos múltiplos contatos interculturais. A força desses contatos e as relações de desequilíbrio manifestas nas suas diversas direcionalidades e entre os diversos pólos de irradiação e de recepção é altamente mutável, nos tempos e nos espaços. A interlíngua resultante da tradução tem por destino a assimilação ou o abandono, não o desmonte da identidade cultural do português brasileiro.

REFERÊNCIAS BIBLIOGRÁFICAS

COSERIU, E. *Teoria del lenguage y linguística general*. Madrid: Gredos, 1969.
VENUTI, L. *The scandals of translation*, Londres: Routledge, 1998.
———*The translator's invisibility*. Londres: Routledge, 1995,

Notas

- Após a elaboração deste texto, o semanário *Veja* publicou, em sua primeira edição de novembro de 2001, matéria de capa (intitulada "Falar e Escrever Bem, eis a questão") que, por um ângulo diferente, gerou polêmica similar à do projeto de lei mencionado no primeiro parágrafo.
- Na data de redação deste texto (out. nov. de 2001), o Projeto já se encontrava aprovado pela Comissão de Constituição e Justiça da Câmara.

OS ESTUDOS DA LINGUAGEM E SUAS REPERCUSSÕES NA ORGANIZAÇÃO DE UMA GRAMÁTICA

Evanildo Bechara

Em primeiro lugar, agradeço pela lembrança do meu nome para participar não só do Fórum, mas de uma mesa com colegas tão ilustres, como o professor Francis, velho conhecido na USP, uma das pilastras dos estudos lingüísticos, que nos trouxe um precioso texto, bem pensado, da sua área de competência e que vai fazer refletir, sem dúvida nenhuma, não somente os tradutores, mas também os lingüistas e os professores de língua portuguesa; de outro lado, o professor Claudio Cezar Henriques, que acaba de ter a tese com que conquistou a cátedra de língua portuguesa desta Universidade publicada pela Academia Brasileira de Letras. A tese é um estudo das preocupações lingüísticas das primeiras reuniões da Academia, especificamente na área da ortografia.

Segundo a proposta dos nossos organizadores do Fórum, devo falar de um assunto já muito batido, mas um assunto que é, sem dúvida nenhuma, oportuno no momento em que tantos colegas novos, jovens, uns ainda cursam a graduação e outros se inauguram na sala de aula: a problemática do tema do poliglotismo, diante da posição do professor que enfrenta essa complexíssima realidade que é uma língua histórica. Na realidade, os métodos pedagógicos adotados através dos tempos, quase não enriqueciam a competência lingüística do aluno que entrava na sala de aula de língua portuguesa. Na versão mais antiga, o professor de língua portuguesa queria que o aluno que chegava com a norma lingüística familiar tradicionalmente fixada e digna de todo o respeito e de toda a existência, substituísse essa norma pela da escola. Nesse momento, o professor não via a língua histórica com a diversidade que lhe é característica, mas via a língua como se fosse um bloco homogêneo, unitário, com a norma da chamada língua escrita padrão. O aluno chegava e o professor queria que ele mudasse o seu padrão lingüístico, substituindo o padrão espontâneo familiar pelo padrão culto, de modo que este processo didático não enriquecia a competência lingüistica do falante, já que ele entrava na escola monolíngüe, falando a modalidade espontânea de casa, de seu meio social, e a escola pretendia que ele saísse da escola também monolíngüe, isto é, capaz apenas de operar a língua escrita culta.

De uns tempos para cá houve um movimento populista com o fito de aceitar a língua do aluno e achar que a língua escrita era uma deturpação, uma falsificação da realidade da língua do aluno. E essa modalidade familiar que era trazida pelo aluno, não somente tinha de ser conservada, mas também de ser usada pelo tempo afora. Era também uma atitude empobrecedora da visão riquíssima de uma língua histórica, porque o aluno entrava na escola monolíngüe – com sua modalidade histórica familiar – e saía da escola sem outro conhecimento que não a permanência daquele modelo, despreparado para enfrentar momentos do trato social e cultural em que se impõe o conhecimento da língua padrão. Faltava-lhe a competência suficiente nessa outra norma que é a norma padrão, exigida nas situações especiais da sociedade.

Hoje, estudiosos defendem a tese do poliglotismo dentro da própria língua, reconhecendo que uma língua histórica é uma sucessão de várias línguas dessa realidade complexa, a competência lingüística do aluno tem de ser enriquecida com estas diversas variedades, conforme a ascensão cultural do jovem. Ele entra na escola com sua modalidade espontânea e pouco a pouco o professor, sem usar uma camisa de força, mas com a habilidade de pedagogo, vai mostrando ao aluno possibilidades que atendem a outras situações sociais. Eu ainda passei por essa fase de substituição abrupta – a língua de casa pela língua da escola. Lembro o meu primeiro dia de aula, num colégio aqui no Rio de Janeiro. Era a década de 40. Estávamos no admissão. O professor entrou na sala e muito naturalmente lançou mão de um procedimento didático bastante comum na época, a correção de textos. Ele então disse aos alunos com voz tonitroante – ele não escreveu, ditou apenas: "corrijam a seguinte frase: – fui no armário". Nós nos entreolhamos e não víamos erro, não víamos o que emendar naquele texto. "Ir em algum lugar" era uma construção, uma sintaxe normal dentro da nossa faixa etária e do nível de língua que utilizávamos falando ou escrevendo espontaneamente. Quando o professor percebeu que nenhum aluno se atrevera a corrigir a frase, porque nela não encontrava erro, o professor permitiu que a turma se dividisse em grupos de três para, discutindo o assunto, chegassem a uma solução. No meu grupo havia um colega que tinha experiência detetivesca, talvez como leitor da revista x-9, e nos convenceu com argumentos fortes de que o erro estava em armário. Isso porque na hora de ditar (como disse, estávamos na década de 1940), tinha saído a reforma ortográfica de 1943 e esses terminados em ditongo átono eram considerados proparoxítonos e para efeito de acentuação teriam de ter acento, e como ele não escrevera a frase no quadro-negro, marcou a sílaba tônica com uma quantidade mais longa: "ar**má**rio". O colega nos disse: reparem que o professor, na hora de ditar a frase, disse "ar**má**rio". Ora, ele estava nos chamando a atenção para o erro. E nós outros tranqüilamente aceitamos, porque tínhamos ouvido a voz tonitroante do professor insistindo na sílaba tônica de "ar**má**rio" e chegamos à conclusão de que o erro estava descoberto, quando então o nosso detetive levantou o dedo, e o professor pediu que ele corrigisse a frase. A correção saiu num átimo: "Fui no guarda-roupa!"

Ora, este pequeno episódio real traduz toda uma atitude didático-pedagógica equivocada. Lingüistas modernos têm outro entendimento. Eugenio Coseriu, por exemplo, nos chama a atenção para a diferença entre *correto* e *exemplar*. *Correto* é o que está fixado numa técnica tradicional do falar. Como a sociedade está diversificada, há grupos sociais onde o correto é "ir em casa", "deu dez horas" etc. E há uma outra modalidade, um outro tipo de correção, que não é a correção ditada por uma tradição, por técnica do falar, mas por uma eleição (elege-se a forma). Então, por uma eleição, se fixam determinadas formas de dizer. A língua exemplar reflete não mais uma tradição lingüística, mas resulta de uma eleição. É o que os gregos já chamavam de função deôntica da linguagem, que é aquele algo mais que se superpõe a uma funcionalidade primária. Um exemplo tosco, porque estamos lidando com objetos culturais diferentes, é a vestimenta. A função primária da vestimenta é cobrir, é justamente preparar a pessoa para sair convenientemente trajada para determinado momento social. Essa é a função primária e, em cima dessa função primária, escolhemos por exemplo a calça e o paletó, ou a moça escolhe a saia e a blusa. Nesse primeiro momento, estão numa função primária, mas acima dessa função existe algo mais ditado pelo bom gosto, pela moda, e a pessoa então não só escolhe a saia e a blusa, ou a calça e o paletó, mas tenta algo mais, fazendo com que haja uma harmonia de cores entre a saia e a blusa escolhidas. Esse algo mais existe na linguagem, nessa norma exemplar da linguagem. Grandes lingüistas, a começar pelo inesquecível Mattoso Câmara Jr., têm mostrado a necessidade da distinção entre o papel do lingüista e o papel do professor de sala de aula. Ele tem páginas verdadeiramente antológicas nesse sentido, mostrando que não se deve confundir a função do lingüista , que vê a língua sob ótica diferente da do professor de português, que vê este mesmo objeto cultural por outro prisma, de modo que, em sala de aula, o professor não pode ser lingüista nem tampouco o lingüista pode ser professor de língua. Cada um tem sua atividade bem demarcada. Ambos estudam o mesmo objeto histórico, ambos estudam a língua, mas vendo-a, observando-a, descrevendo-a ou normatizando-a de maneira diferente.

Essa confusão entre o lingüista e o professor de língua, ou entre o lingüista, o gramático e o professor de língua, ou entre a gramática descritiva e a gramática normativa, tem trazido conseqüências negativas para que o professor assuma uma posição perante seus alunos diante daquilo que se chama *correção de linguagem*, o que nós chamamos também agora de *exemplaridade de linguagem*. A confusão dessas duas atitudes tem trazido também a idéia de que, como a norma não é necessária, como o aluno pode falar de qualquer maneira, tudo está certo, bastando a compreensão e comunicação. Ocorre que daí se dá um passo ainda mais perigoso, que é o da desnecessidade do estudo gramatical, de escrever gramáticas. "Mais uma gramática para o aluno... para quê? Se o aluno já fala português, se comunica em português." E isso tem feito que os estudos gramaticais no Brasil fiquem um pouco desgarrados do progresso que vão experimentando em outros países. Enquanto se discute, mesmo em âmbito universitário, se há necessidade de uma gramática ou não, na Espanha, na Itália, na Alemanha ou em outros países os estudos gramaticais se aperfeiçoam à sombra e sob a bênção de uma lingüística desenvolvida.

Trouxe aqui para os colegas, principalmente para os colegas mais jovens, alguns resultados a que lá fora têm chegado os estudos gramaticais. Aqui está, por exemplo, o segundo dos três volumes – cada um de aproximadamente 1000 páginas (este tem 948) – de uma grande gramática italiana de consulta, dirigida pelos lingüistas Lorenzo Renzi e Gian Paolo Salvi, com a colaboração de numerosos especialistas que estudam a língua italiana, quer do ponto de vista descritivo, quer do ponto de vista normativo, já que se trata de uma grande gramática de consulta. Aí a língua italiana é tratada cientificamente do ponto de vista descritivo e pedagogicamente do ponto de vista normativo. Temos em Portugal, por exemplo, uma gramática descritiva que é um primor, exclusivamente descritiva, que é a obra da nossa querida mestra aqui presente, a professora doutora Mira Mateus, com as suas colegas de Lisboa. No Brasil, a nossa tradição faz da gramática uma gaveta de sapateiro: ela se incumbe de fazer preliminarmente uma descrição e depois passa para uma normatização. É ao mesmo tempo uma gramática descritiva e uma gramática normativa, e depois avança por assuntos que não são nem gramaticais, como é o caso da versificação.

Vejam porém que os avanços dos estudos gramaticais que mencionei não ocorrem apenas na Itália; repete-se o fato na Espanha. Aqui está o terceiro e último volume de uma gramática descritiva da língua espanhola, sob a responsabilidade editorial da Real Academia – embora não seja **a** (friso) gramática da Academia. A obra é dirigida por dois competentes lingüistas, Ignacio Bosque e Violeta Demonte, secundados por numerosa equipe. Este volume soma as páginas dos três volumes: 5351. Temos aqui uma gramática do espanhol, uma língua de estrutura gramatical muito próxima da nossa, que patenteia o quanto os espanhóis estão fazendo nessa área. Além desses exemplos, trouxe ainda o quinto volume, dedicado à estrutura de oração, de uma obra do romanista dinamarquês Knud Togeby, que escreveu aliás um livro muito interessante sobre o português. Este aqui é o quinto volume de uma gramática francesa, publicada pela Academia de Pesquisa de Copenhague, da Seção de Estudos Românicos da Universidade de Copenhague.

Essas críticas contra a gramática nunca foram formuladas pelos grandes lingüistas. Pelo contrário, Saussure faz um elogio da gramática dita tradicional, pela coerência com que estes estudos são feitos, sob a luz da lógica aristotélica que está nas gramáticas, em contraste com a lingüística que se fazia no seu tempo. Ela pode ter uma visão filosófica, mas em geral é coerente na sua estrutura, na sua organização, na sua maneira de constituir-se. De modo que não vemos em nenhum grande lingüista uma crítica que invalidasse a gramática. Às vezes, leituras apressadas de grandes mestres permitem que daí saiam conclusões, que acabam por ser desastrosas. *Gramática*, no Curso de Ferdinand de Saussure, tem um significado especial: *gramática* quer dizer descrição e só se pode fazer descrição de um objeto cultural homogêneo e unitário. Se eu quero fazer uma descrição, tenho de separar, delimitar no tempo e no espaço um estado de língua. Aí eu posso fazer gramática. De modo que, quando Saussure diz que não pode haver uma *gramática histórica*, o que ele quer dizer, na realidade, é que não pode haver uma descrição de vários estados de língua. Saussure nunca disse que os estudos diacrônicos extrapolam a competência do lingüista. E a prova disso é que ele, em vida, só escreveu estudos diacrônicos: a coletânea de estudos e de artigos esparsos do mestre genebrino, *Recueil des publications scientifiques de Ferdinand de Saussure* publicados na Suíça, pela Universidade de Genebra. Já não digo a sua tese, que apareceu em 1878, aos 21 anos de idade, toda imbuída na lingüística historicista do seu tempo. Depois dela, todos os trabalhos de Saussure relacionados nos seus esparsos, todos os seus estudos são de natureza histórica.

A língua pode ser estudada sincronicamente e diacronicamente. E essas opções unilaterais acabam empobrecendo não só a tarefa do pesquisador, seja ele um descritivista, seja um historicista. Ouvimos aqui, por exemplo, a lição magnífica do professor Francis sobre esse problema da tradução: quanto de história está aí? Quanto de história, de sincronia e de diacronia, existe na função lingüística do estrangeirismo. Diz muito bem que o estrangeirismo não macula a pureza da língua e que estamos olhando para um pseudo-inimigo, colocando debaixo do tapete inimigos verdadeiros que entram no léxico, na morfossintaxe e até na gramática textual como nos mostrou. Patenteamos a necessidade do conhecimento da história da língua na composição dos verbetes dos lemas que estão no dicionário da Academia das Ciências de Lisboa, no dicionário Aurélio e o quanto nos falta de conhecimento histórico da língua para podermos compor um dicionário histórico que a Espanha está organizando, que a França já organizou, que a Inglaterra, que é o país da ciência lexicográfica por excelência, já produziu. Enquanto isso, estamos estudando unilateralmente a língua, o que significa que os nossos estudos se vão empobrecendo; e não somente se vão empobrecendo, mas vão também tirando dos jovens que estão na graduação a oportunidade de conhecer mais amplamente a língua nos variados campos do seu domínio. Precisamos de continuadores de foneticistas, de lexicógrafos, de historiadores de gramática histórica, de gramática descritiva, de gramática normativa. Lendo, por exemplo, os consultórios gramaticais do Pasquale ou do Sérgio Nogueira, vemos o quanto falta a esses consultórios de uma visão integral da língua. Acontecia o mesmo com Cândido de Figueiredo, no final do século XIX e início do XX. Ressalte-se, todavia, a função social de despertar o gosto da língua, de despertar o gosto de estudar a língua, principalmente hoje em nosso país, onde temos praticamente extintos o bom curso fundamental e o bom curso médio. As indagações que se fazem nesses consultórios gramaticais tratam de questões de concordância, de conjugação de verbo, de grafia de palavras, assuntos que já deviam estar totalmente dirimidos no final de um curso fundamental.

Diante de tantas discussões gramaticais, às vezes me perguntam também sobre se não seria oportuna uma gramática oficial, com a fixação do que é certo e do que é errado. A pergunta envolve duas questões: a primeira sobre o fato de se normatizar a norma culta por decreto; a segunda, ligada a esta, é se a norma culta deveria ser revista e se isto caberia à Academia Brasileira de Letras. A resposta seria não. Os fundadores da Academia – e eu disse isso no meu discurso de posse – foram muito inteligentes quando, no primeiro artigo do Estatuto, estabeleceram que a função primordial da Academia é o *cultivo* da língua e da literatura nacional.

Ora, cultivo é um termo extremamente válido para a Academia, isto é, a Academia tem de cultuar, e não estudar a língua. Quem deve fazer o estudo da língua são as instituições especializadas, como as Faculdades de Letras, a Academia Brasileira de Filologia, as Academias da Língua, as Associações e os professores de Língua Portuguesa. Agora mesmo Portugal deu um passo nesse sentido, reformulando a terminologia gramatical a ser usada nas escolas. Esse texto está publicado no número 21 da revista *Confluência*. Portugal, que secundou a proposta do Brasil de fazer uma nomenclatura gramatical, agora – pela Associação de Professores de Língua Portuguesa (e não a Academia das Ciências) – preparou uma nova terminologia gramatical. A Academia não tem de se imiscuir com essas tarefas técnicas, não tem de escrever nada que vá competir com os especialistas de gramática. A Academia Espanhola publicou a gramática de que já falamos, mas não é a gramática da Academia; é a gramática que a Academia editou e cuja confecção apoiou. A Academia Brasileira de Letras só tem, em virtude de uma tradição, o compromisso com a ortografia. E como à época (1943) não tinha especialistas dentro da comissão, foi buscá-los entre os professores de Português. O Acordo mais recente, entre portugueses e brasileiros (de 1999), que ainda não está aprovado definitivamente, está redigido com maior fundamentação lingüística, apesar de alguns exageros pouco práticos, difíceis ao entendimento do homem comum.

O que a Academia pode fazer, isto sim, é agasalhar as recomendações dos especialistas, como faz a Academia Francesa, publicando de vez em quando uns *Arrêtés*, umas decisões pelas quais ela diz: "agora a Academia já aceita que tal palavra seja usada no feminino ou que tal palavra seja usada no masculino, ou uma concordância, ou uma grafia." Quer dizer a Academia agasalhará o que os técnicos podem propor e o uso culto ratifica.

Assim, agradecendo a todos pela generosa acolhida, encerro minhas considerações acerca do tema que me coube, reafirmando a importância de se trabalhar em sala de aula o enriquecimento da competência lingüística do aluno. Muito obrigado.

NOTA

Versão escrita, com mínimas alterações, da palestra proferida no VI Fórum. A transcrição foi feita pela bolsista Josilene Nunes de Souza, do Instituto de Letras da UERJ.

A MODALIDADE BRASILEIRA DO PROFESSOR DE PORTUGUÊS (ou de como ainda se pode amarrar cachorro com lingüiça)

Uns raros amarravam cachorro com lingüiça.
(*Antigamente*, crônica de Drummond)

Claudio Cezar Henriques

A classificação da seleção brasileira de futebol para a Copa do Mundo de 2002 foi uma das raras unanimidades inteligentes, com a qual até Nelson Rodrigues concordaria. Conseguida a duras penas, só aconteceu no último jogo, diante do temido *scratch* da Venezuela. Emparelhados aos poderosos esquadrões do Paraguai e do Equador, o Pátria-de-Chuteiras F.C. deu um *show* de ineficiência, mas chegou lá...

Foram tempos de penúria futebolística, no qual tivemos de aprender que a arte do jogo de bola só podia ser vista em fotografias ou em antigas fitas de vídeo. Em 2001, ouvimos o técnico brasileiro dizer que é normal perder de Honduras, Japão e Austrália e, ainda, que o sucesso de nossos grandes craques do passado só aconteceu porque naquele tempo se amarrava cachorro com lingüiça... A vitória que aconteceria na copa da Ásia era, então, um sonho irrealizável.

Pois bem, para passar do ambiente Scolari pro espaço escolar: primeiro vou experimentar a metáfora e a metonímia que captei neste VI Fórum de Estudos Lingüísticos... pelas razões semiótico-intertextuais, pela ativação dos mecanismos cognitivos da cultura banta e do poder, pela pesquisa-brinquedo gramatical, pelo passeio dialetológico e lexicográfico, pela escritora que se descobre por seus leitores e pelo livro didático que tem função política e ideológica, nas malhas pedagógicas da leitura do trabalho do professor de Língua Portuguesa.

... e dessas lembranças me vejo avaliando o percurso histórico do professor de língua portuguesa no Brasil. Divido esse trajeto, grosso modo, em duas etapas. Chamo a primeira de "erudita" e a descrevo como uma fase centrada nos padrões estabelecidos pela gramática prescritiva, que se baseava nas obras literárias dos escritores consagrados e era dotada de nítida influência sintática da modalidade européia. Seu centro de atenção era, na maior parte das vezes, a língua escrita.

Para delimitar cronologicamente essa época, talvez seja possível dizer que ela vai até meados da década de 1980. No Rio de Janeiro, o início dessa nova era no trabalho do professor de Português coincide com o ano em que os vestibulares das universidades públicas abandonaram o modelo Cesgranrio de provas de múltipla escolha, e reinstituíram de supetão o modelo de provas discursivas, dissertativas.

Foi um caos... Aqui na UERJ, cerca de 80% das vagas para Letras ficaram ociosas. No ano de 1990, eu assumi no Instituto de Letras as duas turmas da manhã do primeiro período dos cursos mais procurados, o de Inglês-Literaturas e o de Português-Literaturas. Tinha quatro alunos, um oriundo do vestibular e três de processos de transferência.

É certo que essa delimitação poderia ser recuada para a década de 1970, época em que começaram a aparecer livros didáticos com um tratamento visual colorido, incorporando conteúdos da teoria da comunicação e abrindo espaço para textos extraídos de notícias de jornal, quadrinhos e anúncios publicitários.

Minha opção, porém, é de ordem prática. Com o fim da geração da múltipla escolha, as perguntas de prova voltaram a exigir que os professores exercitassem mais zelosamente com seus alunos as técnicas de redação de respostas. Afinal, as questões de interpretação de texto e de conteúdos gramaticais ou literários ofereciam um espaço determinado para que se redigisse a resposta em forma de frases completas.

A morte da prova de múltipla escolha do vestibular também significou o ressuscitamento da redação nos exames de seleção ao ensino superior. Como conseqüência, o mercado inundou-se de livros sobre "como fazer redação". Livros mágicos (no bom e no mau sentido)... livros cheios de fórmulas e esquemas do tipo "como passar no vestibular sem maior esforço". Livros bem feitos, que aproveitaram a sede(ê) das editoras para realmente tratar o estudo da "redação escolar" com a seriedade que o tema merece.

A escola também inovou. No meu modo de ver, para pior. Transformou o velho professor de Português em três: o professor de Gramática, o professor de Literatura e o professor de Redação. Como se fosse possível falar de literatura sem explorar os usos lingüísticos, falar de gramática sem texto e falar de redação sem texto e sem gramática. Resultado: o Ensino Médio virou o habitat mais apropriado para o aluno coroar de vez sua ojeriza ao estudo da língua e da literatura nacional e para sublimar seu pânico diante de uma folha de papel em branco.

Começa aí o segundo período, a que chamo de fase de transição. Transição para quê? Para a coexistência, na sala de aula, entre o padrão escrito e a oralidade, entre a língua exemplar e as diversas línguas funcionais.

A segunda fase é marcada por ataques exacerbados à gramática normativa, apresentada como vilã e bandida de um filme que ainda não acabou e que pode, muito bem, terminar com um final feliz, no qual se desfaçam preconceitos mútuos e se atinja o entendimento de que a língua exemplar é uma modalidade lingüística como outra qualquer, e que o mesmo direito que temos de combater a estigmatização do linguajar típico de qualquer pessoa, região ou grupo social, também se deve aplicar àqueles que em nome de uma falsa liberdade atribuem ao estudo da gramática a culpa por todos os males da humanidade.

Feitas essas considerações, quero apresentar alguns exemplos do que chamo de "presságio didático da terceira fase", aquela que não sei quando vai acontecer – espero que breve – mas que representa o meu ideal acerca da modalidade brasileira do professor de Português.

Combinados os aspectos descritivos de qualquer das partes da gramática com a realidade da língua viva, os resultados a obter podem produzir efeitos agradáveis, tanto do ponto de vista do trabalho pedagógico, como da mais comezinha das sensações humanas: gostar do trabalho que se faz.

Posso começar por FONÉTICA e FONOLOGIA?
(Por favor, não fechem o livro.)

Brasil e Itália. Final da Copa de 70. 41 minutos do segundo tempo. O Brasil vence por 3 a 1.

Tostão, com a ajuda de Everaldo, recupera uma bola na lateral defensiva do Brasil. Atrasa para Piazza, que toca para Clodoaldo, que toca para Pelé, que passa a Gérson, que devolve a Clodoaldo. O meia só precisa de 6 segundos para dar dribles sucessivos em 4 italianos e tocar na esquerda, ainda no campo brasileiro, para Rivelino, que lança a Jairzinho na ponta esquerda. Ele parte para cima do marcador, corta para dentro, evita um zagueiro e passa a bola para Pelé, que está perto do semicírculo da área italiana. O Rei pára a bola com o pé direito, arruma-a com o pé esquerdo e, de novo com o pé direito, rola-a para Carlos Alberto, que vem em apoio ao ataque. A bola, que resvala num pequeno sobressalto da grama e sobe uns 5 cm, é acertada em cheio com o pé direito do Capitão do Tri e vai estufar as redes do goleiro italiano. Brasil 4 a 1.

Usei, na língua escrita, 159 palavras para descrever o que, na língua do futebol, precisou de 30 "articulações", pois foi esse o número total de toques dados na bola até que ela entrasse no gol italiano. Uma "palavra futebolística", mágica e expressiva, pronunciada em 29 segundos.

Figuras 1, 2 e 3 – Cachorro e lingüiça em ação?

Pier Paolo Pasolini, poeta, escritor, diretor de cinema, ator, renovador e contestador, ex-meia-esquerda de um time bolonhês, um dos homens mais sensíveis, imaginosos e criadores da Itália e da Europa, expôs algumas teorias a respeito da relação entre o futebol e a língua. O texto que segue faz parte de uma crônica de Araújo Netto, publicada no Jornal do Brasil, de 10 de abril de 1973:

> O futebol é um sistema de sinais, isto é, uma linguagem. Tem todas as características fundamentais de uma língua. As palavras da linguagem do futebol se formam exatamente como as palavras da linguagem escrita e falada. Por meio das chamadas duplas articulações, ou seja, das infinitas combinações de fonemas. E se os fonemas são a unidade mínima da língua falada, o homem que usa os pés para chutar uma bola é a unidade mínima da linguagem do futebol. Se quisermos continuar nos divertindo, poderíamos chamá-lo, daqui para frente, de *podema*. As infinitas possibilidades desses *podemas* (os jogadores) formam as palavras futebolísticas e o conjunto dessas palavras um discurso, regulado por verdadeiras e próprias normas sintáticas.
>
> Os *podemas* são 22 (quase tanto quanto os fonemas de uma língua latina). As palavras futebolísticas são potencialmente infinitas, porque infinitas são as possibilidades de combinações entre os *podemas*: isto é, os passes e os movimentos da bola entre os jogadores.
>
> Como em qualquer língua, o futebol tem seu momento puramente instrumental, rígida e abstratamente regulado por um código. É o seu momento expressivo. Como em qualquer língua, pode ser fundamentalmente poesia. O único momento em que futebol é sempre a mesma coisa, e só é invariavelmente poesia, é o momento do gol. Cada gol é sempre invenção, sempre uma subversão do código. Porque é fantasia liberada, fulguração, estupor, irreversibilidade, exatamente como a palavra poética. O artilheiro de um campeonato é sempre o melhor poeta do ano. Também o drible é, em si e por si, poesia, mesmo quando não é a ação que precede ou cria o gol.
>
> Não é à toa que o sonho de todo jogador (apoiado e partilhado por todo torcedor) é o de partir do meio campo, driblar todos os adversários e entrar com a

bola nas redes. Um sonho que seria a coisa mais sublime do futebol, mas que infelizmente cada dia tem menos possibilidade de materializar-se.

A idéia de Pasolini sobre a relação entre o jogo de futebol e o jogo dos sons de uma língua certamente pode dar margem a muitas discussões metalingüísticas, mas chegará um momento em que o professor precisará parar o jogo e organizar as táticas futebolístico-gramaticais. Afinal, na língua como jogam as vogais e as consoantes? Quem faz o papel de juiz dessa partida? Por que os alofones saem no banco de reservas e por que há tantos times nesse campeonato brasileiro de fonética e fonologia?

Na bolsa de apostas em que se transformará a sala de aula, o professor levará seus alunos a conhecer uma parte da gramática descritiva e da gramática normativa, pois só ganha o campeonato quem sabe o regulamento e as regras do jogo.

MORFOLOGIA, SEMÂNTICA OU O QUÊ?

O segundo exemplo que pretendo mostrar trata da MORFOLOGIA, no item "Formação de Palavras", mas engloba muitos mais aspectos.

"Vovó dita ritmo da bateria"

Mônica Paulo, que ficou famosa por se tornar vovó com apenas 33 anos, exibe toda a sua boa forma como rainha de bateria da Mocidade.

Figura 4 – Vovó + zuda?

A fotografia foi publicada no jornal, *O Globo*, do dia 27.2.2001. No mesmo dia, o jornal mineiro *O Tempo* dava a seguinte nota:

"Vovozuda"

Não bastasse a animação, o prefeito do Rio, César Maia, também lançou neste Carnaval a discussão sobre o excessivo uso do silicone. Na quinta-feira passada, ele antecipou a polêmica, declarando que preferia as mulheres do grupo de acesso "A" porque elas não usavam silicone, botox ou faziam lipoaspiração. Mas, no domingo, o próprio César se rendeu à Mônica Paulo, madrinha da bateria da Mocidade Independente de Padre Miguel e chamada de "vovozuda", porque já é avó. Ele surpreendeu Mônica com um abraço quando ela se apresentava em frente ao recuo da bateria.

Explicar a criação neológica "vovozuda", tanto do ponto de vista de seus constituintes mórficos como de seu processo de formação, é uma ótima desculpa para o professor trabalhar conteúdos gramaticais produtivos na língua viva. O mesmo se pode dizer quanto à interpretação da expressividade do neologismo e a identificação dos campos semânticos associados ao segundo elemento dessa formação.

O neologismo "vovozuda", criado por analogia com "popozuda", tem o sufixo -(z)udo, que significa "provido ou cheio de" ou "que apresenta algo em demasia". "popozuda" é derivação de "popô", sinônimo de nádegas, e pode ser entendido como "pessoa com nádegas de grande dimensão". Já o vocábulo "vovozuda", por sua vez, não pode ser assim explicado (vovó de grande dimensão), cabendo associar metonimicamente o apelo erótico de "popozuda" (de nádegas grandes) ao contexto igualmente sensual em que foi empregada a palavra "vovozuda". Além disso, também contribui para a formação do neologismo a camada fônica das palavras primitivas: "vovó" e "popó", variante de "popô".

A expressividade do neologismo é reconhecida pela criatividade na formação, dentro das possibilidades que a língua oferece. A ressalva diz respeito à efemeridade do uso, o que – neste caso – é irrelevante pois o contexto carnavalesco é igualmente efêmero.

MORFOSSINTAXE NÃO É SÓ A MISTURA DE CLASSES E FUNÇÕES

O terceiro exemplo que pretendo mostrar pertence à morfossintaxe, no item que fala das pessoas do discurso e das pessoas gramaticais. O assunto é tratado preconceituosamente em muitos lugares. Até a imprensa ajuda a reverberar a falsa idéia de que combinar diferentes formas gramaticais que se referem à segunda pessoa do discurso **é erro**.

Em sua edição de 25 de julho de 2001, a revista *Veja* noticia o lançamento próximo da *Gramática do Português Culto Falado no Brasil*, coordenada por Ataliba de Castilho. Ilustra a matéria um desenho onde uma mulher diz para seu interlocutor: "você fez o que eu te falei?", frase reveladora de uma "contradição" gramatical assim interpretada no imaginário da sociedade (e da sala de aula).

O texto principal da revista se refere ao "verdadeiro português utilizado pelos brasileiros", mas a legenda da ilustração fala em "**samba do pronome doido**". Será que bastaria dizer que **o certo** é "você fez o que eu lhe falei?" ou, "tu fizeste o que te falei?" Sabemos que não é bem assim.

Vejamos a letra de uma canção de 30 anos (foi sucesso na época da Jovem Guarda), recentemente regravada por Adriana Calcanhoto, para mostrar que esse uso é muito mais complexo do que se costuma pensar.

Figura 5 – Para a *Veja*, "pronome doido"

Devolva-me (de Lilian Knapp e Renato Barros)

Rasgue as minhas cartas e
não me procure mais
Assim será melhor, meu bem

O retrato que eu te dei,
se ainda tens não sei
Mas se tiver devolva-me.

Deixe-me sozinho
porque assim eu viverei em paz
Quero que sejas bem feliz
junto do seu novo rapaz

A canção serve de interessante exemplo da chamada "mistura de tratamento" entre a P2 e a P3 (gramaticais), ambas em relação à mesma segunda pessoa (discursiva). A reescritura do texto uniformizando esse tratamento e buscando a adequação do texto à melodia pode permitir que, ao final, se comente o tema "usos gramaticais da segunda pessoa do discurso no português brasileiro". Entretanto, para que se possa realizar essa operação gramatical, é preciso saber reconhecer os tempos verbais (sobretudo as formas do imperativo usadas na canção), os empregos dos pronomes oblíquos de terceira pessoa etc.

Juntando-se a esses aspectos a questão do ritmo de cada verso e seu ajustamento à linha melódica, será possível avaliar aspectos métricos que interferem na opção por um padrão na P3 ou na P2.

Experimentemos com a P3:

Rasgue as minhas cartas e
não me procure mais
Assim será melhor, meu bem

O retrato que eu lhe dei,
se (você) ainda tem não sei
Mas se (o) tiver devolva-me (poderia ser *mo*?)

Deixe-me sozinho
porque assim eu viverei em paz
Quero que (você) seja bem feliz
junto do seu novo rapaz

Experimentemos agora com a P2:

Rasga as minhas cartas e
não me procures mais
Assim será melhor, meu bem

O retrato que eu te dei,
se ainda (o) tens não sei
Mas se (o) tiveres devolve-me (poderia ser *mo*?)

Deixa-me sozinho
porque assim eu viverei em paz
Quero que sejas bem feliz
junto do teu novo rapaz

Podemos discutir se a solução dada pelos autores é a mesma que nós daríamos. Nós mesmos, aqui e agora, talvez chegássemos à conclusão de que não há nada de impróprio quanto aos pronomes dessa canção e que os "pronomes doidos" de que nos fala a reportagem não passam de mitos que se cristalizaram pelo desvirtuamento que se deu ao ensino da gramática durante muitos anos neste país.

Muitos outros exemplos eu poderia dar, mas o tempo não permitirá explorá-los.

SINTAXE, METALINGUAGEM E LITERATURA: UM BOM CALDO

O assunto sintaxe pode ser tratado numa aula de Português sem criar rivalidade com a literatura ou com a lingüística. O exemplo que trago parte do trecho metalingüístico de um romance:

> PRIMEIRO CAPÍTULO
>
> Suposto o uso vulgar seja o narrador ser um elemento representativo, para o bem e para o mal, da espécie humana, duas considerações merecem abrigo logo ao início, tendo em vista a adoção de método outro.
> A primeira, parece tolice, é que eu gostaria de começar lembrando que obras literárias existem, ao menos em parte, para serem lidas, que de fato nós as lemos e que vale a pena pensar sobre o que acontece quando fazemos isso. Tal lembrança pode parecer óbvia ou espalhafatosa demais para um primeiro capítulo. Afinal de contas, até hoje nunca ninguém negou que tanto leitores quanto a leitura de fato existem. Igualmente redundante, mesmo daqueles que têm insistido mais na autonomia das obras literárias e na irrelevância da resposta dos leitores, deve ser a constatação de que as obras de literatura têm importância e são merecedoras de estudo, essencialmente porque podem ser lidas e porque podem engendrar respostas nos seres humanos.
> Digo assim, apesar de saber que há quem defenda veementemente o princípio de que os livros não existem para serem lidos, mas para serem escritos.
>
> A segunda é que não sou, absolutamente, um narrador de cachimbo, mas um cachimbo de narrador. Dou, aqui, à locução a especialíssima função de predicativo do predicativo, justo para que não a confundam com um simples adjunto adnominal. Poderia ter substituído o "de" por "como" para dar mais clareza ao sentido. Isto, todavia, além de tirar o efeito estético da inversão, impedir-me-ia de tecer estas considerações de ordem estilística (...) *Nictóbata Infesto*, de Claudio Cezar Henriques. Recife: Fundação de Cultura, 1999.

Memórias Póstumas revisitado? Se ao autor cabe dizer alguma coisa sobre seu texto, eu diria que sim. Mas o que mereceria comentário é o trecho "predicativo do predicativo", porque predicativos há muitos e as gramáticas só citam dois (e um terceiro com o verbo *chamar*). Pensem na frase: "*É verdade que vão tirar retrato da Dercy Gonçalves nua?*" Qual o papel sintático de **nua**? Por quê? Que faz o predicativo numa frase e qual a relação entre este exemplo e o da intertextualidade com Machado de Assis?

SEMÂNTICA SEMPRE SEMÂNTICA

O último comentário está vinculado à semântica. E o exemplo da tirinha de jornal "Turma do Penadinho", *O Estado de S. Paulo*, 31.08.1998, onde as palavras "coroa", "flores" e "coroa de flores" mostra a relevância do contexto como fator de identificação dos significados e sentidos.

Figura 6 – Coroa de/com flores.

CONCLUINDO

Enfim, acredito ser possível afirmar que o procedimento do professor nas aulas de língua portuguesa tem concretas condições de fazer que os alunos compreendam que a tal "gramática descritiva" (tradicional e moderna) é uma grande ferramenta que está à sua disposição.

Cabe ao estudante aprender suas regras de funcionamento da língua e avaliar com seu bom senso a adequação dos usos segundo as orientações lingüístico-gramaticais que receber de seu professor, a quem cabe fornecer esse conhecimento de modo construtivo, sem coerção e sem omissões.

NOTA

Esta versão do texto apresentado no VI Fórum de Estudos Lingüísticos foi atualizada em julho de 2002.

A APROPRIAÇÃO DA REALIDADE
Uma visão das Ciências Exatas

Geraldo Monteiro Sigaud

Como podemos definir *apropriação da realidade* dentro de uma perspectiva "científica"? Afinal de contas, não é esta a função primordial, quiçá a única, da Ciência: apropriar-se da realidade, descobrir, entender – e, se possível, dominar – a Natureza? Se for isto, por que ou para que teria um cientista – em particular, um físico – sido convidado a participar de uma mesa como esta? Talvez para esclarecer a platéia com verdades inquestionáveis e absolutas sobre o que a Natureza é, sob os seus mais variados aspectos, e pronto! É claro, porém, que a questão é muito mais complexa do que uma explicação simplista – e completamente errada – como essa. De fato, dentro da Ciência há muitas maneiras de apropriação da realidade. Em primeiro lugar, uma distinção óbvia se dá entre as diferentes assim chamadas "áreas do conhecimento", quando pontos de vista distintos, baseados essencialmente na formação e nos interesses de cada uma, vêm à tona. Mas, mesmo dentro de uma mesma área, há formas muito diferentes de apropriação da realidade, que dependem da especialização e também do interesse particular de cada um. Entretanto, em todos os ramos da Ciência – e muitíssimo evidente nas ciências ditas exatas – há um fator muito importante na apropriação da realidade: o tempo, no sentido de tempo cronológico. Vou aqui tentar mostrar como este fator tempo teve – e tem – um papel fundamental na evolução do pensamento científico, em particular no que se refere à expressão "verdade científica".

Como eu afirmei há pouco, o objetivo primordial da Ciência – na verdade, talvez seu único objetivo – é a busca de compreensão da Natureza. Essa compreensão – ou conhecimento da Natureza – é considerada satisfatória quando se descobrem, em meio à diversidade de fenômenos observados, certas regularidades, certos padrões de comportamento. Tais regularidades são por nós chamadas de Leis da Natureza. O que é extraordinário nisto é que, em primeiro lugar, essas regularidades existam e, segundo, que nós tenhamos sido capazes de descobrir pelo menos algumas delas, em meio à absolutamente fantástica complexidade do mundo em que vivemos. E eu não estou falando da complexidade por nós introduzida por meio do desenvolvimento tecnológico que nos deu a parafernália de objetos que tornam nossa vida hoje mais confortável. Estou, sim, me referindo à natureza sem a intervenção dos seres humanos. Todos os fenômenos naturais que observamos apresentam uma complexidade extraordinária, desde uma simples brisa até o mais forte dos temporais, desde o movimento das asas de uma borboleta até o das estrelas e galáxias. O fato de termos conseguido descobrir padrões ordenados e, muitas vezes, universais de comportamento para grupos de fenômenos naturais aparentemente tão desordenados e desconectados entre si é certamente motivo de satisfação e orgulho, positivo, é claro...

Gostaria, aqui, de enfatizar a observação como base fundamental de toda a Ciência. Por observação entendo eu não só a observação de fenômenos naturais que ocorrem sem a intervenção direta do homem, mas também, principalmente nos últimos séculos, aquela provocada por nós através da realização de experiências. É importante que não nos esqueçamos do caráter sensitivo embutido na atitude observacional. De fato, a ampliação das possibilidades de observação tem, ao longo dos séculos, permitido um número cada vez maior de novas descobertas e, conseqüentemente, servido de base experimental para o desenvolvimento de novas teorias científicas, cada vez mais abrangentes. Essa ampliação nada mais é do que uma extensão dos nossos sentidos naturais: telescópios, microscópios, detectores de radiação, de partículas etc. Em paralelo, é claro, com a disponibilidade cada vez maior de aparatos e equipamentos provocadores de fenômenos novos de forma tão sistemática e repetitiva quanto for necessário, tais como aceleradores de partículas, simuladores, novos materiais, novos produtos químicos e biológicos etc. A lista é infindável.

Entretanto, nessa busca pelo conhecimento, não basta observar os fenômenos, sejam eles naturais ou provocados. É absolutamente necessário que o que foi observado, natural ou sistematicamente, seja sintetizado de alguma forma em regras gerais, ou teorias. Este vem sendo, em última análise, o papel de quem tem trabalhado em Ciência ao longo destes 2500 anos desde a Grécia antiga, um trabalho de síntese do já observado que tem sofrido, em toda a História da Ciência, alguns cortes fundamentais, realizados por cientistas de gênio, que conseguiram, a partir de teorias existentes, muitas vezes sobre assuntos aparentemente desconectados entre si, dar passos gigantescos em direção ao novo, revolucionando não só a ciência como também as próprias idéias da humanidade.

Tratarei brevemente de alguns desses cientistas. À exceção do primeiro, todos ligados à Física. Esta aparente restrição – pela qual peço desde já desculpas – reflete principalmente uma espécie de deformação profissional minha, apesar de considerá-los – e suas idéias – como causadores de algumas dentre as mais profundas revoluções do espírito humano em sua procura incessante de apropriação da realidade.

Antes, porém, gostaria de ressaltar que é preciso não esquecer que nenhum dos cortes fundamentais ocorridos na Ciência partiu do nada. A Ciência é construída sobre bases desenvolvidas anteriormente. Cada nova teoria, mesmo revolucionária, abrange as anteriormente aceitas. Como afirma Thomas Kuhn, "teorias obsoletas não são acientíficas em princípio, simplesmente porque foram descartadas." Aliás, esse conceito de cumulatividade da Ciência é de fundamental importância; a rigor, as contribuições permanentes de uma ciência desenvolvida anteriormente a nós são mais importantes para nossa perspectiva atual do que as tentativas de restringi-las à sua época, mesmo respeitando-se sua integridade histórica.

Costuma-se localizar em Galileo o início da moderna busca da verdade científica e a introdução do método científico. Não há nenhuma dúvida que Galileo foi o grande pai da Ciência como a conhecemos e fazemos hoje e, obviamente, voltaremos a ele mais adiante. Mas eu gostaria, primeiro, de pular no tempo cerca de dois mil anos para trás de Galileo e discutir brevemente aquele que talvez tenha sido o primeiro corte na tentativa de compreensão da natureza. Sim, porque foi na Grécia antiga, principalmente com Aristóteles, que o que nós conhecemos hoje como Ciência deu seus primeiros passos. A Física nasceu na Grécia há 2500 anos e foi lá que se estabeleceu que a observação da natureza era o estágio inicial de qualquer tentativa para sua compreensão. Anaxágoras, filósofo grego que viveu no século V a.C. e que talvez tenha sido dos primeiros a introduzir a idéia de átomo como uma partícula básica da qual toda a matéria é constituída, dizia: "eu nasci para poder contemplar as obras da natureza". Naquela época, começou a se desenvolver o que chamamos de Filosofia Natural, isto é, uma busca de compreensão dos fenômenos naturais observados por meio da tentativa de descobrir leis naturais que fossem eternas, sem ter de recorrer a explicações míticas. Provavelmente o maior de todos os filósofos naturais gregos foi Aristóteles. Na verdade, ele foi o último dos grandes filósofos gregos e talvez o primeiro grande cientista, principalmente porque, além de usar sua razão, ele utilizou os seus sentidos.

O aspecto fundamental da Filosofia Natural aristotélica é o conceito de que o Universo, o Cosmos, constitui um conjunto ordenado em que reina uma hierarquia determinada e soberana, porém obviamente subjetiva. No Cosmos aristotélico, cada coisa, cada objeto, cada ser tem o seu lugar próprio, o seu estado próprio. Se algo não estiver no seu lugar natural, tenderá a voltar a esse lugar por uma potencialidade que lhe é própria. Essa hierarquização do Universo ligava a doutrina aristotélica irremediavelmente às causas finais. Partindo dessa premissa, Aristóteles construiu um monumento de lógica alicerçado no senso comum, que iria dominar por mais de dois mil anos o pensamento do Mundo Ocidental, e que ruiu porque o papel fundamental da experiência na elaboração de uma teoria científica não era levado em conta. Além disso, a doutrina aristotélica, por sua própria natureza, era incapaz de prever fenômenos ainda não observados, sendo, portanto, estéril. Assim, Aristóteles possuía espírito científico, mas não método científico. Entretanto, não podemos esquecer o legado que Aristóteles nos deixou em sua síntese da filosofia natural grega: a curiosidade para a observação e o estudo da Natureza, a convicção que esta natureza é regida por leis universais, e a fé na capacidade humana em buscar entender estas leis.

A obra de Aristóteles, praticamente esquecida no mundo ocidental durante boa parte da Idade Média, permaneceu viva no mundo árabe e passou a ser difundida na Europa por volta do ano 1200, principalmente na Espanha e no norte da Itália. Sua difusão despertou mais uma vez o interesse pelo estudo das ciências naturais que, de uma certa forma, tinha permanecido estagnado durante todo aquele tempo e, além disso, trouxe novamente à tona a discussão sobre a relação entre a filosofia grega e a fé cristã, já surgida com a "cristianização" das idéias de Platão por Santo Agostinho no século IV. Tornou-se então imperioso que a filosofia natural aristotélica fosse compatibilizada aos textos bíblicos, principalmente no que se referia à Criação e à Cosmologia como um todo. Esse papel de "cristianização" de Aristóteles foi feito, como sabemos, por São Tomás de Aquino, que teve o imenso mérito – entre outros – de ter conseguido a grande síntese entre a fé e o conhecimento.

São Tomás de Aquino conseguiu, portanto, mostrar que, desde que convenientemente interpretadas, a Cosmologia e a Física aristotélicas não conflitavam com os princípios da doutrina cristã. Depois da publicação do seu grande monumento teológico, a Suma Teológica, a Igreja não só deixou de pôr em dúvida a ortodoxia aristotélica como foi muito mais adiante, aceitando sua Cosmologia como o modelo do Universo criado por Deus, e encorajando os estudos e a propagação pelo ensino de toda a obra de Aristóteles.

O método científico, como conhecemos e aplicamos hoje, teve sua sistematização nos *Discursos sobre Duas Novas Ciências*, escrito por Galileo, completado em 1636 e publicado dois anos depois. Nos Discursos, Galileo deixa de lado todas as conotações medievais e transforma o estudo dos fenômenos naturais numa investigação científica, cujos passos resumiremos a seguir. Em primeiro lugar, há a observação do fenômeno; esta observação suscita geralmente uma pergunta, a qual caracteriza a existência de um problema. Galileo teve a intuição, incrível para a época, de que tanto a pergunta quanto a *solução* do problema devem ser elaboradas numa linguagem especial: a linguagem matemática. É exatamente nisto que reside a chamada "Revolução Científica do Século XVII". Ora, para que um fenômeno estudado possa ser tratado matematicamente, é necessário reduzi-lo a um conjunto de parâmetros suscetíveis de medição: isto é chamado de "construção do modelo", o qual deve obedecer, por decisão ou escolha do investigador, a certas leis ou teorias preexistentes que, se não existirem, serão substituídas por certas hipóteses de trabalho. As leis ou hipóteses impostas ao modelo levam a certas deduções analíticas que fornecem uma resposta provisória à pergunta inicial e permitem geralmente que se façam previsões verificáveis quanto às respostas a outras perguntas porventura suscitadas pelo modelo, no decorrer da investigação. No entanto, por serem as leis e hipóteses de trabalho imposições humanas feitas pelo investigador, resta ainda saber se a natureza concorda com a resposta encontrada. Só há um meio de sabê-lo: voltar à experiência, isto é, intervir na Natureza. Somente a experiência permitirá decidir se o modelo construído estava correto – isto é, se todos os parâmetros relevantes para a pergunta feita foram incluídos – e, por outro lado, se as leis ou hipóteses de trabalho impostas ao modelo estavam corretas.

O grande mérito de Galileo foi ter entendido que a chave do método científico estava precisamente na passagem do real inicial – a observação – para o real final – a experiência. Ele foi o grande artesão da libertação da Ciência das essências aristotélicas, da magia medieval e das qualidades ocultas, que por mais de dois mil anos haviam impedido o seu desenvolvimento. Não podemos esquecer que Galileo estendeu em muito o ato de observar, ao voltar a recém-inventada luneta para o céu e fornecer as primeiras evidências observacionais da validade do modelo heliocêntrico de Copérnico sobre o sistema geocêntrico de Aristóteles. Mais importante, no entanto, do que a construção de uma nova cosmologia – que, na verdade, não foi completada por Galileo e sim por Newton quase oitenta anos depois – foi o fato de que observações de fenômenos novos fizeram-no refutar completamente uma teoria já existente, por ser esta absolutamente incoerente e incapaz de explicar estes fatos novos. Essa atitude de corte caracteriza uma mudança profunda na maneira de se estudar a natureza, sendo, como já vimos, a base do método científico que usamos até hoje.

Com Newton, a Revolução Científica do século XVII atinge seu apogeu. Em menos de cinquenta anos, o gênio de um homem consegue alcançar o que dois mil anos de esforços tinham preparado: a formulação de uma teoria científica. Newton nos fornece o exemplo típico de um gênio que desabrochou e produziu com extraordinária fertilidade apoiado nos ombros dos gigantes – conforme sua própria expressão – que o precederam, como Copérnico, Kepler e sobretudo Galileo, que legou o seu método científico. Mas o método científico, sem uma teoria para sustentá-lo e nutri-lo, era um esqueleto sem substância. Os modelos construídos exigiam hipóteses de trabalho para serem capazes de fazer previsões verificáveis experimentalmente. Newton foi o primeiro a encontrar Leis que não só traduzem a regularidade do comportamento da natureza em classes isoladas de fenômenos mas que, descendo a um nível mais profundo de compreensão, vão revelar esta regularidade em todos os fenômenos – no caso, relacionados ao movimento – quaisquer que sejam a sua causa ou a sua origem.

A Mecânica Clássica desenvolvida por Newton eliminou qualquer referência ao finalismo aristotélico, já que, dadas as leis de força que regem um dado sistema, os acontecimentos resultantes são uma conseqüência automática de condições iniciais mensuráveis num dado instante. Assim, a Mecânica Clássica possibilitou um amplo esclarecimento das questões de causa e efeito. Sabemos como o progresso tremendamente bem-sucedido da Mecânica, baseado nessa visão determinista e causal, acarretou uma profunda impressão em toda a ciência da época, chegando-se a atitudes extremas, como a expressa na famosa concepção de Laplace sobre uma máquina universal, na qual todas as interações de seus componentes seriam regidas pelas leis da Mecânica. Dessa forma, uma inteligência que conhecesse as posições e velocidades das partes, num dado instante, poderia prever todos os acontecimentos subseqüentes do mundo, inclusive o comportamento dos animais e dos homens. Essa concepção mecanicista da natureza tornou-se um ideal de explicação científica em todos os campos do conhecimento, independentemente do modo de obtenção do conhecimento. Além disso, o desenvolvimento dessa concepção foi uma das causas – senão a mais importante – da verdadeira cisma entre religião e ciência ocorrida a partir do renascimento europeu.

Por um lado, muitos fenômenos até então explicados pela intervenção da providência divina foram identificados como conseqüências de leis gerais e imutáveis da natureza. Por outro lado, os métodos e pontos de vista da Física eram, muitas vezes, bastante distintos da ênfase nos valores e ideais humanos, essenciais à religião. Assim, prevaleceu uma atitude de distinção entre o conhecimento objetivo e a crença subjetiva.

Em seu campo de aplicação, a descrição objetiva apresentada pela Mecânica Clássica aos fenômenos da vida cotidiana utiliza, entretanto, conceitos que transcendem em muito suas idealizações básicas. Assim, o uso adequado das noções de espaço e tempo absolutos, tão arraigadas no nosso senso-comum e tão fundamentais para a formulação da Mecânica Clássica, está intrinsecamente ligado à propagação instantânea da luz, que nos permite localizar – observar – os corpos em nosso redor, independentemente de sua velocidade, e dispor os acontecimentos numa seqüência temporal única. Mas a tentativa de elaborar uma explicação coerente para os fenômenos eletromagnéticos e óticos, a partir do enunciado das leis de Maxwell no final do século XIX, revelou que diferentes observadores, movendo-se com grandes velocidades em relação uns aos outros, coordenam os acontecimentos de maneiras distintas. Estes observadores não só podem ter visões diferentes das posições e formas de corpos rígidos, como também eventos separados no espaço, que talvez pareçam simultâneos a um observador, podem ser observados por outro como ocorrendo em instantes diferentes.

O que inicialmente poderia parecer uma fonte de confusão e complicação – a saber, que a explicação dos fenômenos físicos depende do ponto de vista do observador – revelou-se, na verdade, um guia inestimável para desvendar leis físicas gerais, comuns a todos os observadores. Einstein conseguiu, preservando a noção do determinismo, mas confiando apenas nas relações entre medidas não-ambíguas referentes a coincidências de eventos, reformular e generalizar todo o edifício da Física Clássica (essencialmente a Mecânica e o Eletromagnetismo Clássicos), além de conferir à nossa imagem do mundo uma unidade que superou a todo o previsto.

Além dessas questões relativas à Mecânica e ao Eletromagnetismo Clássicos, novos e insuspeitados aspectos do problema observacional foram revelados pelo estudo da constituição atômica da matéria. Já mencionamos que vem da Antigüidade a idéia de um limite para a divisibilidade dos corpos, que surgiu da necessidade de se explicar a persistência de suas propriedades características apesar da diversidade dos fenômenos naturais. Entretanto, até recentemente, as idéias atomísticas foram consideradas mais como hipóteses do que modelos teóricos comprováveis, já que pareciam impossíveis de serem confirmadas pela observação, tendo em vista a precariedade dos nossos sentidos e dos instrumentos da época. No entanto, a teoria atômica foi ganhando corpo, não só com o grande progresso da Física e da Química até o final do século XIX, como também, no começo do século XX, com o estudo de propriedades recém-descobertas da matéria, como a radioatividade natural. O desenvolvimento de novos sistemas de detecção permitiu identificar algumas características fundamentais da matéria, como o reconhecimento do elétron como componente comum a todas as substâncias e a descoberta, por Rutherford, do núcleo atômico, que guarda as propriedades essenciais dos elementos.

Embora muitas características fundamentais da matéria tenham sido explicadas por uma imagem simples do átomo, desde logo ficou evidente que as idéias clássicas da Mecânica e do Eletromagnetismo eram insuficientes para explicar a estabilidade observada das estruturas atômicas. Somente através do formalismo da Mecânica Quântica, desenvolvido pelos esforços conjuntos de toda uma geração de físicos teóricos a partir da descoberta do *quantum* universal da ação por Planck em 1900, é que se conseguiu uma descrição detalhada de uma imensa quantidade de dados experimentais referentes às propriedades físicas e químicas da matéria. Além disso, adaptando o formalismo às exigências relativísticas, foi possível expandir os limites da Mecânica Quântica à descrição das propriedades das partículas elementares e dos núcleos atômicos.

O formalismo quântico não admite as interpretações pictóricas a que estamos acostumados no nosso cotidiano. Ele tem por objetivo direto estabelecer relações entre as observações obtidas em condições bem definidas. Como diferentes processos quânticos individuais podem ocorrer competitivamente num dado arranjo experimental, essas relações são de caráter intrinsecamente probabilístico, e não determinístico como em toda a Física Clássica. O Princípio da Incerteza de Heisenberg expressa esse caráter probabilístico por meio da afirmação de que, contrariamente ao estabelecido pela Física Clássica, é impossível medir com precisão arbitrariamente grande a posição e a velocidade (ou a energia e o tempo) de uma partícula. Nesse contexto, fala-se às vezes em perturbação dos fenômenos pela observação. O reconhecimento de que a interação entre os instrumentos de medida e os sistemas físicos investigados constitui uma parte integrante dos fenômenos quânticos não só revelou uma limitação da concepção mecânica da Natureza, como também nos forçou a prestar a devida atenção às condições de observação. Na verdade, a Mecânica Quântica como que elevou a observação a um novo *status*, no sentido de que temos de admitir que não existe realidade sem observador.

Com isso, atingimos, a meu ver, o último grande corte na história das ciências físicas, que, como os anteriores, deixou marcas profundas na própria história do pensamento humano. (E não se esqueçam que sequer mencionei aqueles ocorridos em outros ramos da Ciência como a Biologia e a Química). Mas, cabem ainda as perguntas:

– Qual será o próximo grande corte? De onde virá este corte? O que este corte poderá nos trazer na nossa busca da verdade? Como este corte modificará nossa maneira de apropriação da realidade? Haverá, de fato, um novo grande corte?

É claro que eu não tenho as respostas para estas perguntas (e outras que possa haver), que, de fato, são uma só. Mas, admitindo que ocorram descobertas que levem à necessidade de introdução de um novo grande corte, podemos brevemente especular um pouco sobre ele e suas eventuais conseqüências. Até há muito pouco tempo, era crença geral na Física que o objetivo final a ser atingido era a assim chamada Teoria da Grande Unificação, que, como o próprio nome indica, englobaria as quatro interações fundamentais da natureza em uma só teoria. Muito esforço, tempo e dinheiro foram investidos nessa busca, principalmente por meio da construção de gigantescos aceleradores de partículas e de enormes e sofisticados detectores e sistemas de aquisição e análise de dados experimentais, para a realização de experiências reunindo milhares de pesquisadores em diversas cooperações internacionais. Os progressos obtidos por meio de tais esforços foram inegáveis, não só no que se refere ao objetivo primário de se tentar entender melhor a estrutura mais fundamental da matéria, mas também no que eles representaram como desenvolvimento tecnológico e de formação de pessoal altamente especializado e capaz. Por exemplo, uma das conseqüências desses esforços que se tornou extremamente popular e corriqueira no nosso cotidiano é a rede internacional de informações – a *INTERNET* –, que foi desenvolvida inicialmente com o objetivo de tornar mais rápida e eficiente a troca de informações entre os cientistas envolvidos nesses projetos. Apesar de tudo isso, eu vejo que esse caminho está se tornando cada vez mais estéril no sentido de fornecer os requisitos para um novo grande corte.

Por outro lado, os últimos anos têm visto uma verdadeira explosão de interesse no estudo da origem do universo, principalmente depois da entrada em operação efetiva do telescópio espacial Hubble, que tem enviado informações sobre o universo impressionantemente livres de interferência. É importante ressaltar que, depois de uma intensa investigação teórica sobre a Cosmologia a partir da teoria da relatividade geral de Einstein, houve um certo declínio de interesse, não só pelas grandes dificuldades formais da teoria, como também pelas restrições na observação do universo impostas pela atmosfera terrestre, mesmo após o desenvolvimento dos radiotelescópios. Entretanto, a possibilidade de obter informações a partir de observações muito mais limpas e, além disso, a disponibilidade quase simultânea das informações para cientistas no mundo inteiro tornam este um campo muito rico de investigação. Ademais, por trás da explosão de interesse está aquela que talvez seja a pergunta mais fundamental da Humanidade: De onde veio o universo? ou, em última análise De onde viemos? e que, na minha opinião, é bem mais atraente e instigante do que perguntar *De que é feita a* matéria? ou De que somos feitos?.

Gostaria, portanto, de encerrar minha participação com estas questões que, na minha opinião, resumem os aspectos mais fundamentais e primordiais de apropriação da realidade sob a perspectiva das ciências exatas.

REFERÊNCIA BIBLIOGRÁFICA

KUHN, Thomas. *A Estrutura das revoluções científicas*. 3. ed. São Paulo: Perspectiva, 1995.

HISTÓRIA E REALIDADE
Uma relação de múltiplas possibilidades

> (...) as palavras são apenas pedras postas a atravessar a corrente de um rio, se estão ali é para que possamos chegar à outra margem, a outra margem é o que importa, a não ser, a não ser, quê, a não ser que esses rios não tenham duas margens, mas muitas, que cada pessoa que lê seja, ela, a sua própria margem, e que seja sua, e apenas sua, a margem a que terá de chegar... (J. Saramago, p. 77)

Lená Medeiros de Menezes

Discutir as relações entre história e realidade implica, necessariamente, enfrentar os desafios postos pelos significados distintos do que vem a ser história: vocábulo único para designar sentidos diferenciados, de atração mútua e inevitável. Em uma dimensão, história refere-se a uma operação cientificamente conduzida, da qual se ocupam os historiadores. Sob outra perspectiva, ela vem a significar a própria realidade passada que esta operação analisa. Entre esses dois pólos de significação estabelece-se um movimento de interpenetração que permite o surgimento de múltiplas abordagens, muitos equívocos e variadas possibilidades de apreensão.

Segundo Michel de Certeau, dois tipos de história, enquanto operação intelectiva (doravante grafada com maiúscula), podem ser destacados. Aquele que se interroga sobre o que é pensável e sobre as condições de sua compreensão, implicando a elaboração de modelos para tornar pensáveis os documentos, e aquele que pretende reviver ou ressuscitar o passado, cabendo ao historiador fazer falar a documentação. Para além dessas duas abordagens, há aqueles que, como Popper, negam a possibilidade de a História ter objeto próprio, e a definem tão somente como o lugar da combinação, da articulação e da complementaridade de conhecimentos fora dela produzidos (*apud* Henry, p. 25).

Caberia, assim, de imediato, perguntar: O que o historiador produz quando faz História? Ele reconstrói o passado vivido? Ele constrói uma representação sobre realidades passadas? Ou é a fusão entre essas duas operações que constitui o produto do seu trabalho?

Em um sentido clássico, podemos dizer que qualquer escrito histórico pode ser definido como uma combinação de significações articuladas e apresentadas em termos de fatos. É o que leva Adam Schaff a afirmar que os fatos que a História narra ou explica são, em última instância, o resultado da articulação entre o documento e o historiador, o que possibilita a produção de verdades relativas, abertas permanentemente à revisitação.

No dizer de Barthes (1987), os fatos de que fala a História funcionariam tão somente como indícios. Seria através das relações entre eles estabelecidas, ou da elevação de alguns deles ao valor de sintomas para uma época inteira, ou, ainda, da "lição" (moral ou política) que estrutura o discurso inteiro, que se organizaria seu processo de significação. Nesse caso, o historiador tornar-se-ia o encarregado não só da reunião dos fatos, mas também da enunciação de sentidos.

De acordo com a definição proposta por Certeau, "escrever História é gerar um passado, circunscrevê-lo, organizar o material heterogêneo dos fatos para construir no presente uma razão". A História, constituir-se-ia, assim, em uma prática, sendo o resultado dessa operação a produção de um discurso. A compor a trama dos fios, encontrar-se-iam, inevitavelmente, as fontes, tendo em vista que, enquanto evidências, seriam elas as responsáveis pelo efeito do real de que nos fala Barthes.

Mas a que real devemos nos reportar? O real enquanto materialidade, ou seja, aquele que o historiador estuda ou ressuscita? Ou o real enquanto resultado de sua ação, isto é, produto de uma operação científica? Para Certeau, tantas vezes mencionado devido à importância de sua obra, a ciência histórica existe, justamente, entre essas duas possibilidades, constituindo-se, em uma "frágil fronteira entre um objeto passado e uma práxis presente"; operação na qual tempos de durações diferenciadas formam uma complexa teia.

A prevalência de uma postura interrogativa sobre o passado, ou a crença na possibilidade de ressurreição do já vivido são posturas que, para além de tencionarem os contemporâneos, variaram no tempo, opondo, de uma forma geral, o que podemos denominar de narradores e analistas.

Para os iluministas, a História era, necessariamente, narrativa. Essa convicção, entretanto, viria sofrer um duro golpe com a busca da definição da História enquanto ciência, tão própria da lógica do cientificismo da segunda metade do século XIX. Ao proclamar o distanciamento do sujeito frente ao objeto, o Positivismo conclamou os historiadores a deixarem falar os documentos, como objetividade necessária à cientificidade de seu ofício e ao produto de seu trabalho.

A partir da verdadeira revolução epistemológica proposta no pós-primeira guerra, o valor da narrativa veio a ser negado em prol das análises estruturais, e a História Política cedeu seu lugar à História Econômica, à História Social e à História das Mentalidades, apreendidas segundo uma nova concepção temporal.

Estas propostas encontraram sua expressão máxima na chamada Escola dos Annales, ligada, inicialmente, às figuras de Marc Bloch, Lucien Febvre e Fernand Braudel. Este último dedicou-se a sistematizar o tempo multidimensional, propondo a existência de ritmos diferenciados de mudança e de três níveis temporais, a saber: um tempo de curta duração (o dos eventos), um tempo de média duração e um tempo de longa duração, situado, segundo suas palavras, nas fronteiras entre o móvel e o imóvel.

Hoje, em tempos de Pós-Modernismo, assistimos ao retorno tanto da História Política quanto da narrativa. No dizer de Dosse, entretanto, a História corre o risco de perder-se em migalhas, narrando casos tão particulares que decretariam o fim de seu caráter explicativo, mergulhando em terrenos perigosos, inclusive no tocante à sua definição enquanto ciência.

De qualquer maneira, cada vez mais os historiadores estão conscientes de que seu trabalho não reconstrói o passado, nem tampouco narra aquilo que realmente aconteceu, visto ser irrecuperável o passado, a não ser a partir e sob a ótica de quem o reconstrói. Estão convictos, entretanto, de que o passado pode ser representado de um ponto de vista e de um lugar particular, qual seja o de um observador que mira outros tempos a partir do seu próprio tempo operando a partir de evidências documentais, quer na análise de acontecimentos, tramas e personagens, quer das representações forjadas em outras temporalidades. E é então que o conceito de representação ganha a sua consagração.

Trabalhar a partir dessa nova abordagem, entretanto, deve significar um exercício do que Burke chama de "densificação da narrativa", de forma a impor limites à ficção, resguardando o caráter da História enquanto materialidade.

Colocadas estas questões teóricas, um exemplo prático melhor poderá demonstrar como pode ser escrita a História sob a perspectiva da representação, quando o historiador, de posse de um dado instrumental teórico-metodológico, produz um discurso que é fruto da interação entre o seu tempo e os tempos passados sobre os quais se debruça, revisitando o já imaginado. Ou melhor, constrói uma realidade passada que, no dizer de Barthes

(1987), é resultado do "atrito de dois tempos": o tempo da enunciação e o tempo da matéria enunciada.

Esse exemplo, na verdade, é o trabalho intitulado *Tramas do mal: a Revolução de outubro no plano das representações*, apresentado como tese de concurso para professor titular de História Contemporânea, do Departamento de História da Universidade do Estado do Rio de Janeiro, defendido publicamente em março de 2000. Nele estão analisadas as representações contra-revolucionárias que correram o mundo na conjuntura explosiva de 1917-1921, tendo sido resultado de um trabalho de pesquisa que seguiu três etapas básicas.

Um primeiro momento buscou dar conta de todo o entorno do objeto específico de investigação. Ou seja, da análise da produção historiográfica sobre o tema mais geral tratado: a Revolução Russa. Nesse momento foi possível comprovar que o enfoque proposto era totalmente inédito, tendo em vista que os trabalhos já produzidos dedicavam-se à análise do fato revolucionário, enquanto a proposta apresentada voltava-se para o estudo das formas pelas quais este fato fora apreendido por seus contemporâneos. Desde logo, por outro lado, foi possível observar que as paixões ideológicas perpassavam os textos produzidos, com demonstrações bastante explícitas de juízos de valor, o que demonstrava não só o impacto dos fatos sobre os que os vivenciaram, quanto sobre os que os revivenciaram ao longo dos tempos.

Em uma segunda etapa desenvolveu-se a coleta do material em fontes documentais. No caso, os discursos que se constituíram em matéria jornalística, veiculada pela imprensa carioca entre 1917 e 1921. Duas questões básicas com relação a essa documentação mereceram atenção especial. A primeira delas, o fato de o noticiário internacional constituir-se na transcrição de telegramas distribuídos pelas grandes agências internacionais de notícia, evidenciando que o processo de monopolização existente na esfera da distribuição das informações, possibilitava que uma mesma formação discursiva corresse o mundo, difundindo imagens apocalípticas sobre a revolução e sobre o regime soviético. A segunda, o papel de verdadeiro "filtro semiótico" assumido pela grande imprensa, intermediária entre os fatos – ou entre as versões que sobre eles circulavam – e o público, transformado em consumidor ávido de informações sobre a conjuntura internacional desde a época da guerra.

Considerado o Rio de Janeiro como lugar de chegada de um noticiário gerado em outros espaços, capaz, portanto, de ser tomado como *locus* privilegiado para uma análise global dos processos em curso, quatro jornais principais foram escolhidos para exame: *O Paiz*, o *Correio da Manhã*, o *Jornal do Brasil* e o *Jornal do Commercio*. Após a análise criteriosa das tendências político-ideológicas de cada um deles, bem como do público alvo por eles alcançado, seguiu-se a leitura do material, estabelecendo-se um trabalho comparativo entre todas as fontes, sempre que uma notícia mais impactante era encontrada. Todo o trabalho de coleta fez-se acompanhar por um processamento inicial dos dados, a partir da distribuição das notícias segundo um plano provisório de trabalho, traçado com base nas hipóteses e objetivos elencados.

Por fim, como terceira etapa, um novo trabalho de processamento buscou dar significação aos dados brutos obtidos, a partir de novos ordenamentos e critérios de classificação. Alguns itens do plano de trabalho inicialmente proposto foram fundidos, outros foram desdobrados e alguns novos foram enunciados, tendo em vista, principalmente, a constatação da presença marcante do mito nos discursos analisados.

Escolher como caminho metodológico a análise do discurso – "o que falar quer dizer", segundo as palavras de Bordieu – colocou desafios a mais com relação a um tema por si só desafiador, entre os quais a necessidade de adaptar caminhos analíticos, com base em propostas abertas por estudos não necessariamente voltados para a História, como os de Pêcheux, Maingueneau e Charaudeau.

Por essa vereda, foi preciso tomar-se um instrumental básico para análises específicas sobre metáforas e marcas discursivas, sobre o conceito do confronto discursivo, considerando-se o contato do histórico com o lingüístico como constitutivo da materialidade do discurso (cf. Pêcheux). Neste vir-a-ser do trabalho com os textos, também se levaram em conta os conceitos de memória discursiva e de deslocamento discursivo (cf. Maingueneau), os referenciais do discurso midiático e a compreensão de que todo ato de linguagem se realiza na alteridade, constituído por uma dimensão exterior ou extralingüística (entorno sócio-histórico) e uma interior ou estritamente lingüística (Charaudeau, 1997).

Outra necessidade resultou num policiamento ainda maior acerca da tessitura dos fios da trama nos atos de leitura e escrita, a fim de evitar o risco de mergulhar-se nos mitos ou perder-se em migalhas ou, ainda, adentrar-se pelo sedutor terreno da ficção.

Foi justamente o trabalho de análise de discurso, entretanto, que permitiu a constatação quase imediata da presença do mito na documentação, o que implicou novas leituras e novos desafios metodológicos. Dentre as novas leituras, destacaram-se os trabalhos de Delumeau (sobre as representações do apocalipse e o conceito de angústia escatológica), Girardet (a respeito dos temas da obsessão maléfica e da efervescência mitológica),

Kolakowski (que expõe a idéia do mito como tela a se interpor entre os fatos e suas versões) e Malcolm Bull (que trata dos mitos de combate), às quais se somaram as clássicas reflexões de Barthes (1989) sobre as mitologias. Essas referências, ademais, apontaram possibilidades e inspiraram o traçado de novos caminhos de investigação.

Os capítulos dedicados à análise da efervescência mitológica que acompanhou a revolução, denominados *A Revolução como Apocalipse* e *A Imagética da Barbárie*, tornaram-se a parte mais inovadora de todo o trabalho, razão pela qual, algumas das conclusões neles enunciadas aparecem a seguir destacadas, demonstrando como, a partir de um trabalho cientificamente conduzido, o passado pode ser proposto, reinventado ou reimaginado, sem que estas operações possam ser consideradas apartadas da realidade.

Apreendida como o umbral do Paraíso por uns e como os portais do Inferno por outros, a revolução de outubro de 1917 na Rússia fez-se tema central de um combate discursivo no qual, o real mergulhou nos universos do fictício e do fantasioso, em uma arena ampliada, destinada a sensibilizar cada indivíduo para uma tomada de posição frente aos processos em marcha. Opondo-se à propaganda em prol da revolução e à sua representação como caminho para o Paraíso, as mensagens contra-revolucionárias estampadas nos jornais denunciavam a formação de uma "onda" a ameaçar a civilização, causando fome, morte e destruição em sua passagem. Observe-se que, neste caso, o uso da metáfora da onda associava movimento e destruição, possibilitando a vivência de um medo de grande significação.

Todas as representações difundidas, à esquerda ou à direita, tinham apelos míticos de possibilidades ilimitadas. Algumas enraizavam-se em mitos de origem, identificando o processo revolucionário com situações biblicamente já vividas ou profecias por se cumprir. Outras apropriavam-se de fatos históricos mitificados, revisitados ao longo dos tempos, de forma a darem uma dimensão impactante às ameaças que acreditavam existir.

Demonstrando a reversibilidade do mito, os bolcheviques viriam a assumir, a um só tempo, a figura de redentores dos oprimidos, anjos a profetizarem um novo tempo ou a personificação de anticristos, demonizados de inúmeras formas, com a "Santa Rússia" tornando-se uma nova Roma, como tão bem ilustra o seguinte texto, publicado por um periódico novaiorquino, *Saturday Evening Post*, de 26.03.1921 e transcrito pelo jornal *O Paiz*:

> A flor da civilização humana, a cultura do mundo ocidental (...) está de novo ameaçada do mesmo quadrante de onde originariamente vieram os saqueadores de Roma e os destruidores de sua civilização. (p. 2)

Imprimindo sua marca no imaginário político contemporâneo, a Revolução Bolchevique despertou paixões e ódios de intensidades e colorações variadas, em um combate discursivo no qual a luta de representações tornou-se o componente central. Segundo Malcolm Bull, o sentido de uma ordem social pacífica, que se vê ameaçada de agressão proveniente do exterior, transcende a tradição judaico-cristã, sendo encontrada na interpretação de Zoroastro dos antigos conceitos de Asha e Druj. Assim, pode-se verificar que, nessa luta, determinados mitos de combate tornaram-se tão ou mais importantes do que a luta travada no campo de batalha da guerra civil, que conturbou a Rússia entre a primavera de 1918 e Dezembro de 1920.

A partir do chamado "Outubro Vermelho", uma versão conservadora na interpretação do mundo identificou a Revolução com a (A)anarquia, assim grafada para diferenciar a Anarquia sonhada pelos anarquistas da anarquia entendida como desordem e caos. Identificou-a também com um caos que revisitava o caos primitivo, sem ordem, sem verbo, sem Deus, e com um apocalipse fatalista, para o qual há, pelo menos, duas interpretações básicas, desdobramentos do mesmo mito fundador: em uma, o apocalipse apresenta-se como juízo final, absoluto e trágico, marcado por desgraças diversas; em outra, não tão definitiva, para além do fim dos tempos, projeta-se com o apocalipse a promessa de mil anos de felicidade (*Millenium*), relativizando-se o impacto trágico, conforme Delumeau (1989) e David (1999).

Cada vez mais – e cada vez com maior vigor – a imagem de um vírus destrutivo a ameaçar a civilização projetou-se como pesadelo recorrente, traduzindo o grande medo que se abatia sobre a Europa burguesa e sobre o mundo capitalista.

No processo de circulação da informação que acompanhou a lógica geral da monopolização, a grande imprensa tornou-se não só o espaço da veiculação de discursos elaborados fora dela, mas sobretudo um poderoso lugar de interpretação, capaz de reinventar e propor imagens vigorosas acerca das novidades que desestabilizavam e fomentavam o medo. Ou seja, de tudo aquilo que podia ser definido como mudança revolucionária.

Vários títulos das colunas diárias estampadas nos jornais de época encaminhavam leituras desabonadoras sobre o processo em curso, destacando-se dentre eles: o *Caos na Rússia*, *A Rússia Anarquizada*, *A Anarquia Russa*. Por si sós, esses registros convidavam o leitor a mergulhar em um imaginário repleto de dramaticidades, que remetiam a mitos de intenso impacto. Veja-se o exemplo da seguinte manchete estampada na primeira página de *O Paiz*, de 28.05.1918:

> **O CAOS NA RÚSSIA**
>
> *Dante, no inferno, não descreveu tragédia que se parecesse com a que se desenrola na Rússia.*

A "tragédia russa" denunciada pelo jornal caracterizava-se, assim, por uma fome apocalíptica, pelos saques, pelas pestes, pela incompetência administrativa, pela desorganização produtiva, pela socialização das mulheres, pela destruição do casamento e da família, pelas perseguições à Igreja e à religião, pela inversão das hierarquias e pela prática do terror. Eram esses os registros principais do saldo nefasto deixado pela revolução, ilustrativo, segundo os jornais, do caos e da anarquia que imperavam em solo soviético por conta do processo revolucionário em curso. Tudo isto sem que uma única linha denunciasse os boicotes enfrentados e a sangrenta luta civil que assolava uma Rússia saída em condições lamentáveis da Grande Guerra, responsável pelo nascimento de bárbaros de ambos os lados postos em conflito, com um terror vermelho correspondendo a um terror branco, igualmente violentos e desumanos.

Através do reforço possibilitado pela constância e pela repetição, o medo e impulsos emocionais de reação contrária a tudo aquilo que representava o desconhecido difundiram-se por toda parte, desdobrando-se em uma tendência à defesa do já conhecido, frente aqueles que eram acusados de serem inimigos da família, da pátria e da religião. Em síntese, da ordem estabelecida.

Em cada palavra de força e em cada metáfora utilizada, a memória mítica enunciou-se como eterno retorno, reatualizando narrativas há muito elaboradas e continuamente reutilizadas, parecendo comprovar que o homem tende a curvar-se à fantasia sempre que algo desestabiliza suas certezas e derruba sua lógica explicativa, oferecendo-lhe em troca o novo e, portanto, o desconhecido.

Na conjuntura revolucionária que se abriu a partir do outubro russo de 1917, uma efervescência mitológica de poucos precedentes possibilitou que esperanças fossem (re)novadas, demônios fossem (re)inventados, medos fossem (re)visitados e conspirações fossem (re)enunciadas, por intermédio de narrativas que recuperaram imagens, símbolos e modelos de valor enraizados em mitos fundadores.

A luta simbólica que se projetou na(s) mídia(s) nutriu-se, então, de uma memória coletiva que reproduziu imagens, símbolos e valores de longuíssima duração, permitindo o estabelecimento de pactos comunicativos eficientes entre emissores e receptores, detentores dos mesmos conhecimentos ou de conhecimentos muito próximos, expressos em narrativas por ambos os lados conhecidas.

Enquanto comoção política, a Revolução Bolchevique demonstrou, mais uma vez, a capacidade do mito de ressurgir em momentos de grandes e intensas mudanças, cumprindo, nesse retorno, a função de dar inteligibilidade ao que parece incompreensível, possibilitando a recuperação de equilíbrios perdidos, graças à falta de referenciais frente ao que se apresenta como novo. Nesse aspecto, a Revolução Russa, ou melhor, a Revolução de Outubro, poderia alinhar-se ao lado de outros acontecimentos como a Queda de Roma, as Guerras de Religião ou a Revolução Francesa.

A luta de representações que se impôs a partir de outubro de 1917, tendeu a representar a oposição entre céu e inferno, paraíso e apocalipse, no combate travado entre os defensores e os detratores da revolução. Para comunistas, socialistas e anarquistas, a revolução representava a concretização de um ideário que prometia o fim do sofrimento e da exploração, a partir do fim do capitalismo e do advento de uma sociedade sem classes. Ou seja, sem exploração e dominação. Nesse caso, o processo revolucionário transformava-se no portal da felicidade: espécie de passagem socializada para o paraíso na Terra. No pólo oposto, porém, a revolução aparecia como sinônimo de sofrimento e infelicidade, desdobrando-se em morte, fome e violência: caminho para o Inferno, chegada do fim dos tempos.

Dentre as várias constelações mitológicas que deram corpo às imagens sobre a revolução, destacaram-se as da conspiração, a da Idade do Ouro, a do apocalipse, a do caos e a da barbárie, cada uma delas passaporte para inúmeras fusões e justaposições. Imagens sobre o fim dos tempos, por exemplo, apareceram combinadas com representações do caos original, implicando a busca de um salvador que pudesse reordenar o mundo. Os tempos apocalípticos ou caóticos imaginados encaminharam desejos do retorno mítico a uma perdida Idade do Ouro, permitindo a reabilitação do czarismo. Dessa forma, as possibilidades combinatórias tenderam a se multiplicar indefinidamente, orientando universos representacionais por vezes até contraditórios em um mesmo campo de batalha.

O processo permitiu a conjugação das representações demoníacas com aquelas que anunciavam uma nova investida de bárbaros hereges a se deslocar do oriente sobre o ocidente, trazendo de volta – na forma de velhos/novos demônios – ameaças à sobrevivência da própria civilização. Um processo de oposição e combate que várias outras vezes seria revisitado, e cuja última versão viria a tomar corpo em pleno século XXI, na guerra movida pelo governo Bush contra o terrorismo.

De inúmeras formas, mitos como o da Conspiração vieram a se apresentar como mitos de combate, encontrando terreno para florescer nos momentos de maior radicalização da luta concreta projetada para a luta simbólica. Nesses momentos, a recriação, por exemplo, de novos "fanáticos da conspiração" (nos termos de Girardet, *op. cit.*) explicaria o aprofundamento do terror, quer o vermelho, quer o branco – ambos, aliás, enraizados no terror czarista –, demonstrando a permanência da utilização do mito do complô como forma de o poder estabelecido livrar-se de seus suspeitos, transformados em inimigos do Estado: processo que ocorreria à direita ou à esquerda, dependendo do poder dominante estabelecido.

A luta simbólica que se desdobrou a partir de outubro de 1917, transformou a polarização entre o bem e o mal em um confronto de representações maléficas, demoníacas, apocalípticas ou caóticas, entre Capitalismo e Comunismo, demonstrando a propriedade dos que afirmam que "os mecanismos combinatórios da imaginação coletiva parecem não ter à sua disposição senão um número relativamente limitado de fórmulas" (Girardet: 17). Essas, em última instância, tenderiam sempre a recuperar o maniqueísmo original.

As oposições básicas que se colocaram por conta dessa tendência encontraram sua síntese nas já mencionadas polarizações céu vs. inferno, paraíso vs. inferno, ordem vs. anarquia, civilização vs. barbárie, ocidente vs. oriente, além de inúmeros cruzamentos e identidades possíveis entre cada uma das constelações postas em confronto, que tendiam a aproximar os sentidos benéficos em um pólo e os sentidos maléficos em outro.

Nesse processo identificatório, paraíso, ordem, civilização e ocidente viriam a ser colocados em um mesmo campo, opondo-se a um conjunto formado pela conjugação entre inferno, anarquia, barbárie e oriente, tão bem expresso no texto que se segue.

> O velho fantasma do perigo amarelo renasce agora, aumentado consideravelmente em suas proporções, pois o programa do bolchevismo é lançar todo o oriente contra o ocidente (...). Prega-se de novo a guerra santa contra a civilização em nome de um melhor que nos é prometido, e com essas promessas vão os chefes comunistas buscando a necessária unificação de propósitos, de todos os descontentes. (*O Paiz*, 27.03.1921, p.2)

Após denunciar o renascimento de um fantasma, transformado em um novo perigo, a matéria revisitava o mito da queda de Roma frente aos bárbaros:

> Temos, assim, em preparo, a repetição do desmantelamento da civilização ocidental por novas hordas abatendo-se de todas as partes do oriente sobre a Europa.

Embora o texto tenha sido escrito no ano de 1921, por ocasião do congresso realizado em Baku, no qual a União Soviética reorientava sua política externa na direção do oriente, ele permite a aproximação entre passado e presente no plano das representações. É por conta disto que deixamos de colocar um ponto final em nossas reflexões, para convidar o leitor a refletir acerca dos movimentos de retorno que vêm abrindo novos caminhos na escrita da História. Afinal, a luta tantas vezes proposta entre civilização e barbárie mais uma vez renasce como mito de combate em tempos de guerra fria, opondo povos e culturas, reinventando a luta entre ocidente e oriente, mascarando interesses de grupos e indivíduos e justificando o uso da violência, quer contra culpados (reais ou não), quer contra inocentes. Tempos de angústias e retornos, sem dúvida alguma, nos quais uma nova fermentação mitológica ressurge. Tempos que demonstram, em última instância, a falência total do paradigma iluminista de conjugação entre progresso e felicidade.

REFERÊNCIAS BIBLIOGRÁFICAS

BARTHES, Roland. "O discurso da história". *In*: *O rumor da língua*. Lisboa: Edições 70, 1987.

BARTHES, Roland. *Mitologias*. Rio de Janeiro: Bertrand, 1989.

BOURDIEU, Pierre. A Economia das trocas lingüísticas: o que falar quer dizer. São Paulo: EDUSP, 1999.

BULL, Malcolm. *La teoria del Apocalipsis y Los Fines Del Mundo*. Mexico: Fondo de Cultura Económica, 1998.

BURKE, Peter (org.). *A Escrita da História: novas perspectivas*. São Paulo: UNESP, 1992.

CERTEAU, Michel de. *A escrita da História*. Rio de Janeiro: Forense, 1982.

CHARADEAU, Patrick. *Le discours d'information Médiatique: la construction du miroir social*. Paris: Nathan, 1997.

CHARTIER, Roger. *A História Cultural: entre práticas e representações*. Lisboa: DIFEL, 1990.

DAVID, Catherine *et al*. *Entrevista*. Rio de Janeiro: Rocco, 1999.

DELUMEAU, Jean. *História do Medo no Ocidente: uma cidade sitiada*. São Paulo: Cia das Letras, 1989.

DOSSE, François. A História em Migalhas: dos Annales à nova História. Campinas: UNICAMP, 1994.

GIRARDET, Raoul. *Mitos* e *Mitologias Políticas*. São Paulo: Cia. das Letras, 1987.

HENRY, P. "A história não existe". *In*: *ORLANDI*, Eni P. *Gestos de Leitura: da História no Discurso*. São Paulo: UNICAMP, 1997.

KOLAKOWSKI, Leszek. *A presença do mito*. Brasília: UNB, 1981.

MAINGUENEAU, Dominique. *Novas Tendências em Análise do Discurso*. 3. ed. São Paulo: Pontes, 1997.

MENEZES, Lená Medeiros de. *Tramas do Mal*: a Revolução de outubro no plano das representações. Rio de Janeiro: UERJ, 2000. Tese de concurso.

PÊCHEUX, Michel. *O discurso: estrutura ou acontecimento?* Campinas: Pontes, 1997.

SARAMAGO, José. *A Caverna*. São Paulo: Cia das Letras, 2000.

SCHAFF, Adam. *História e verdade*. Lisboa: Martins Fontes, 1978.

A APROPRIAÇÃO DA REALIDADE SOB A ÓTICA DA LÍNGUA PORTUGUESA

Maria Teresa Gonçalves Pereira

No artigo em questão, pretendo mostrar que a Língua Portuguesa – a sua consciência e a sua prática efetiva – extrapolam a sala de aula e se transferem para a vida com todas as suas necessidades (censuras) e seus prazeres (liberdades).

É um direito do aluno o acesso aos meios de expressão construídos historicamente pelos falantes, produtores e escritores de expressão portuguesa, para compreender efetivamente qualquer texto (oral ou escrito) nessa língua. O letreiro do ônibus, os nomes das ruas para se locomover e chegar ao seu destino. O jornal que vai possibilitar saber o que acontece na sua cidade, no seu país e no mundo. As leis que regem a sua cidadania, para se proteger, atentando para seus direitos e deveres. Os poemas que vão desenvolver sua sensibilidade. As conversas com os amigos que vão exercitar sua espontaneidade, aproximando-os. As informações que vão suprir a sede de conhecimentos e a capacidade de transferi-los (como, por exemplo, as leis da Física, numa linguagem compreensível para serem utilizadas). As propagandas – cada vez mais sutis – que lhe exigem inteligência e intuição lingüística apuradas para entendê-las e apreciá-las.

Enfim, poderíamos arrolar infinitas situações em que a língua portuguesa é fundamental para que nossa comunidade de falantes e usuários exista e caminhe com suas próprias pernas, dela orgulhando-se e sentindo-se íntimos.

É oportuno lembrar que o saber dos antigos, conhecidos por meio de suas obras e realizações, revela-se fundamental para que o que se tem hoje seja entendido como produto de tudo que somos, passamos ou fazemos. O descobrimento do Brasil e Camões, cada qual a seu modo, resgata a língua portuguesa, dialogando com ela por meio da forma e do conteúdo.

Sonetos de amor – os de Vinícius de Moraes, por exemplo – não são exclusividade das aulas para análise do português. Podem (e devem) acompanhar declarações de amor sem medo de parecerem piegas. As belas imagens que os compõem não necessariamente ficam circunscritas às investigações estilísticas como exemplares raros de uma fauna em extinção: presentificam-se dia-a-dia, quanto mais não seja para desfazerem ambigüidades. O célebre verso "Que não seja imortal, posto que é chama" não se pode confundir como fogo no posto de gasolina, mas se reconhecer "posto que" como uma expressão da mesma família do "porque" (e não do "embora"). Cabe ao usuário de língua portuguesa fazer a ponte entre o significado construído por ele e o significado corrente da expressão, desenvolvendo estratégias para usar as potencialidades e variedades da língua. Mais constrangedor do que interpretar de forma aludida o belíssimo verso de Vinícius é não ter meios para reconhecer as limitações e procurar superá-las.

Apropriar-se da realidade em matéria de língua portuguesa é saber – não ocupando a função de agente financeiro – que quando se ouve "Queda da Bolsa na Coréia derruba pregão", mesmo com a ajuda do Aurélio ou do Houaiss, *Bolsa* é uma instituição destinada a operar em fundos públicos, ações e outros títulos de crédito e *pregão* não é um prego grande, mas o ato pelo qual os corretores da Bolsa anunciam o que vai ser vendido e quais os lances oferecidos. À escola compete preparar o aluno (cidadão) para distinguir e usar tais expressões, não importando se ela o faz apenas com o intuito de repassar conhecimento, sem que o aluno, necessariamente, vivencie a situação de "aplicar na Bolsa". Um dia, ele poderá vir a fazê-lo. Essa é a função democrática do conhecimento. A ignorância marginaliza, forma guetos, impedindo o crescimento e gerando medo e insegurança.

Dar um conteúdo, sem a preocupação de transferi-lo para a prática é neutralizá-lo, despossuindo-o de legitimidade. Particulares condições sociais da contemporaneidade – principalmente a tomada da palavra por setores das classes populares – extremizam este tensionamento (língua escrita e língua falada) e, na medida em que tais grupos, excluídos em detrimento dos detentores da língua culta, passam a ter voz, há a descoberta dos meios historicamente expressivos na língua portuguesa. E reconhecem a necessidade de se apropriarem de tais meios para qualificarem seu discurso e sua capacidade de análise de uma sociedade complexa, orientada pelos modelos da língua culta.

Essa língua portuguesa plena por meio da qual nos fazemos entender, democraticamente considerada, tem de servir também para nivelar todos os seus usuários. É oportuno citar uma declaração de Lula: "Lembram de quando eu falava *menas*? Pois agora já aprendi a dizer e até já sei o que significa *concomitantemente*.

Uma atitude fundamental para contextualizar a língua portuguesa é dar espaços em nossas salas de aula ao diálogo entre o que se aprende e o que se usa, suas motivações e necessidades. Não só os textos dos grandes produtores da língua portuguesa (Eça de Queirós, Fernando Pessoa, José Saramago, Machado de Assis, Carlos Drummond de Andrade, João Cabral de Melo Neto) devem ser apresentados. Precisa-se colocar no centro da questão as condições da polivalente realidade brasileira, representada pelas linguagens consideradas menos nobres, mais populares, inserindo o indivíduo no mundo em que vive. O aluno precisa entender que aquele conceituado escritor ou poeta não é um iluminado a quem foi concedida a missão ou dádiva sublime de escrever. Como qualquer mortal, ele também pode se apropriar da língua para dar o seu recado. O diferencial é o seu talento, a condição especial de trabalhar a palavra de forma peculiar, manipulando-a com arte e sensibilidade. A matéria-prima, entretanto, é a mesma usada por todos nós, simples falantes da língua portuguesa no sistema lingüístico que contém os planos fonológicos, morfossintáticos e léxico-semânticos.

Para isso, deve-se instrumentalizar o aluno, provendo-o com as manifestações culturais de seu país, em que o domínio diversificado da língua materna, expoente máximo da cultura, é fundamental para derrubar cercas, extrapolar limites, ultrapassar obstáculos e ganhar o mundo com a consciência de seu poder e de sua força.

Na vida cotidiana da linguagem, não se produz uma frase, um parágrafo, uma análise, uma descrição, usando-a para provar algo. Na vida cotidiana, fala-se e escreve-se para usar satisfatoriamente determinadas frases em conversas comuns, visando, principalmente, a comunicação.

Se na escola ensinam teorias, também devem ensinar o que fazer com elas, levando-as para a vida e servindo-se delas para estar no mundo com todas as suas necessidades racionais ou emocionais. À instituição escolar, em qualquer nível, cabe ensinar a língua portuguesa ao aluno, não só os conteúdos para falar, ler e escrever com correção, mas considerar o estudo da língua como um complexo histórico-cultural cujo papel mais importante que lhe está reservado é o de apropriar-se do acervo subjetivo e abstrato dessa língua, das situações mais banais às mais complexas. O papel da escola é, também, assegurar a transferência do conhecimento potencial do aprendido para a prática, proporcionando ao indivíduo ocupar um papel na sociedade, estabelecendo um diálogo permanente com seus semelhantes, captando os sinais e representações das linguagens que o envolvem e desenvolvendo a sensibilidade lingüística para vivenciar toda a sorte de experiências sensoriais.

Apropriar-se da língua portuguesa exige, portanto, decifrar todos os símbolos e as propriedades que os relacionam, aprendendo a dialogar com a vida, concretizada pela língua materna. Falar com ela. Formular perguntas. Cobrar respostas.

Essa apropriação metalingüística é fruto da história dos fatos conceituais do "livro da língua", acoplada às experiências pessoais de cada um.

Lembraria um metapoema de Manoel de Barros posto que (= porque) a palavra poética sintetiza artisticamente a mensagem, dentre outras apropriações cotidianas.

A LÍNGUA MÃE

Não sinto o mesmo gosto nas palavras:
oiseau e pássaro
Embora elas tenham o mesmo sentido.
Será pelo gosto que vem de mãe? de língua mãe?
Seria porque eu não tenho amor pela língua de Flaubert?
Mas eu tenho.
(Faço este registro
porque tenho a estupefação de não sentir com a mesma riqueza
as palavras oiseau e pássaro)
Penso que seja porque a palavra pássaro em
mim repercute a infância
E oiseau não repercute.
Penso que a palavra pássaro carrega até hoje
Nela o menino que ia de tarde pra
debaixo das árvores a ouvir os pássaros.
Nas folhas daquelas árvores não tinha oiseaux
Só tinha pássaros.
É o que me ocorre sobre língua mãe.

No inspirado poema, *pássaro* repercute e *oiseau* não, porque pássaro lembra a infância debaixo da árvore, experiência inesquecível, íntima, concreta e não desconhecida, estrangeira ou distante. O poeta a conhecia bem, daí o nome de *língua mãe*, a quem recorremos sempre, protegendo e embalando, porto seguro de todas as jornadas, lugar ideal a que se retorna sempre.

Acredito que a razão de nossa travessia seja hoje, como ontem, a permanente ressignificação do que é, do que quer, do que pode a língua portuguesa – citando Caetano Veloso. Podemos fazê-la montados nos livros ou levados pela vida.

Aldir Blanc e João Bosco, dois grandes e sensíveis poetas, se apropriam da língua portuguesa – utilizando-se de imagens belíssimas e instigantes – para lembrar, à sua maneira, uma das páginas mais negras de história do Brasil. A realidade nos é passada pela recriação poética dos artistas em vistosa embalagem para presente.

O BÊBADO E A EQUILIBRISTA

Caía a tarde feito um viaduto
E um bêbado trajando luto me lembrou Carlitos
A lua tal qual a dona do bordel
Pedia a cada estrela fria um brilho de aluguel
E nuvens lá no mata-borrão do céu
Chupavam manchas torturadas, que sufoco
Louco, o bêbado com seu chapéu coco
Fazia irreverências mil pra noite do Brasil, meu Brasil
Que sonha com a volta do irmão do Henfil
Com tanta gente que partiu num rabo de foguete
Chora a nossa pátria mãe gentil
Choram Marias e Clarisses no solo do Brasil
Mas sei que uma dor assim pungente
Não há de ser inutilmente
A esperança dança na corda bamba de sombrinha
E em cada passo dessa linha pode se machucar
Azar, a esperança equilibrista
Sabe que o show de todo artista tem que continuar...

Cabe-me ressaltar que qualquer manifestação da ciência e da arte passa pelo domínio e manipulação segura e eficiente da língua portuguesa, nossa estrela não fria, mas calorosa. Nunca bêbada, mas sempre criativamente equilibrista.

SE A LÍNGUA É UM FATOR DE IDENTIFICAÇÃO CULTURAL, COMO COMPREENDER QUE UMA LÍNGUA VIVA EM DIFERENTES CULTURAS?

Maria Helena Mira Mateus

O PROBLEMA

Ainda que seja habitual afirmar-se que a língua é um fator de identificação cultural, é lícito questionar esta afirmação perante a constatação de que uma só língua identifica, freqüentemente, culturas distintas. Assim sucede com o Inglês, o Castelhano, o Português ou as línguas faladas pelos Apaches e Navajos, no sudoeste dos Estados Unidos, idênticas às línguas do Atabasca, no norte do Canadá e no Alasca (Titiev: p. 324).

Ao questionar a afirmação com que iniciei este artigo fui levada a rever diferentes perspectivas sobre as relações entre língua e cultura, começando por um dos primeiros filósofos que longamente discorreu sobre esta questão: Wilhelm von Humboldt. Um dos seus mais interessantes escritos tem o elucidativo título de *Sobre a origem das formas gramaticais e sobre a sua influência no desenvolvimento das idéias.*

Para Humboldt, as palavras são como "objetos reais" e as relações gramaticais servem apenas de nexo; mas o discurso só é possível com o concurso de ambas (1972: 14). Contudo, o que caracteriza o mérito de uma língua são as suas formas gramaticais, que permitem a representação do pensamento abstrato. Só por meio da forma gramatical que as palavras assumem e das palavras gramaticais que "não designam nenhum objeto em geral mas somente uma relação (...), o desenvolvimento das idéias pode adquirir verdadeira expansão" (idem, p. 15). As características da forma possibilitam o reconhecimento da "ação do pensamento", pelo que

> (...) uma língua nunca alcançará uma excelente constituição gramatical se não tiver o feliz privilégio de ser falada, pelo menos uma vez, por uma nação de inteligência viva ou de pensamento profundo. (idem, p. 33)

O nível superior de uma língua não está condicionado apenas pelo mérito da nação que a fala. Essa mesma língua contribui para o desenvolvimento do pensamento através da forma gramatical que

mesmo quando não dirigimos voluntariamente a atenção sobre ela, produz e deixa a impressão de uma forma, e deste modo favorece o desenvolvimento do pensamento abstrato. (idem, p. 37)

Existe, portanto, entre língua e pensamento caracterizador de uma nação (entenda-se também, cultura), uma dialética impulsionadora da elevação do pensamento abstrato, que tem como motor inicial a superioridade da comunidade nacional.

Humboldt é um verdadeiro epígone do Romantismo alemão, sucessor de Herder e defensor de que o espírito de uma nação está contido na língua que fala. A obra acima referida, apresentada à Academia de Berlim em 1822, é uma expressão interessantíssima dessa perspectiva. Era o tempo da consolidação da nação alemã concebida por Bismark e concretizada na pessoa do imperador Guilherme I, caracterizando-se as nações a partir das respectivas dimensões culturais, uma das quais, a língua, surgia como relevante e aglutinadora.

Ernesto Leal (1999: 31) afirma que Herder

> (...) encontrou na língua e na poesia a expressão mais genuína do povo e o mais poderoso fator de resistência às assimilações padronizadas por princípios políticos.

Passemos agora a uma outra perspectiva da relação língua-cultura. Foi já nas primeiras décadas do século XX que lingüistas e antropólogos norte-americanos, confrontados com a análise de línguas pouco ou nada conhecidas, nomeadamente as línguas ameríndias, defenderam uma perspectiva das relações língua-cultura e língua-pensamento que denominamos hoje "relativismo lingüístico". Dentre esses lingüistas cabe pôr em relevo Benjamin Lee Whorf e Edward Sapir. Vejamos em que se funda a concepção relativista das suas obras.

Whorf era por formação engenheiro químico, especializado na prevenção de incêndios e, por interesse e paixão, antropólogo e lingüista. Além destes, outros interesses preencheram a sua vida, como a astrologia, as culturas maia e asteca, as culturas orientais, a botânica, os conflitos entre ciência e religião. O contato e a análise de línguas índias da América – que estudou orientado e apoiado por Edward Sapir –, sobretudo da língua dos Hopi, foram a base da teoria que Whorf desenvolveu durante os anos de 1930 sobre as relações entre língua e pensamento, com extensão para a interdependência língua-cultura. Estava-se então na época em que os intelectuais norte-americanos defendiam com veemência que os povos não industrializados tinham sistemas lingüísticos, culturais e de pensamento tão complexos e válidos como os povos considerados mais avançados, perspectiva que se opunha ao determinismo biológico que amarrava os povos a uma hierarquia sócio-político-econômica decorrente das respectivas características genéticas, ou seja, todos os povos seriam pré-determinados nas suas capacidades intelectuais e culturais.

Em conseqüência de algumas análises de línguas ameríndias, Whorf registrou diferenças estruturais entre essas línguas e as indo-européias ocidentais, pondo em destaque, nomeadamente, um dos aspectos mais interessantes dessas diferenças – o fato de a língua Hopi poder transmitir numa única expressão o espaço e o tempo, diferentemente das línguas em que as duas noções se verbalizam em expressões independentes. Ora, recorde-se que data de 1905 o artigo de Einstein que revolucionou a física newtoniana, criando a teoria da relatividade restrita, a qual, ao fazer a síntese da mecânica clássica, da óptica e da teoria eletromagnética, vem propor que o espaço e o tempo não sejam independentes entre si, mas relativos, formando a conexão espaço-tempo.

Fascinado com o paralelismo entre a forma de expressão do tempo e do espaço na língua dos Hopi e uma das mais relevantes descobertas da teoria da relatividade, Whorf concluiu que a apreensão da realidade decorre das formas que a língua põe à nossa disposição. Veja-se um dos muitos exemplos da língua Hopi apresentados por WHORF (1978: 216) para provar a apreensão espaço-tempo:

> Entre as propriedades peculiares do tempo em Hopi estão a de que ele varia com cada observador, não permite a simultaneidade e não tem dimensões, isto é, não lhe pode ser atribuído um número maior do que um. Os Hopi não dizem: "Eu fiquei durante cinco dias" mas "Eu parti no quinto dia".

Posteriores estudos sobre o Hopi vieram contradizer as afirmações de Whorf, mostrando que essa língua contém tempo, metáforas para tempo, unidades de tempo e modos de quantificá-las (Pinker, 1995: 63).

Apesar disso, a dificuldade em traduzir com exatidão uma frase, mesmo entre línguas próximas como as indo-européias ocidentais, é um argumento para reforçar a teoria do relativismo lingüístico, já que essa dificuldade (ou impossibilidade) provaria que as línguas refletem uma diversa apreensão da realidade.

Retomando a questão da integração do tempo e do espaço em línguas como o Hopi, e no que toca a este aspecto específico, diz Whorf:

> A língua Hopi evidencia um nível mais elevado de pensamento, uma análise mais racional das situações do que o nosso Inglês tão celebrado? Claro que evidencia. Neste aspecto e em vários outros, o Inglês comparado com o Hopi é como um cacete curto comparado com uma longa espada. (idem, 1978: 85)

Outras profundas diferenças verificadas entre línguas como o Inglês, o Sânscrito, o Chinês, o Japonês, o Maia ou as línguas Algonquim levaram-no à conclusão de que

> (...) cada língua é um vasto sistema diferente dos outros no qual são ordenadas culturalmente as formas e as categorias pelas quais as pessoas não só comunicam como também analisam a natureza e os tipos de relações e de fenômenos, ordenam o seu raciocínio e constroem a sua consciência. (idem, 1978: 252)

É na seqüência desta perspectiva que se compreende a seguinte frase:

> A afirmação de que "o pensamento é uma questão de linguagem" é uma generalização incorreta da seguinte idéia, que estaria mais próxima da correção: "o pensamento é uma questão das diferentes línguas". (idem, 1978: 239)

Benjamin Whorf critica a influência que a lógica formal tem, então, sobre a ciência da linguagem, recusa a teoria de uma gramática universal, tal como recusa os princípios universais do pensamento:

> Não existe uma fonte universal do pensamento humano. Os falantes das diferentes línguas vêem o Cosmos diferentemente, por vezes de modo aproximado, por vezes de modo bastante diferente.

Completa esta idéia a concepção de que, por meio do desenvolvimento da investigação sobre as línguas, possamos nos aproximar mais do conhecimento da realidade, o que significará um crescimento mental da humanidade.

A personalidade fascinante de Whorf e a novidade das suas teorias marcaram fortemente, na época, a relação entre a lingüística e as ciências exatas, a filosofia, a psicossociologia e a religião. Por todas estas áreas Whorf se interessou com paixão e com uma poderosa e inteligente curiosidade. Alguns anos mais tarde, a antropologia cultural ainda se reconhece na sua teoria:

> Não há muito tempo julgava-se como certo que os pensamentos de uma pessoa ditavam a sua escolha das palavras. Hoje em dia tal seqüência está a ser posta em dúvida, pois alguns lingüistas modernos são de opinião de que o contrário é que é verdade, e que as palavras que um indivíduo normalmente utiliza podem dirigir os seus pensamentos. O falecido Benjamin Whorf declarou claramente que um padrão socialmente aceito de emprego de palavras é freqüentemente anterior a certas formas culturalmente aprovadas de pensamento e de comportamento. (Titiev, 1969: 326)

O contato de Whorf com Sapir, e a admiração que este brilhante lingüista lhe dedicava, fez com que as posições dos dois fossem agregadas no que se denomina a hipótese de Sapir-Whorf. Na realidade, porém, existem bastantes diferenças na perspectiva de ambos sobre a relação entre língua e cultura.

Na obra de Sapir surgida em 1921 (publicada em 1954 em língua portuguesa na tradução de Mattoso Câmara) a relação entre língua, raça e cultura não implica uma interdependência:

> Nada mais fácil que provar que um grupo de línguas não tem qualquer correspondência necessária com um grupo racial ou uma área cultural. Pode-se até mostrar que uma só língua não raro intercepta linhas de raça e cultura. (idem, p. 206-7)

A esta afirmação segue-se uma desenvolvida apresentação das diferentes raças que falam inglês, estendendo-se depois a mesma perspectiva às línguas germânicas e malaio-polinésias como grupos de línguas. E Sapir continua:

> O que se dá com a raça, dá-se com a cultura (...). Línguas sem qualquer parentesco partilham de uma só cultura; línguas intimamente cognatas – quando não uma língua única – pertencem a círculos de cultura distintos. (idem, p. 210-1)

Não há assim, para o lingüista americano, qualquer relação de causa a efeito entre língua e cultura, nem a hipótese de que as línguas se distingam valorativamente:

> Todas as tentativas para estabelecer conexão entre tipos de morfologia lingüística e certas fases correlatas de desenvolvimento cultural são vãs. Tipos simples e complexos de linguagem, da mais infinita variedade, são encontradiços no uso falado, qualquer que seja o nível de progresso cultural que se submete a exame. Em se tratando de forma lingüistica, Platão vai de par com um porqueiro da Macedônia, Confúcio com um selvagem do Assuã, caçador de cabeças. (idem, p. 215)

Não obstante a clara afirmação da separação entre língua, raça e cultura, Sapir foi um lingüista "mentalista" (por oposição ao mecanicismo reinante da época na lingüística norte-americana), preocupado com a face oculta da língua, ancorada no subconsciente do homem. Também neste aspecto Sapir difere do relativismo lingüístico whorfiano. A relação que estabelece entre língua e pensamento funda-se no conceito de que existe um nível abstrato e "profundo" do sistema lingüístico, subjacente à superfície apreensível. Este conceito está patente, por exemplo, nas reflexões sobre os "valores" fonéticos de uma língua:

> (...) por trás do sistema de sons puramente objetivo, peculiar a uma língua e a que só se chega por laboriosa análise fonética, há um sistema mais restrito, íntimo ou ideal, que, igualmente inconsciente talvez como sistema aos homens em geral, pode muito mais facilmente ser trazido para o campo da consciência, à maneira de um padrão definido, de um mecanismo psicológico. (idem, p. 63)

Se Sapir concluiu que este "sistema mais restrito" varia de língua para língua dado que a língua varia "sem que se lhe possa definir um limite", ou se, no contexto atual da lingüística, ele poderia vir a aceitar a existência de princípios universais da gramática representados na mente dos falantes, e investigados hoje pela lingüística no paradigma da cognição, é pergunta a que não podemos responder.

Chomsky considera que Sapir e Jakobson teriam escolhido o caminho da lingüística cognitiva se fossem postos perante a necessidade de escolher entre duas gramáticas – uma mais adequada do que outra para a explicação de experiências perceptuais incidentes sobre uma língua e, ainda, de produções de afásicos e de crianças.

A perspectiva da lingüística mentalista inclinou-se, nos últimos quarenta anos, para o desenvolvimento da lingüística no paradigma da cognição ao lado do espetacular aprofundamento no conhecimento do cérebro humano. Neste percurso, a ciência da linguagem tem sido orientada, desde meados dos anos de 1950, pela teoria desenvolvida por Chomsky, que recusou logo de início uma análise das línguas puramente descritiva e fundamentada na psicologia behaviorista. A par da teoria desenvolvida por Chomsky, a lingüística preocupa-se, desde então, com questões da origem e conhecimento da competência lingüística, e tem como principal objetivo a procura dos princípios da gramática universal e dos parâmetros para os quais cada língua fixa um determinado valor. Neste contexto, todo o relevo foi atribuído à descoberta dos princípios da faculdade da linguagem que contribuem para a construção deste sistema cognitivo particular.

Tal descoberta permitirá questionar

> (...) se estes princípios são ou não generalizáveis a outros casos, se uma abordagem que atinja um certo grau de êxito explicativo no caso da linguagem humana pode, pelo menos, funcionar como um modelo sugestivo para investigações semelhantes noutros domínios cognitivos. (Chomsky, 1986: 16)

Chomsky pensa que os princípios não são generalizáveis, mas que a abordagem pode ser sugestiva em outros domínios "tanto pelas suas realizações como pelos seus limites aparentes" (idem, p. 16). O que interessa aqui destacar é a crucial importância atribuída pela lingüística atual à relação entre o estudo dos mecanismos cognitivos subjacentes à linguagem o conhecimento dos mecanismos cerebrais.

Estamos, portanto, afastados da análise da diversidade das línguas com o fim de demonstrar que todas elas, na sua complexidade, provam o nível idêntico de complexidade cultural atingido pelas comunidades que as falam, pesando-se embora a sua diversa maneira de interpretar a realidade (Whorf). Assim, a partir dos anos de 1960, a lingüística denominada generativa procura utilizar os fatos das línguas particulares para identificar os princípios da gramática universal (idem, p. 182).

Desenvolvem-se então sistemas formais adequados para a construção de gramáticas capazes de enumerar e descrever as frases bem formadas das línguas naturais, permitindo, em última análise, captar os princípios universais subjacentes à diversidade de superfície, na qual se havia concentrado a atenção da lingüística antropológica.

Chomsky colheu em Descartes algumas idéias básicas (Duarte, 1998: p. 555) e, enformada por essa perspectiva, a teoria lingüística marcante dos anos de 1960 e 1970 radica-se na convicção de que o homem possui uma faculdade particular,

> (...) um tipo de organização intelectual única que não pode ser atribuída a órgãos periféricos nem à inteligência geral e que se manifesta no que podemos chamar o "aspecto criador" da utilização normal da linguagem. (idem, p. 20)

Esse aspecto criador é demonstração da especificidade racional do homem – a sua capacidade de pensar – e é, ao mesmo tempo, decorrente dessa capacidade.

Tendo em conta que o objeto da investigação da linguagem

> (...) deixou de ser o estudo do comportamento lingüístico ou os produtos desse comportamento para passar a ser os estados da mente/cérebro que fazem parte de tal comportamento (idem, p. 23),

é compreensível que as características particulares do comportamento de uma sociedade, habitualmente denominadas cultura, tenham sido afastadas dos interesses dos lingüistas.

Mesmo que, recentemente, o avanço do conhecimento sobre a dimensão neuropsíquica do homem tenha vindo demonstrar a importância das emoções nas formas gerais de comportamento – nas quais se inclui, naturalmente, a linguagem –, a análise das estruturas lingüísticas mantém em clara separação a sua interpretação como manifestação das capacidades cognitivas e da organização conceptual do conhecimento, por um lado, e como atividade experienciada cultural e socialmente, por outro. Na penetrante e luminosa obra de Pinker sobre a linguagem como um instinto, o autor afirma:

> As invenções culturais variam imenso na sua sofisticação de sociedade para sociedade (...) Alguns grupos contam por nós nos ossos e cozinham em fogos acendidos com paus afiados, enquanto outros usam computadores e fornos de microondas. A linguagem, no entanto, destrói esta correlação. Há sociedades que estão na idade da pedra, mas não existe uma língua que esteja na idade da pedra. (idem, p. 27)

Estamos, portanto, longe de um relativismo psicolingüístico – ou seja, o homem é um produto da cultura envolvente; logo, as diferenças culturais espelham-se nas diferentes línguas que por sua vez denunciam formas diferentes de estar no mundo – e mais longe ainda da perspectiva romântica que entendia a língua como um produto da cultura de um povo (conforme o que foi dito sobre Humboldt). Pelo contrário, a perspectiva da lingüística no paradigma da cognição, quer entenda a linguagem como um produto da capacidade modular do cérebro, quer a entenda como um instinto, supõe que a aquisição da linguagem exige que o homem, ao nascer, seja detentor de um programa que lhe permita a aprendizagem.

O espaço de discussão sobre as relações entre língua e cultura tem sido progressivamente preenchido pelas preocupações dos sociolingüistas no que respeita às questões da variação lingüística. A grande importância atribuída à variação das línguas, em interação com a variação das sociedades, abriu campo para o estudo dos fatores intervenientes nessa variação, internos e externos, históricos e resultantes do contato entre línguas, e para o desenvolvimento das perspectivas teóricas nesta área. Bilingüismo e multilingüismo, alternância de códigos, línguas mistas e línguas crioulas supõem, evidentemente, capacidades cognitivas e programas inatos, mas não estabelecem com essas capacidades e programas uma relação de causa a efeito. Ou seja, a variação das línguas não resulta apenas das capacidades cognitivas do homem, mas da interação dos fatores estritamente lingüísticos e dos fatores sociológicos.

Não podemos hoje aceitar as palavras de Gumperz, quando afirma que

> (...) comparações de comportamento lingüístico e social têm sido colocadas em dúvida pelo fato de os estudos lingüísticos e antropológicos raramente se basearem em dados que podem ser comparados. Enquanto a descrição dos antropólogos se refere a comunidades específicas, o universo da análise lingüística é apenas uma língua ou dialeto, um conjunto de signos verbais abstraídos da totalidade do comportamento comunicativo na base de certas similaridades estruturais ou genéticas. (GUMPERZ, 1971: 97)

O título deste artigo é transversal às questões até agora abordadas. E se o português é um bom exemplo de uma língua falada como materna por comunidades de diferentes culturas, uma análise de alguns fatores que levaram ao afastamento das variedades portuguesa e brasileira pode ajudar-nos a compreender uma aparente contradição.

PORTUGUÊS EUROPEU, PORTUGUÊS BRASILEIRO

Encontro de línguas

O início da colonização do Brasil pôs em contato o português europeu do século XVI com a língua falada pelos habitantes da terra recém-descoberta. Naquela época, os índios eram em número muito superior aos portugueses que, durante muitos anos, se viram obrigados a aprender a nova língua. Em 1561, escrevia do Brasil o Padre Manuel da Nóbrega que, "para lá", a língua da terra era a "mais principal ciência" (*apud* Silva Neto, p. 31). A missionação dos jesuítas reforçou a necessidade de aprendizagem da língua dos índios falada ao longo do litoral – uma das chamadas línguas gerais –, utilizada pelos catequizados simultaneamente com o português. Silva Neto (*ibidem*) se refere à informação de Anchieta de que os índios aprendiam "as orações em português e na própria língua".

Poucos anos passados desde a descoberta do Brasil, iniciou-se o tráfico de escravos negros para a América. Provindos de várias regiões e de várias etnias, é provável que já falassem "um dialeto crioulo-português, pois a nossa língua foi *geral* nas costas de África durante os séculos XV, XVI e XVII." (p. 38)

Aliás, a existência desse crioulo, ou de um estado de crioulização do português no Brasil, tem sido motivo de polêmica, conquanto não esteja atestado documentalmente. Pesquisas recentes em regiões do estado da Bahia reforçaram os argumentos dos defensores de uma possível origem crioula do português brasileiro, ainda que a discussão do problema se mantenha em aberto (Baxter -1 1992 Holm & -1 1992).

Na hipótese de ter existido um crioulo permitindo a comunicação entre africanos de várias origens e entre estes e os portugueses, podemos interrogar-nos por que não se fixou esse crioulo como língua materna das gerações seguintes. As circunstâncias históricas da colonização brasileira tal não permitiram. Vejamos: nos primeiros tempos da colonização os índios sobrelevavam em número qualquer outra população, razão por que a missionação e muita comunicação quotidiana se fazia na língua geral de origem ameríndia. O Pe. Antônio Vieira testemunhava que os jesuítas pregavam aos índios na língua deles "a qual os moradores pela maior parte entendiam" (Silva Neto, p. 55). Desde cedo, porém, e até o século XIX, os barcos de traficantes de escravos não cessaram de deixar na costa brasileira incontáveis grupos de negros cujo número veio a ultrapassar rapidamente o dos primitivos habitantes da terra.

Por outro lado, no início do século XVII, a emigração de Portugal para o Brasil começou a intensificar-se, primeiro pelo encaminhamento para as terras americanas de milhares de casais açorianos, depois pela atração que a riqueza da colônia exercia sobre todas as classes sociais (sobretudo durante o século XVIII) e, finalmente, com a transferência da corte portuguesa para o Rio de Janeiro, no século XIX. Todas estas circunstâncias forçaram a utilização do português e a sua extensão progressiva aos falantes das línguas gerais, mantendo-se apenas as línguas que hoje perduram como maternas em comunidades índias e, como foi dito, alguns vestígios de um crioulo afro-brasileiro.

Do contato do português com as línguas dos nativos e com os crioulos africanos resultaram, naturalmente, influências várias na língua dos colonizadores. Estas influências eram reforçadas pelo fato de os filhos dos fazendeiros crescerem freqüentemente em íntima ligação com os filhos dos escravos. Releve-se também o contato do português com os largos grupos de emigrantes, europeus e asiáticos, que se fixaram no centro e sul do Brasil e que mantêm, em muitas circunstâncias, a sua própria língua no interior das respectivas comunidades. Estamos, portanto, diante de um interessante quadro multilingüístico, paralelo ao que podemos encontrar noutras áreas da América, e que confirma a importância do contato entre línguas para a compreensão da variação lingüística.

Se a influência de fatores exógenos (exteriores à língua) no *português brasileiro* pode reconstituir-se com fundamento documental e conhecimento histórico, a influência dos mesmos fatores no desenvolvimento do *português europeu* desde a sua origem torna-se mais problemática para a explicação da variação, no tempo e no espaço, dentro das fronteiras políticas de Portugal. É certo que o contato com os povos recém-descobertos, com as invasões do território por estrangeiros e com as estreitas relações com outras nações européias, inevitavelmente, influíram na variação do português europeu. Contudo, o fato de as fronteiras políticas de Portugal serem as mais antigas da Europa contrariou uma variação mais profunda provocada por fatores exteriores, a qual foi sobrelevada pela ação de fatores internos à própria língua.

PORTUGUÊS E OUTRAS LÍNGUAS ROMÂNICAS: UMA SÓ LÍNGUA, DIFERENTES CULTURAS

Em face das diferentes circunstâncias que marcaram a variação do português europeu e do português brasileiro, discutirei em seguida a relação entre estas duas variedades do português com base nas mais relevantes características que são tradicionalmente consideradas, tanto no que as une, como no que as distingue.

De entre as línguas românicas que, no decorrer dos séculos, foram afirmando a sua independência, o castelhano é aquela que mais próxima está do português. Notáveis diferenças, no entanto, as separam, com relevo para os seguintes aspectos:

Nível fonético

a) O *n* e o *l* latinos em posição intervocálica foram suprimidos no Português e mantiveram-se em Castelhano:

supressão (Português)	***manutenção*** (Castelhano)
manum>mão	manum>mano
solum>só	solum>solo
malum>mau	malum>malo

b) As vogais breves latinas acentuadas passaram a vogais abertas em Português e ditongaram em Castelhano:

vogais abertas (Português)	***ditongos*** (Castelhano)
septem>sete	septem>siete
portam>porta	portam>puerta
sortem>sorte	sortem>suerte

c) Os grupos consonânticos latinos *cl*, *pl*, *fl* evoluíram para consoantes africadas no Português (graficamente *ch*, pronúncia [tʃ]) e para laterais palatais em Castelhano (graficamente *ll*, pronúncia [ʎ]).

africadas (Português)	***laterais palatais*** (Castelhano)
clave>chave	clave>llave
pluvia>chuva	pluvia>lluvia
flamma>chama	flamma>llama

Níveis morfológico e sintático

a) Construção dos tempos compostos, em que o auxiliar ***haver*** foi há muito substituído por ***ter***, em contraste com o castelhano e o francês: *tens falado* (Português) / *has hablado* (Castelhano) / *tu as parlé* (Francês).

b) Existência do ***infinitivo flexionado*** e do ***futuro do conjuntivo***, que não têm paralelo nas outras línguas românicas. Uma frase como *É preciso comeres a sopa* (substituível por *É preciso que comas a sopa*), tem uma forma flexionada do infinitivo do verbo, em concordância com o sujeito, que não ocorre em nenhuma das outras línguas românicas. *Il faut que tu manges la soupe* é diferente de *Il faut manger soupe*.

c) Oposição de significado entre o ***futuro do subjuntivo*** e, por exemplo, o ***presente do indicativo***: *Se puderes, vai viajar* e *Se podes, vai viajar*.

d) Oposição de formas do ***pretérito perfeito simples*** e ***composto*** com diferentes valores de aspecto e de tempo, o que distingue o português das línguas românicas em que o perfeito simples tem um uso muito restrito. A utilização, em português, do pretérito perfeito simples quando se remete para um processo localizado e concluído no passado (*O avião chegou atrasado*) permite usar o perfeito composto com valores diversos, como a iteração (*O avião tem chegado atrasado todos os* *dias*) e a continuidade que, do passado, vem até ao presente (*O avião tem estado parado*), o que não sucede com outras línguas românicas que usam sistematicamente o perfeito composto.

Muitos aspectos que separam o português do castelhano ficaram de fora nesta enumeração sumária. Acima de tudo, o léxico, que constitui um dos aspectos mais reveladores da histórica vivência de dois povos distintos embora geograficamente confinantes. Releve-se o fato de, no interior das próprias fronteiras, o castelhano conviver com comunidades falantes de diversas línguas e culturas.

Vejamos agora o que, no interior de uma só língua, a portuguesa, distingue a variedade brasileira (PB) da européia (PE).

Nível fonético

a) ***Vogais átonas*** muito menos reduzidas em PB que em PE (e mesmo abertas como as pretônicas no nordeste brasileiro), tal como sucede no Português falado em África.

PB		PE	
partir	p[a]rtir	*partir*	p[ɐ]rtir
levar	l[e]var	*levar*	l[ɨ]var,
morar	m[o]rar	*morar*	m[u]rar
leve	lev[i]	*leve*	lev[ɨ],
more	mor[i]	*more*	mor[ɨ]

b) Antes de /i/ tônico e átono, e antes de /e/ postônico, o /t/ e o /d/ realizam-se como consoantes ***africadas*** no PB, pronunciando-se como [tʃ] e [dʒ], enquanto no PE se mantêm como fonemas ***oclusivos***.

PB		PE	
tio	[tʃ]io	*tio*	[t]io
diretor	[dʒ]iretor	*director*	[d]irector
bate	ba[tʃ]i	*bate*	ba[t]e
pede	pe[dʒ]i	*pede*	pe[d]ė

c) Em final de sílaba e de palavra, o /l/ pronuncia-se como a ***semivogal*** [w] no PB, e ***velariza-se*** no PE (representado [ɫ]).

PB		PE	
animal	anima[w]	*animal*	anima[ɫ]
Brasil	Brasi[w]	*Brasil*	Brasi[ɫ]
saltar	sa[w]tar	*saltar*	sa[ɫ]tar

d) O /r/ final de palavra admite variação de pronúncia no PB, podendo ocorrer como ***vibrante simples*** [r], ***fricativa*** [x], ***aspirada*** [h], ou ainda ser suprimido, enquanto em PE ocorre sempre como ***vibrante simples***.

	PB	PE	
senhor	senho[r] / senho[x] / senho[h] / senh [ó]	*senhor*	senho[r]
amar	ama[r] / ama[x] / ama[h] / am[á]	*amar*	ama[r]

e) As ***sibilantes*** em final de sílaba e de palavra mantêm-se como [s] a [z] no PB e pronunciam-se como palatais, [ʃ] e [ʒ], no PE.

PB		PE	
mesmo	me[z]mo	*mesmo*	me[ʒ]mo
peste	pe[s]te	*peste*	pe[ʃ]te
meninos	menino[s]	*meninos*	menino[ʃ]

Obs.: A palatalização da sibilante ocorre em alguns dialetos como o do Rio de Janeiro.

f) Introdução, no PB, de um [i] epentético entre duas consoantes que, em Português, não formam habitualmente grupo, enquanto no PE as duas consoantes se mantêm em seqüência.

PB		PE	
captura	cap[i]tura	*captura*	ca[pt]ura
absurdo	ab[i]surdo	*absurdo*	a[bs]urdo
pneu	p[i]neu	*pneu*	[pn]eu

Níveis morfológico e sintático

a) Utilização dos ***clíticos*** de terceira pessoa. O PB vernacular perdeu os clíticos de terceira pessoa e apresenta, ao lado do objeto direto nulo (1), construções com os pronomes *ele* / *ela* e *lhe* (2):

PB	PE
(1) As frases, ele tinha lido (-) nos livros.	As frases, tinha-as lido nos livros.
(2) Eu vi *ele* na rua.	Eu vi-*o* na rua.
Deixa *ela* comigo.	Deixa-*a* comigo.
Quero *lhe* conhecer.	Quero conhecê-*lo*.

b) Colocação dos ***clíticos*** pronominais. No PB estes clíticos são habitualmente colocados em posição proclítica enquanto, nas frases correspondentes, são colocados em posição enclítica no PE.

PB	PE
me diga uma coisa	diga-*me* uma coisa
a menina *se* levantou	a menina levantou-*se*
ele pode *se* aborrecer	ele pode aborrecer-*se*

c) Construções com ***gerúndio*** podem ter funções sintáticas de dois tipos: ***progressivo*** e de ***predicados secundários***. Em ambos os casos se verifica que o PB apresenta construções com gerúndio ao passo que o PE apresenta quase sempre construções com infinitivo.

Progressivo:

PB	PE
estava *brincando*	estava *a brincar*
vinha *correndo*	vinha *a correr*
estava *namorando*	estava *a namorar*

Predicado secundário:

PB	PE
Passou um ano *ouvindo*	Passou um ano *a ouvir*
Ela vê as crianças *brincando*	Ela vê as crianças *a brincar*

d) Construções que exprimem ***distância temporal***. O PB utiliza os verbos *fazer* e *ter*; o PE usa o verbo *haver*.

PB	PE
Ele está em Paris *faz* três anos.	Ele está em Paris *há* três anos.
Ele se licenciou *tem* dois meses.	Ele licenciou-se *há* dois meses.

Obs.: O PB também usa *haver*, mas o PE nunca utiliza, nestas circunstâncias, *ter* ou *fazer*.

Além desta diferença de nível lexical, nota-se também uma distinção lexico-semântica, utilizando o PB estruturas inexistentes no PE:

PB	PE
Ele casou. *Não levou um ano* e teve um filho	Ele casou e *um ano depois* teve logo um filho
O Paulo parte para Roma *em* quinze dias	O Paulo parte para Roma *dentro* de quinze dias

e) Utilização de *ter* e *haver* com o significado de ***existir***. Além da diferença de utilização entre referida em (d), os dois verbos têm uso diferente no PB e no PE..

PB	PE
tem fogo naquela casa	*há* fogo naquela casa
no baile *tinha* muitos homens bonitos	no baile *havia* muitos homens bonitos

f) Presença/ausência de ***artigo antes de possessivo***. No PB é habitual, antes de possessivo que precede o nome, a ausência de artigo; no PE está sempre presente.

PB	PE
Vou comprar *meu* vestido	Vou comprar *o meu* vestido
Eu não conheço *tua* mulher	Eu não conheço *a tua* mulher

Formas de tratamento

No Português Brasileiro, a utilização de *você* substitui, na maioria dos dialetos, o *tu* e o *você* (familiar) do Português Europeu. Enquanto no PE o tratamento deferente usa o nome próprio, o cargo, o título ou o grau de parentesco, no PB utiliza-se *o senhor, a senhora* e, no interior dos grupos profissionais, o cargo ou o título.

PB	PE
Já te disse que *você* não vai	Já te disse que *tu* não vais OU Já lhe disse que *você* não vai.
O *senhor / a senhora* quer jantar?	A Maria quer jantar? OU o Sr. Dr. / O Sr. Director / O tio / O meu amigo...

O léxico

Finalmente, o *léxico* brasileiro é um repositório de memórias da convivência entre diferentes povos, e contém, como seria de esperar, inúmeros vocábulos de origem ameríndia (p. ex. *guri* 'rapaz'; *capim* 'erva'; *pipoca* 'grão de milho rebentado ao fogo'; *mingau* 'papa') e africana (p. ex. *caçula* 'filho mais novo'; *moleque* 'miúdo'; *senzala* 'habitação de escravos').

As diferenças que antes sumariei, num apanhado superficial, são detectáveis por falantes portugueses, brasileiros e estrangeiros. Mais: o português do Brasil é indubitavelmente mais fácil de compreender, no nível oral, por falantes de outras línguas devido sobretudo à audibilidade das vogais. Ocorre então perguntar: perante as diferenças indicadas, perante uma diversa atitude exterior em face das duas variedades, estaremos nós diante de duas línguas ou deveremos manter a mesma designação para as duas formas de falar?

De um ponto de vista estritamente lingüístico, não há como provar que as diferenças inventariadas entre duas formas de falar próximas obrigam a que ambas passem a ser consideradas como duas línguas distintas. As únicas línguas a que, nos tempos recentes, foi reconhecido o estatuto de línguas independentes já não são, como se chamou às línguas românicas, companheiras do império mas camaradas da revolução, e não nasceram da cisão no corpo disperso de uma comunidade lingüística, mas já existiam há várias gerações, em paralela afirmação de diferença. Estou me referindo aos *crioulos* cuja emergência como línguas, ainda que ancorada em bases lingüísticas, ocorreu num contexto histórico acentuadamente político.

Assim, sem possibilidade de demonstração lingüística para a separação, em línguas distintas, das variedades de uma língua que vive em diferentes culturas, a manutenção dessas variedades no enquadramento do que se denomina uma língua é, em última análise, uma opção política. Ou seja, o termo "Português", que cobre as variedades socioletais, dialetais e nacionais que convivem em Portugal e no Brasil, deve ser entendido como importante instrumento de coesão entre povos e como afirmação política e econômica num contexto envolvente transnacional.

Estarei, portanto, sugerindo que a língua é tão só um fator de importância político-econômica? Não será ela também o tal fator de identificação cultural de que no início se falou? Como conjugar esta última definição com o fato óbvio de a mesma língua ser falada, como língua materna, por povos com diferentes referências culturais?

Até esse momento apenas falei das variedades da língua, mas esteve sempre implícita a diversidade de culturas entre Portugal e o Brasil. O que foi dito sobre a influência das línguas que estiveram em contato com o português, na constituição da variedade brasileira, tem como corolário a interpenetração das referências culturais dos povos que as falavam na constituição do povo brasileiro. Igual caminho de interinfluências culturais percorreram os portugueses. Religião, música, artes plásticas e literárias, relações sociais e parentais, etnicidade, referências de gênero e de juventude desvendam formas específicas de estar no mundo que, tal como a língua, variam no tempo e no espaço, mas distinguem de modo evidente e global as sociedades dos dois lados do Atlântico.

Estamos portanto diante de duas formas do comportamento – a lingüística e a que genericamente denominamos cultural. Ambas resultam da interação das capacidades cognitivas e emocionais do homem e das orientações de comportamento que lhe são transmitidas pelo contexto social. A atividade lingüística tem uma só natureza – realiza-se pela fala – e tem um nome: língua portuguesa, língua francesa, língua japonesa, ou outra. Mas esse nome cobre uma abstração se não o concretizarmos na produção lingüística de cada indivíduo. E é porque cobre uma abstração, que a língua pode servir uma opção política e socioeconômica. Refira-se aqui a escolha, em países recém-independentes, de uma língua, decidida por vontade política como fator de unidade nacional e de diferenciação em relação ao exterior.

De igual modo, o termo "cultura" cobre uma abstração, mas a sua concretização distribui-se por diversas formas de comportamento cujas fronteiras são menos definidas. Daí que o seu poder simbólico tenha menor impacto num contexto plurinacional.

Se a concretização da língua se faz através da produção lingüística individual, utilizada de acordo com o dialeto, o socioleto e o próprio registro do indivíduo, também a identificação cultural é a realização, para cada pessoa, de uma determinada cultura abstratamente considerada. Assim, essa identificação cultural de que falei no início está intimamente ligada aos hábitos, crenças, atividades artísticas, relações familiares e sociais do meio restrito em que o indivíduo está inserido. Não pode, portanto, entender-se que a identificação cultural tenha, como referentes, as formas variantes que assumem esses aspectos culturais em todo o espaço onde se falam as diferentes variedades de uma mesma língua.

Em resumo, a língua materna de cada indivíduo contribui poderosamente para se reconhecer a si próprio e para ser reconhecido pelo outro. É na realidade um fator de identificação cultural, mas no uso, e pelo uso, que dela faz o indivíduo no contexto em que está inserido e não apenas por pertencer a uma das várias comunidades que utilizam a mesma língua.

Para terminar, passemos um pouco em torno da frase de Fernando Pessoa mil vezes repetida e glosada: "A minha pátria é a língua portuguesa".

Será que esse homem, que falava uma língua dispersa por vários continentes, preferia tal dispersão à envolvência material de físicas fronteiras limitadoras? Ou será que, dividido o poeta entre várias pátrias que podia chamar suas, mas a que se não sentia visceralmente ligado, só na língua que falava encontrava a sua identificação? Talvez por isso pôde explodir, dentro de si mesmo, numa constelação de personagens libertas da obrigação de viver. Porque a linguagem humana lhe ofereceu a possibilidade de não pertencer a nenhuma pátria.

REFERÊNCIAS BIBLIOGRÁFICAS

ANDRADE, Ernesto d' e Alain Kihm (orgs.). *Actas do Colóquio sobre "Crioulos de Base Lexical Portuguesa"*. Lisboa: Edições Colibri.

BAXTER, Alan. "A Contribuição das Comunidades Afro-brasileiras Isoladas para o Debate sobre a Crioulização Prévia: um exemplo do estado da Bahia". *In*: Andrade e Kihm, 1992: 7-35.

CHOMSKY, Noam. *Cartesian Linguistics: a chapter in the history of rationalist thought*. New York: Harper and Row, 1966. [A edição utilizada foi a tradução francesa de N. Delanoë e D. Sperber, *La linguistique cartésienne: un chapitre de l'histoire de la pensée rationaliste*. Paris: Éditions du Seuil, 1969.]

———. *Knowledge of Language. Its nature, origin and use*. New York: Praeger Publishers, 1986. [A edição utilizada foi a tradução portuguesa de Anabela Gonçalves e Ana Teresa Alves, *O conhecimento da língua: sua natureza, origem e uso*. Lisboa: Editorial Caminho, 1994.]

———. *Language and Mind*. New York: Harcourt, Brace and Jovanovich, 1968. [A edição utilizada foi a tradução francesa de Louis-Jean Calvet, *Le langage et la pensée*. Paris: Payot, 1969.]

DUARTE, Inês. "Chomsky e Descartes: o uso estratégico de um argumento cartesiano e a fundação das Ciências da Cognição". *In*: Ribeiro dos Santos, Alves e Cardoso (orgs.) *Descartes, Leibniz e a Modernidade*. Lisboa: Colibri, 1998, p. 547-561.

FARIA, Luisa Leal de. *Estudos Culturais Contemporâneos: construção, desconstrução e uma síntese possível*. Lisboa: Universidade Aberta, 1999 (inédito). Comunicação pessoal de Inês Duarte.

GUMPERZ, John J. *Language in Social Groups*. Stanford: Stanford University Press, 1971.

HOLM, John. *Popular Brazilian Portuguese: a semi-creole*. *In*: Andrade e Kihm, 1992, p. 38-66.

LEAL, Ernesto de Castro. *Nação e Nacionalismos: a cruzada nacional de D. Nuno Álvares Pereira e as origens do Estado Novo (1918-1938)*. Lisboa: Edições Cosmos, 1999.

PINKER, Steven. *The language Instinct: how the mind creates language*. New York: Harper Perennial, 1995.

SAPIR, Edward. *Language* (1921). [A obra utilizada foi a tradução portuguesa de Joaquim Mattoso Câmara, *A Linguagem: introdução ao estudo da fala*. Rio de Janeiro: Instituto Nacional do Livro, 1954.]

SILVA NETO, Serafim da. *Introdução ao Estudo da Língua Portuguesa no Brasil* (1950). Rio de Janeiro: Instituto Nacional do Livro. [3. Ed., 1976.]

TITIEV, Mischa. *Introdução à Antropologia Cultural* (1968). Tradução de João Pereira Neto, Lisboa: Fundação Calouste Gulbenkian, 1969.
WHORF, Benjamin Lee. *Language, Thought, and Reality* (1956). Cambridge, Mass.: MIT Press. [30. Ed., 1978.]

NOTA

Esta conferência, apresentada no VI Fórum de Estudos Lingüísticos da UERJ em outubro de 2001, é uma versão próxima da conferência apresentada em Évora (Portugal) por ocasião do Congresso sobre os 500 anos dos Descobrimentos Portugueses. A sua primeira versão beneficiou-se de uma leitura atenta das seguintes colegas e amigas, a quem a autora agradece: Inês Duarte, Maria João Freitas, Maria Antónia Mota, Marina Vigário e Luisa Leal de Faria.

APRESENTAÇÃO DOS AUTORES

Ana Maria Machado

Escritora, tradutora, professora, jornalista e radialista. Ganhou o prêmio Hans Christian Andersen em 2000, e o prêmio Machado de Assis, da Academia Brasileira de Letras, pelo conjunto de sua obra, em 2001. Autora de mais de 100 livros publicados no Brasil e em outros 17 países, somando quase 14 milhões de exemplares vendidos.

André Valente

Professor de Língua Portuguesa do Instituto de Letras da Universidade do Estado do Rio de Janeiro; professor da FACHA e do IBMEC. Vice-coordenador do Mestrado em Língua Portuguesa do Instituto de Letras da UERJ. Autor de *A Linguagem Nossa de Cada Dia* (Vozes, 1998) e *Aulas de Português: perspectivas inovadores* (org., Vozes, 1999), entre outros títulos.

Chico Alencar

Professor de Prática de Ensino de História da Universidade Federal do Rio de Janeiro. Autor de *Passos de Cruz e Luz* (Moderna, 1998) e *BR 500: um guia para a redescoberta do Brasil* (Vozes, 1999).

Claudio Cezar Henriques

Professor Titular de Língua Portuguesa do Instituto de Letras da UERJ; professor da UNESA. Coordenador do Mestrado em Língua Portuguesa do

Instituto de Letras da UERJ. Membro da Academia Brasileira de Filologia. Autor de *Sintaxe portuguesa para a linguagem culta contemporânea* (Oficina do Autor, 1997) e *Atas da Academia Brasileira de Letras: presidência Machado de Assis, 1896-1908* (Academia Brasileira de Letras, 2001), entre outros títulos.

Darcilia Simões

Professora de Língua Portuguesa do Instituto de Letras da UERJ. Coordenadora de Língua Portuguesa do Instituto de Letras da UERJ. Autora de *A estilística singular de I-Juca-Pirama* (org., Dialogarts, 1997) e *Estudos fonológicos: a língua portuguesa no plano dos sons e da grafia* (Dialogarts, 1997), entre outros títulos.

Edwiges Zaccur

Professora de Prática de Ensino da Faculdade de Educação da Universidade Federal Fluminense. Autora de *A magia da linguagem* (org., DP&A, 1999), entre outros títulos.

Evanildo Bechara

Professor Titular de Filologia Românica e Emérito da UERJ e da UFF. Professor Colaborador do Programa de Mestrado e Doutorado do Instituto de Letras da UERJ. Membro da Academia Brasileira de Letras e da Academia Brasileira de Filologia. Autor de *Moderna Gramática Portuguesa* (37. ed. Lucerna, 1999) e *Lições de Português pela Análise Sintática* (16. ed. Lucerna, 2000), entre outros títulos.

Francis Henrik Aubert

Professor Titular de Estudos Tradutológicos da Faculdade de Filosofia, Letras e Ciências Humanas da Universidade de São Paulo. Autor de *Askeladden e outras aventuras* (2. ed., Edusp, 1992) e *As (in)fidelidades da tradução: servidões e autonomia do tradutor* (Unicamp, 1993), entre outros títulos.

Geraldo Monteiro Sigaud

Professor do Departamento de Física da Pontifícia Universidade Católica do Rio de Janeiro. Autor de artigos da área de Processos de Colisão e Interações de Átomos e Moléculas, publicados em periódicos da Alemanha, Holanda, Suécia, Inglaterra, Estados Unidos e Brasil.

José Carlos de Azeredo

Professor de Língua Portuguesa do Instituto de Letras da UERJ. Vice-coordenador do Doutorado em Língua Portuguesa do Instituto de Letras da UERJ. Autor de *Fundamentos de Gramática do Português* (Zahar, 2000) e *Iniciação à Sintaxe* (7. ed. Zahar, 2001), entre outros títulos.

Lená Medeiros de Albuquerque

Professora Titular de História Contemporânea do Instituto de Filosofia e Ciências Humanas da UERJ. Coordenadora Geral do Programa de Pós-Graduação em História do IFCH – UERJ. Autora de *Os estrangeiros e o comércio do prazer nas ruas do Rio* (Arquivo Nacional, 1992) e *Indesejáveis desclassificados da modernidade* (Eduerj, 1996), entre outros títulos.

Maria Cristina Lírio Gurgel

Professora de Lingüística do Instituto de Letras da UERJ. Coordenadora do Projeto "Trocando fios, tecendo caminhos na construção da leitura em múltiplas linguagens", do Instituto de Letras da UERJ.

Maria Helena Duarte Marques

Professora Titular de Língua Portuguesa da Faculdade de Letras da UFRJ. Professora Visitante do Programa de Mestrado e Doutorado em Língua Portuguesa do IL – UERJ. Autora de *Iniciação à Semântica* (5. ed. Zahar, 2001), entre outros títulos.

Maria Helena Mira Mateus

Professora Catedrática Jubilada da Faculdade de Letras da Universidade de Lisboa. Coordenadora da "*Rede de Difusão Internacional do Português*" – REDIP. Autora de *Gramática da Língua Portuguesa* (et al. 3. ed. Editorial Caminho, 1993) e *The Phonology of Portuguese* (Oxford University Press, 2001), com Ernesto d'Andrade, entre outros títulos.

Maria Teresa Gonçalves Pereira

Professora de Língua Portuguesa do Instituto de Letras da UERJ. Coordenadora do Doutorado em Língua Portuguesa do Instituto de Letras da UERJ. Autora de *Língua e Linguagem em Questão* (org., Eduerj, 1997) e *De Textos, Autores e de suas possíveis leituras* (org., Dialogarts, 2000), entre outros títulos.

Mauro de Salles Villar

Diretor do Instituto Antônio Houaiss. Membro da Academia Brasileira de Filologia. Autor do *Dicionário Contrastivo Luso-Brasileiro* (Guanabara, 1989) e Diretor Editorial do *Dicionário Houaiss da Língua Portuguesa* (Objetiva, 2001).

Nei Lopes

Cantor, compositor, escritor, advogado e historiador. Intérprete de "Sincopando o Breque" (1999) e "De Letra e Música" (2000), entre outros discos. Autor de *Dicionário de Banto* (SEC-RJ, 1996) e *Zé Kéti, o samba sem senhor* (Relume Dumará, 2002), entre outros títulos.

Rodolfo Ilari

Professor Titular de Semântica e Pragmática das Línguas Naturais do Instituto de Estudos da Linguagem da Universidade Estadual de Campinas. Autor de *Lingüística românica* (2. ed. Ática, 1997) e *Introdução à Semântica: brincando com a gramática* (Contexto, 2001), entre outros títulos.

Valéria Coelho Chiavegatto

Professora de Lingüística do Instituto de Letras da UERJ; professora da UGF. Chefe do Departamento de Estudos da Linguagem do Instituto de Letras da UERJ.

Vanderci de Andrade Aguilera

Professora de Língua Portuguesa da Universidade Estadual de Londrina. Diretora Científica do Atlas Lingüístico do Brasil e Coordenadora regional no Paraná, São Paulo, Mato Grosso do Sul, Pará, Amapá e Rondônia. Autora de *Atlas lingüístico do Paraná* (Imprensa Oficial do Paraná, 1994) e *A Geolingüística no Brasil: caminhos e perspectivas.* (org., UEL, 1998), entre outros títulos.

Vilson José Leffa

Professor de Lingüística Aplicada da Universidade Católica de Pelotas. Coordenador do Núcleo de Pesquisa em Letras, da UCPEL. Autor de *Aspectos da Leitura: uma perspectiva psicolingüística* (Sagra/Luzzatto, 1996) e *O professor de línguas estrangeiras; construindo a profissão* (org., Educat, 2001), entre outros títulos.

William Roberto Cereja

Doutorando em Análise do Discurso no LAEL da Pontifícia Universidade Católica de São Paulo. Autor, em parceria com Thereza Cochar Magalhães, de *Gramática reflexiva: texto, semântica e interação*; *Gramática: texto, reflexão e uso* e *Texto e interação* (Saraiva/Atual, 2001), entre outros títulos.

Impressão e acabamento:
GRÁFICA PAYM
Tel. (011) 4392-3344